新时期高校体育教学的改革与发展

陈轩昂 著

航空工业出版社
北京

内容摘要

本书通过对我国高校体育教学现状的全面分析，提出了高校体育教学模式改革应从多个方面同步展开。在此基础上，本书陆续介绍了几种典型的现代高校体育教学模式。同时，也总结了近年来高校体育教学改革、优化、创新以及课程体系设计的问题，旨在为促进高校体育教学改革工作的深入开展，全面提高体育教学质量提供参考。

图书在版编目（CIP）数据

新时期高校体育教学的改革与发展 / 陈轩昂著. -- 北京 : 航空工业出版社, 2017.12

ISBN 978-7-5165-1434-4

Ⅰ. ①新… Ⅱ. ①陈… Ⅲ. ①体育教学－教学研究－高等学校 Ⅳ. ①G807.4

中国版本图书馆 CIP 数据核字(2017)第 304646 号

新时期高校体育教学的改革与发展

Xinshiqi Gaoxiao Tiyu Jiaoxue De Gaige Yu Fazhan

航空工业出版社出版发行

（北京市朝阳区北苑 2 号院　100012）

发行部电话：010-84936597　010-84936343

廊坊市国彩印刷有限公司印刷　　全国各地新华书店经售

2019 年 1 月第 1 版　　2019 年 1 月第 1 次印刷

开本：710×1000　1/16　　印张：15.5　　字数：230 千字

印数：1-1000　　定价：64.00 元

前 言

随着社会经济的快速发展以及高等教育事业的不断革故鼎新，世界各国体育教育事业亦呈现出欣欣向荣的发展态势。我国高校旧有的体育教学模式，已经不能适应现有的高校办学规模和教育体制，我国高校体育教学模式的改革，已经成为迫在眉睫的一项重要教育改革任务。尤其近年来，高校体育教学改革虽然取得了一定的成绩，但同时也存在着诸多的问题，要解决这一问题，必须对高校体育课程进行重新的认识和定位。我们必须要树立正确的教育改革观念以及全面的育人观念，并用“学有所用”的教育理念论述这一教学改革的合理性、科学性，用实践检验出改变传统体育教学的必要性。提高学生的创造性思维，引导他们能够面对并适应高校体育教学的现实问题。

本书由江西省九江学院体育学院陈轩昂所著，通过对我国高校体育教学的现状全面分析，进而提出了高校体育教学模式改革应从多个方面同步展开，如改变体育教学的方法与发挥学生的主体性作用，创造与丰富体育课教学的模式与内容等等。在此基础上，本书陆续介绍了几种典型的现代高校体育教学模式。同时，本书也总结了近年来高校体育教学改革、优化、创新以及课程体系设计的问题，旨在为促进高校体育教学改革工作的深入开展，全面提高体育教学质量提供参考。由于著者时间的有限，书中必然存在诸多不足之处，敬请各位同行与读者批评指正。

目 录

第一章 概述

第一节 高校体育教学的现状

一、我国高校体育教学存在的问题分析

随着国际合作交流的逐步深入，国外一些好的体育教学方法和理论逐渐被我国各高校采用或借鉴，一些研究者也提出了多种体育教学方法，其中也不乏真知灼见，对我国高校体育教学实践产生了十分有益的影响。

目前，在我国高校体育课分为两种类型：传统体育教学和体育教学俱乐部。大部分高校都实施了体育教学俱乐部，参加体育教学俱乐部的学生在大学四年里根据自己的时间表，合理地、自觉自愿地选择参加体育教学俱乐部。实行跨年级授课方式，即大一、大二为体育必修课，大三、大四为体育选修课两大俱乐部，但是由于体育项目设置较少，导致学生在选项方面受到了很大的限制，不利于学生体育学习和终身体育意识的培养。此外，还有一部分高校仍然采用的是“普及与提高相结合”的教学模式，大一是体育基础课，大二是体育选项课（必修课），大三、大四是选修课。这种教学模式有一个很大的弊端，大一的体育教学内容基本上是在重复学习中学的体育内容，无法激发学生学习体育的积极性。

（一）观念误区

培养人才、科学研究和社会服务是高等学校的三大社会功能，而高校体育在高校中处于配角的位置，这和人们的观念有着密不可分的关系。从高校领导者的角度来说，在一定程度上还存在着轻视体育教学的倾向，认为体育教学只是教学体系中普通的一个小环节，没有充分认识到高校体育在培养全面发展的高素质人才中的重要作用。大学阶段是青少年人生观、价值观形成的关键时期，高校体育是培养年轻一代终身体育意识与终身体育锻炼习惯的重要手段。从学生角度来说，很大一部分学生上体育课，仅仅是为了获得必要学分，认为体育

课可有可无。伴随着高等教育学业的完成，体育锻炼等就几乎停止或者极少进行体育锻炼，更谈不上终身体育理念的形成。

（二）教学内容繁杂重复且欠缺合理性

我国高校体育课程内容设置大部分以达标为第一要务，大纲对学生要学习的体育项目做了规定，使得体育教学内容偏多，在规定时间内难以完成，造成每个项目只能是走马观花的学，效果不佳。中小学里学习过的竞技体育内容到大学又要重复地学习，甚至使学生对体育课的认识就变成了只有走、跑、跳、投等几个有限的项目。而对一些健身效果好、趣味性强、群众基础广的体育运动项目没有进行合理设置，分不清主次，多是以提高运动技能和身体素质为主的项目，休闲体育、生活体育、民族体育等相关的内容涉及较少，不便于学生形成终身体育的思想和能力，使得大学生毕业后没有一两个适合自己的运动项目，长此以往就会造成与体育渐行渐远，对学生的终身体育能力的培养十分不利。高校体育教学还存在教学内容过多过杂的情况，主要是指高等学校体育教学必修课的内容过于臃肿繁杂，甚至可以说是中小学体育教学小而全特点的延续。当前，高校体育教学如果仍然按照此种培养模式继续发展下去，所造成的后果必然是不可设想的。同时，由于参与的项目过多，运动项目的频繁变化会造成学生疲于应付，这十分不符合体育运动技术的发展规律。其最终后果必将是，某些大学生上了几年的体育课，却没有一项自己喜欢的项目，更没有在体育上发展出自己的一技之长，甚至连最基本的体育锻炼方法都不能掌握。

高校体育理论课在课程设置中没有占到一定的比例，学生对其了解不深，导致学生缺乏对体育卫生保健知识、运动损伤与治疗、自我评价与自我监测、运动处方等体育理论的掌握，从而不利于学生根据自身情况进行科学合理的锻炼与保健。大多数高校对体育教学的要求都是以实践为主，以致忽视了体育的理论知识，认为只要具体的实践达到了要求即可，其实这样打破了理论结合实践的教学规律，不利于学生进一步的学习与发展。

（三）体育教学中未能贯彻终身体育意识

体育终身化主要是指开展终身体育，终身体育是近年来出现的新理念，主要是指在学校开展的体育教学中，应教会学生如何锻炼身体，让学生在走向社会、走上工作岗位之后，能够熟练运用在校时所学到的体育技术和技巧去科学、有效地锻炼身体。然而，在目前的高校体育教学中，仍然未能完全将终身体育的理念贯穿到教学的全过程之中，往往会忽视人还会有继续社会化的过程，没有认识到体育终身化已经打破了学校体育的原有时空界限，导致学校难以把终身体育的实施方法落实到每一位大学生的大学体育学习之中。

（四）考核单一

高校体育教学现在实行的考核主要是考察学生对体育基本知识的了解和掌握的情况，考察学生对运动技能的掌握情况以及考察学生的运动成绩。但是这种考核过于直观，没有对考评的实质彻底认识清楚。从考评的目的来看，考核是为了引导和促进教学，从而让教学达到教育的目标。高校体育教学的目标是为了促进学生进行体育锻炼，从而形成人的终身体育的理念，而不是仅仅为了表面上的课堂上的成绩。在当前高校体育教学中，考试作为评价大学生体育成绩的唯一方式，也限制了学生体育特长的发挥和学生个性发展。单纯的体育成绩考核内容也与《大学生体育合格标准》《国家体育锻炼标准》等并不完全匹配，这种考核方式也没有充分调动学生的积极性，特别是体育能力较差的学生的积极性。体育基础差的学生虽然付出了很大努力去训练，但却难以取得较好的成绩，而身体条件优越的学生却很容易取得优异的成绩，这种评价方式严重挫伤了学生的积极性。

（五）体育教学评价缺乏科学性

体育教学评价主要是针对高校体育教学的效果进行监督和检查，其最终目的在于更合理地对高校体育教学进行宏观性的指导，促进体育教学工作管理的科学化。然而，目前我国高校体育教学的评价方法单一，缺乏科学性。通过考试的方法，对学生体育知识和运动技能的掌握情况进行检查，却忽视了对学生体育意识和体育情感的考察。此外，评价主体主要是体育教师，较为单一，缺乏全面性。体育教学评价的单一、片面，无法全面合理地对体育教学工作进行考核，制约了体育教学评价指导、调控作用的发挥，进而影响了体育教学的发展。

（六）场地不足，学生个体差异大

运动场地的因素对高校体育教学的影响越来越明显。随着近年来我国高等教育的迅速发展，我国高校在校生的数量不断增加。高校的扩招在一定程度上满足了社会发展所需要的大量人才的要求，但是短期内的扩招也给高校带来了众多的困难。短期内学生数量大幅增长，学校在教学设施、体育场馆等方面无法满足学生的需求。体育运动场地随着班级的增多显得捉襟见肘，有的体育课程甚至因为场地的原因而缩减课时甚至取消，或者换成对场所条件要求不高的项目。

由于大学阶段片面追求考证、就业，大学生几乎把所有的在校时间都投入到专业课的学习上，学生平时不上体育课，更谈不上参加体育锻炼。学生身体素质呈下降趋势，运动技能水平差，并且体育知识、运动技能水平等方面的个体差异非常大。同时，部分大学生体育基础差和大学生个体差异大的因素将进一步影响高校体育教学，给高校体育教学带来诸多困难。

（七）师生关系欠缺民主性

当前，由于大学体育教学仍然主要遵循陈旧的教学方法和思路来开展，以致教师无法帮助每位学生都选择最适合于自己特点的体育运动项目，导致尽管学生对某一运动缺乏兴趣，但是又必须按照教学计划的要求予以完成，这实际上是一种限制学生参与正常体育活动的高压式体育教学。而且，在高校体育课课堂教学中，经常出现体育教师一人说了算，学生只有服从了情况，这种教学关系体现在师生之间的关系不民主、不平等，其结果必然是限制了学生学习的积极性，影响了大学生体育锻炼的效果。

（八）学生参与体育课程过少

当下，部分高校对体育课程不够重视，学生很少能够自觉地参加体育课程的学习，也很少有其他的体育锻炼方式。尽管高校一般每年都会召开运动会及举行篮球、排球、足球等一系列体育比赛。但是，这些比赛一般都是以院系为参加单位，能够参加的大多是体育水平较高的学生，而绝大多数大学生并没有参加这些群体性体育竞赛或活动的机会。

二、我国高校体育教学问题的原因分析

（一）以教师为教学核心、忽视了学生的主体性

学生主体性发展受到限制，重视功利性价值，从根本上否定了学生的独立性和创造性。在体育教学任务上，表现为重视知识传授、忽视个性的发展，教师是体育课的主导者，学生被动地接受学习，从而忽视了学生体育能力和个性的培养。学生的主动性和积极性被极大地压制，教师在教学过程中起主导作用，学生被动地接受。高校传统的公共体育教学是以教师为主体，“灌输式”的教学模式，这使得学生始终处于被动接受知识地位，学生的学习积极性和创造性受到了遏制。这也束缚住了高校体育教师的思维逻辑和方式方法，在较大程度上影响了高校体育教学改革的创新和发展。最重要的是，高校公共体育课程教学改革，必须充分强调适应学生个性发展的要求。以发展学生的主体性为首要目的，促进学生综合能力的不断提升，以使学生身体和心理都得到全方位的促进和成长。

（二）在高校体育实施改革以来，忽略运动技能的基础性教学

由于一味地强调“终身体育”的教学方法，为了向这些教学模式靠近以致忽略了最基础的运动技能，并没有真正贯彻学有所用的教学思想，因此更加谈不上终身体育。这一急于求成的功利性教学就会导致我们在体育课教学改革中，会出现意想不到的走偏差的教学问题。因此，在体育教学的改革中我们必须遵从循序渐进和推动学生全面发展这一基本原则。在高校体育课改革中要树立正确的指导思想，不能让体育教师在教学指导思想上产生混乱，由于体育教

师对体育教学理论认识的不足，也导致学生学习的兴趣降低，因此，就会形成恶性循环，导致忽略“以运动技能为基础”的基本的准则要求，从而无法有效地去掌握好体育教学中最基本的运动技能。

（三）高校体育课教学内容形式单一

现阶段高校体育课教学中，教师在教学中普遍存在一个问题，那就是轻视理论知识教学的问题，而且相当严重，具有普遍性。在教学内容上应该与时俱进，不断扩大学生的知识面，并且也要重视这一教学内容的实际应用性，提高学生的体育文化水平，教师也可以组织安排或引导学生参与丰富多彩、生动活泼、富有朝气与活力的课后活动及各种闲暇体育活动。开展闲暇体育不仅能够丰富校园文化体育生活，而且能够营造育人的校园环境氛围。

三、我国高校体育教学问题的对策

（一）加强管理，正确定位

高校领导要实现教育思想和教育观念的转变，树立正确的体育思想和体育观念，改变片面忽视高校体育教育，把体育教育仅仅看作是学生形式上的必修课，只要有了就可以的观念。体育教育不是摆设或附属品，体育教育是培养高素质的全面发展人才的助推器。要深入学习《全民健身计划纲要》《普通高校体育课教学指导纲要》《大学生体育合格标准》《国家体育锻炼标准》等体育教学指导文件，面向社会的发展，面向未来，解放思想，站在为我国的现代化建设培养合格人才的高度重视高校体育教育，培养大学生的终身体育观念，促进大学生身心的健康发展，推动大学生整体素质的提高。

高校要结合自身的教学管理现状，加强对体育教学的管理。具体而言，高校可以采用各种奖励措施，鼓励体育教师在教学生不断创新，在管理上探索出适合各校学生情况的方法，形成教学与管理相互促进的局面，有力地推动整个高校体育教育的发展。

（二）改进内容方法

高校体育教学要实现应试教育向素质教育转变，要以终身教育、素质教育、全民健身为导向，培养学生的终身体育意识。要增加体育教学中的实用性运动技能，引导学生逐渐喜欢上体育课，在平时的学习和生活中形成体育锻炼的良好习惯，提高学生的身心素质。“从现代教育的角度来看，我们对体育的传统理解和解释必须扩展。现代学校体育的内涵是指促进受教育者身心和谐发展，因此，体育不仅内在地包含着智、德、美三育，而且从体育的基本内容和主要任务来看，应该是营养保健，身体技术技巧和身心健康发展这四个方面的统一。”所以，高校体育教学的内容在这四个方面都要有所涉及，而不仅仅是身体技术技巧方面的内容占绝大多数课时。体育教学要结合各所高校自身的实际情况，增加营养、保健和身心健康方面的教学内容。

高校体育要以终身体育为指导思想，增强学生的身体素质，养成竞争、进取、文明健康的生活方式。要改变传统教学中不合理的教学模式，避免采用完全以教师为中心，学生完全被教师牵着鼻子走的教学方法。在教学过程中，要发挥学生的主观能动性，采用引导法调动学生的参与积极性，激发学生的兴趣，发挥学生的特长，有的放矢，师生相互促进，营造浓厚的学习氛围，从而让体育教学达到预先设计的目的，收到良好的效果。

（三）改进考核

高校体育教学中对学生的考核要以学生的全面发展为目的，改变现有的单一考核方法和评价制度。“体育教学评价必须重视整个体育教学过程，注意客观反映体育教学对学生身心的影响，创设开放的考试环境。改变以往那种以体能和技能来反映教学效果的评价方法，制定出能够准确体现培养学生创新意识和能力的科学评价体系。”在体育成绩考核上，既要包括对学生基本运动能力的测试，又要包含对学生基础理论和创新能力的测试。由于学生的个性差异较大，合在一起，调整好理论课时与实践课时的合适比例，并且根据职业方向灵活设计并加强实训指导工作和顶岗实习的监管等等途径，构建起良性的共融的实训指导链，以提高学生的职业能力。

（四）加强师资队伍建设

体育教师队伍的素质状况如何，将直接影响到素质教育的质量。随着我国素质教育的逐步深入，高校体育教师队伍建设显得至关重要，一支政治过硬、素质优良、结构优化、业务水平较高的高校体育教师队伍是我国推行素质教育的保证。因此，在师资队伍建设上要做好以下几个方面的工作：一是在体育教师的任用、职务、聘任、考核、晋升、培养、培训、工资待遇、奖惩等师资队伍管理的主要环节上，由过去单纯依靠行政手段管理转向依法管理，还要树立竞争的观念，建立健全竞争激励机制，优化教师结构；二是注重骨干教师队伍建设，加强青年教师队伍建设，促进青年教师迅速成长；三是加强继续教育，提高高校体育教师的学历层次；四是更新观念，重视体育教学学术水平的提高。

（五）增大体育场馆设施投资，合理利用现有资源

尽快完善高校体育场馆基础设施。各级政府、主管部门和高校领导应重视学校体育场馆设施的基础建设，积极争取多渠道筹措资金，加大高校体育场馆设施开发的力度。优先建设高校体育教学最紧缺、最急需的场馆，逐步完善场馆基础设施。同时，要合理开发和利用现有体育场馆资源，保证高校体育教学活动的顺利进行。

（六）转变教学思想，树立终身体育观

我国高校体育教学应该从指导思想着手，转变观念，把“终身体育，健康第一”作为高校体育发展的方向，把培养学生终身从事体育活动的能力和习惯作为体育教学的指导思想。坚持向学生实施终身体育的教育，以增进学生健康为目标，把体育教学的方向从追求外在的技能水平掌握转移到全面追求学生身心协调发展上来，充分发挥高校公共体育教学的优势，把体育教学与社会、未来衔接起来，突出高校体育教学的功能，使学生终身受益，这是高校体育科学化、社会化的发展趋势。

（七）改革教材内容，发挥学生主体作用

如何解决高校体育教学内容竞技化的问题，必须从改革教材出发，使中学体育教材的内容向活泼体育、快乐体育、终身体育转化，从而发挥学生主体作用。改革教材内容，就是要使大学的体育教材、内容适应学生的身心发展的需要，使竞技体育、快乐体育、终身体育的内容合理搭配，从而使学生在上课的过程中发挥其主体作用，使学生的学习态度、行为质量都得到提高，从而在体育教学中收到事半功倍的效果。教学内容的选择要突出全面化、终身化，教材选择要从实际出发，重视体育实践课中的理论渗透。

（八）探索、构建符合我国高校自身特点的体育教学模式

我国高校体育教学改革既不能单纯地破旧立新，也不能固守传统、抱残守缺，而是要积极地从自身条件出发，不断改革完善现有的教学模式，探索并建立起适应时代发展要求，适应大学体育要求，符合自身特点的体育教学模式。从转变教师的思想观念入手，优化体育课程，树立终身体育目标，培养学生终身体育意识，使之掌握锻炼身体的科学方法。在大学体育教学中建立多种类型的体育课程，能够满足不同层次、不同水平、不同兴趣学生的体育需要；使体育教学引入竞争机制，调动广大教师教学的积极性，增强教师的责任感和紧迫感，充分发挥教师个体的创造活力，使教学质量由过去的被动要求转为主动提高。

第二节 高校体育教学模式的现状

一、体育教学模式概念解析

（一）教学模式

虽然不论在中国还是外国的高校教学实践中，很早就已经有了教学模式的雏形，但是教学模式这一理论直至二十世纪五十年代才开始正式出现。苏联的巴班斯基认为：“不同的教学方法和教学形式相互组合会出现不同的教学模式”。美国的乔伊斯和威尔在《教学模式》一书中指出：“教学模式是构成课程和课业、选择教材、提示教师活动的一种范例或计划。”我国的一些学者则认为：“教学模式是具有一定理论逻辑轮廓，并且为了保证教学目标的完成而构建的相对稳定的教学结构，这个教学结构具有相似性、完整性、直观性和假设性。虽然不同的人对教学模式的具体定义有着不同的看法，但是他们所描述的教学模式有着共同点，即教学模式是由一定的教学思想或理论来做指导，以教学方法、教学目标、教学内容、教学流程构成的比较稳定的教学体系。

教学模式是根据教学规律总结出来的，其可以被运用到诸多学科之中。和其他学科相比，体育的教学模式是根据体育思想和体育教学内容总结出来的，具有体育自身的特点。

（二）体育教学的教学目标

所有教学模式的最终目的都是要达成一定的教学目标，所以说教学目标是教学模式的核心因素，其决定着教学模式的设计目标，影响着教学模式中的操作流程和策略运用。比如，在体育健康教学模式中，老师设置的所有的教学流程和教学内容都要以促进学生参与体育运动，并在教学中教会学生如何正确进行体育运动，并且养成良好的体育运动习惯，帮助学生在日后的学习和工作中拥有更好的身体素质和精神状态。

（三）体育教学的指导思想

体育教学中的指导思想是体育教学模式的基础，它构成了体育教学模式的框架，其可以帮助老师来规定自己的教学内容和教学方法。例如，现在很多体育教师都在使用的快乐体育教学模式的指导思想就是“快乐”，教师根据这个中心思想来具体设置每个教学环节的主题和细节内容，体育老师可以将一些游戏引入到体育教学之中，实现教学内容与游戏的完美融合，使学生在游戏中学习体育，感受体育精神。

二、 当前高校主要采取的体育教学模式分析

（一）三基式

三基式教学模式在我国是比较传统的体育教学模式，其主要是以班集体为单位，老师面对这一班级的学生进行教学。在这种教学模式中，教师的作用能够比较彻底地发挥，方便教师的管理，在这种模式下学生的基础也比较扎实。

但是，该模式由于主要以班级为单位，因而忽略了学生对学习内容的需求，不利于学生个性的形成，也不利于培养学生的现代体育观念。随着我国体育教育制度的不断更新，这种教学模式已经逐渐被淘汰，目前只有极少的高校还在使用此种方法。

（二）分层次式

分层次式教学方法主要是根据学生的心理和生理的不同情况进行划分，在统一教学体系的指导下，根据他们的差异来设置教学内容和教学方法，进行区别性教学。此种教学方法使学生能够根据自己的具体情况进行合理选择，促进学生自身的个性发展，使学生在原有的基础上能够发挥自己的能力，并达到最佳的学习效果。但是，在这种模式下，很多高校的教学内容往往是中学教学内容的简单重复，不利于培养学生的体育精神和锻炼方式，并且分层方法不明确，操作性不强。

（三）混合式

混合式体育教育模式，是指高校在为学生提供必修体育课的同时，也提供一定的选修课，学生可以从这些必修课和选修课中选择自己喜欢的课程进行学习。此种体育教学模式不仅可以提高学生的学习积极性，而且有助于促进学生个性的全面发展，使他们在学习体育基础知识的同时还能发展出自己的体育技能。但是，这种教学模式对学校而言，负担较重，所以选择这种模式的学校，一般需要一定的体育教师和设备资源。

（四）三段式

所谓三段式体育教学模式，就是根据学生的不同学习阶段，设定不同的体育课程，一般使用这种教学模式的学校是将高校体育课程分为三段：大一学生主要学习基础体育课程，大二学生学习专项体育选修课，大三和大四学生选择体育选修课，这样的教学模式主要培养学生的体育相关知识，并可以有效提高学生的体育能力，同时培养他们的锻炼习惯。但是，这种教学模式难以发挥学生的个性，不过这种模式方便学校快速实施，所以被高校广泛采用。

（五）选择式

选择式教学模式，是指学校只固定体育教师队伍，不论是上课时间还是授课内容都由学生根据自身特点来选择，这样能够充分调动学生学习的积极性和参与性，也能充分地激发学生的创造性，引导学生主动参与到整个教学过程之中，使教师能够更好地对学生因材施教，培养学生的体育精神和体育能力。这种模式对教师的要求比较高，该种体育教学模式在外国已经开始普及，在我国虽然处于萌芽阶段，但随着时间的推移，更多的高校将会陆续采用这种方式。

（六）并列式

所谓并列式体育教学模式，是指针对三段式体育教学模式而进行的一种体育课程设置改革，即在大学一、二年级时，同时开设基础课、专项课和选修课。这种改革的目的，是希望对具有体育专项特长的学生因材施教，避免“一刀切”的弊端，从而能够更有针对性地培养高等体育人才。同时，该种模式也大大增强了学生学习的自主性，让学生可以根据自身的爱好和特长来选择课程。目前，大约有 20%左右的高校在采用这种教学模式。当然，这种模式也有它的缺点，那就是这种教学模式的课程划分仍然过于笼统和宽泛，同时也会耗费体育教师大量的时间和精力。此外，由于学生过分追求学习成效，以致往往会忽视体育基本知识、方法和技能的培养。

（七）选项式

与上述几种传统的体育教学模式相比，选项式体育教学模式是一种新型的体育教学模式。这种教学模式能够给予学生更大的自主性和选择空间，给予学生根据自己的兴趣、爱好、身体条件以及学校的实际教学环境，选择体育项目进行学习的空间。这种教学模式比并列式模式对体育课程的区分更为精细，同时也更加有利于树立健康教育的教学观念，能够促使学生形成终身体育的意识。但是，这种模式由于更加富有学生自主性，所以容易造成学生在选择体育科目时出现盲目性，从而不能系统地掌握体育基本知识、基本技术和基本技能。

（八）俱乐部式

俱乐部式体育教学模式是当前体育教学改革的一大热点，也是近年兴起的一种体育教学模式，这种模式是在借鉴欧美等先进国家体育教学经验的基础上形成的。它学习俱乐部的组织方式，学生可以以学期或学年为单位，自主选择某一体育俱乐部接受某方面的体育专项训练。这种教学模式给予了学生更多的自主性，可以随时根据兴趣选择专项内容，体现了 2002 年教育部印发的《全国普通高等学校体育课程教学指导纲要》中提倡的“三自主”教学要求。所谓“三自主”，指的是学生应该具有自主选择课程内容、自主选择任课教师、自主选择上课时间的自由度。当然，这种教学模式也存在一定的缺陷，该种教学模式很容易将俱乐部活动与体育课训练相互混淆，致使教师的指导作用逐渐淡化，消减体育学科的知识性、技术性、实践性以及系统性。同时，俱乐部教学模式对于场地、器材、设施等硬件设施的要求比较高，并不是每一所高校都具备将这种模式普及化的条件。当前，此种教学模式的管理体制尚不健全，训练效果参差不齐，还不能被大多数体育工作者所接受。

三、高校体育教学模式的现状及存在的问题

随着我国高校体育教学改革不断推进，虽然很多高校引进了很多外国的先进教育理论和教学方法，但是我国高校体育教学的整体理念、教学内容和教学方法等诸多方面，依然没有摆脱原有的传统教学理论。

（一）教学内容

目前，我国部分高校使用的体育教材仍然非常传统和单调，虽然有些教材已经将当前较为流行的项目纳入到体育教材之中，但是真正有实力和能力开设这样课程的学校依然非常少。所以，现在高校大部分体育教材的教学内容依然是田径、球类、武术等，大部分学生从小学和中学便已经学习了这些内容，如果在大学体育课依然接触这些内容，难免会挫伤学生学习的积极性，甚至会使学生产生厌学情绪，轻视体育运动。

（二）教学方法

当前，很多学校采用的体育教学方式依然是传统的老师为学生讲解要点，拆分动作，然后由学生重复动作这一套，枯燥的教学方式使学生很难提起学习兴趣，不利于激发学生的积极性，也不利于学生参与到体育课堂当中，从而很难达到应有的教学效果。而且很多老师在讲解中非常注重动作是否做到位，技术是否熟练掌握，过分强调结果而忽视了学生在学习过程中的努力。使体育课教学被束缚了手脚，学生难以在体育课中发挥自己的个性和特长，不利于学生自身的发展。

（三）教学评价

国家有相关的体育锻炼标准，所以很多学校都将这一标准作为唯一的评价方式，来评价学生的体育能力是否合格。然而，这种评价方式往往忽视了学生自身的条件素质，使评价方式过于单调，无法得出公平、公正的结果，挫伤了学生的积极性。比如，有些学生先天身体素质较好，不需要特别的锻炼便可以达到很好的效果；然而，有些学生身体素质较差，只有非常努力才能勉强达标，这种“一刀切”的评价方式，看不到学生在达标过程中的努力，使一些学生感到失望，从而对体育产生抵触心理。

（四）硬件设施

目前，很多高校虽然已经开始注重体育教学，但实际上还是将体育作为一种“副科”来看待。在学校其他专业已经开始使用较为先进的教学设备和器材的时候，体育科目依然使用上个世纪陈旧的场地和教育器材，使很多新型课程和活动项目难以被真正的引进到校园当中，不利于体育在学校的全面发展。

（五）体育教学过程“单向化”“技术化”

当前的高校体育教学中，“注入式”教学现象非常普遍，具体表现为重教师教，轻学生练；重技术，轻理论；重共性，轻个性等。在高校体育教学中，过分苛求运动动作技术的掌握，并以此为最终目的。此种情况导致体育教学成为“为技术而技术”的教育，这种传统的教学严重束缚了学生的手脚，压制了学生学习的积极性和主动性。

（六）以“达标化”为中心

所谓“达标化”，就是过分看重学生的体育能力是否达到《国家体育锻炼标准》。符合《达标》标准的，体育成绩就合格，反之则不合格，部分高校至今仍把《达标》作为高校体育教育工作的出发点和归宿。显然，把《达标》作为体育教育的出发点，一切为了《达标》，势必限制体育教育内容的广度并导致体育教育过程日趋封闭。把《达标》作为教育的归宿，唯《达标》至上，其结果必然导致高校体育工作的中心和教育的目标出现偏移。

第三节 高校体育教学的功能分析

一、有利于培育和发展学生良好的体适能

体适能在我们的日常生活中非常重要，它是衡量一个人适应正常生活所需要的身体能力的指标。由此可以看出，培养和发展学生的体适能，不仅促进了个人的身体健康，而且提高了其对各种环境的适应能力。体适能发展的越好，其健康水准也就越高，也就越接近于全人健康的境界。高校体育课程通过各种教学设施和锻炼活动发展学生的体适能，一方面为他们身心的健康发展奠定了良好基础，为国家塑造了有用之才；另一方面，从社会的角度来说，也提高了全民的健康素质，减轻了医疗负担。所以，高校体育教学在提高国力方面起着积极作用。

二、有利于提升学生的体育文化素养

作为载体，学校体育特别是高校体育是我国体育文化传播的主渠道。众所周知，体育运动是一种极富激情和活力的活动，通过参与各项体育活动，人们可以从中获得人格、气质、修养等方面的熏陶、陶冶，体育不仅仅是运动员的专利，它也应该成为一个人终身的一种文化素养，这对于提高人们的生活质量，实现健康而完美的人生具有至关重要的作用。体育文化素养是素质教育的重要

内容，它是由一个人的体育知识、体育技能以及体育意识、兴趣和习惯等因素决定的。大学生正处在人生观、世界观、价值观初步形成和完善时期，一方面积累了一些社会生活经验，掌握了一些系统的科学知识，对自然、社会以及人生等问题形成了自己的看法，但另一方面也存在着知识和经验的局限性，对事物的看法往往不够准确和深刻，有时甚至十分片面，这时的教育对他们有着非常重要的帮助作用。而且，他们热情奔放，对生活充满活力，渴求知识，接受能力强，正是学习体育知识、技能的良好时期，也是增进体育意识、培养体育兴趣和习惯的良好时期。因此，高校体育教学不但要注重体育技能的传授，更要重视体育文化的传承，在教育教学过程中要充分发挥体育文化和环境的潜移默化作用来对学生进行教育。

三、有利于培育学生健康的心理品质

第一，增强意志品质。当代高校体育教学的目的不仅在于学生身体素质的提高，而且在于学生意志品质的培养。随着时代的进步和我国社会经济的发展，当代大学生的家庭生活越来越富裕，所遇到的来自各方面的困难挫折的机会越来越少，心理素质没有得到应有的锻炼和提升，面对挫折、失败等困难时不能正确对待；很容易受周围环境的影响，很少积极主动地发挥主观能动性。这些现象产生，固然有时代所限等客观原因，但大学生缺乏心理方法的锻炼也是重要的主观因素。众所周知，参于体育活动不仅能强身健体，同时也能磨练意志。在运动中，身体的极点与心理的极点同样，都是对人体的一种考验。因此，高校体育教学在增强大学生意志品质方面也起着重要的作用。

第二，培养良好的竞争意识。当前，我国社会正处于转型时期，社会竞争激烈。在高校体育教育教学实践中，应充分利用体育竞赛的规则来对学生进行公平、公正、公开的竞争意识的培养和强化。鼓励学生积极参与竞争，以增强他们适应未来社会的能力。在鼓励学生参与竞争的同时，还应强化学生的合作意识，这就为学生打好了步入社会前的心理基础，从而为社会培养出高质量的人才，提高社会人的总体素质。

第三，提高团队意识和协作精神。随着社会合作化程度的不断加深，单个人的力量日益显得单薄，而团队意识和协作精神越来越受到社会的重视和推崇。所以，高校体育教育应利用课堂体育技能的教学和课外体育活动或竞赛来培养学生顽强拼搏、灵活机智的进取精神和团结协作、互助友爱的团队精神，形成胜不骄、败不馁的意志品质。这样就把体育教育拓展到了人生更为本质的健康教育与终身教育的层面之上，使得体育教学对人的团队意识和协作精神培养的作用和效果愈加显著。

四、体育教学的渗透功能

（一）对思想品德教育的渗透功能

体育教育对实现素质教育起着非常重要的作用，同时体育作为教育的一部分，不仅仅是单纯的锻炼身体，也要练“心”，促进身心能够健康、和谐的共同发展。因为育体与育人存在一致性，那么体育教学对思想品德教育就会产生非常大的影响，具有渗透功能。在体育教学的每个细小的过程中都渗透着思想品德的教育，例如，在练习中，有的学生怕苦怕累，会偷懒；有的学生身体素质较差，会产生惧怕心理，变得异常敏感；有的学生身体素质好，领悟能力强，很快掌握所学内容，就会产生骄傲自大的情绪，不听指挥，歧视同学等等。要使这些不同类别的学生都能在同一课堂上有所收获，在锻炼身体的同时，能够得到心理上的教育，形成良好的思想品德。教师就要根据不同的情况“对症下药”，对不同的学生采取不同的策略，培养学生爱国主义和集体主义精神，勇于克服困难、自信勇敢、团结协作、奋发向上、顽强拼搏。

（二）对培养良好心理品质的渗透功能

通过体育活动，可以增强学生与学生之间，教师与学生之间的交流、互动，提高学生的人际交往能力。在集体的互动中，也可以使学生展现自我、释放心灵，培养学生积极乐观、热情开朗，活泼自信的良好心理品质。

（三）对培养现代人社会意识的渗透功能

随着我国经济的飞速发展和科技的不断进步，我国社会也正处在关键的转型期，大学生要想在社会中拥有一席之地，仅仅依靠丰富的专业知识远远不够，还必须要有现代人的社会意识，能够适应社会的发展变化。通过体育教学，可以培养学生的竞争意识、参与意识、风险意识和协作意识，更好地适应现代社会。

第四节 高校体育教学改革与发展的历程

一、教学指导思想与教学目标的探索阶段（1979—1994 年）

1979 年，教育部、国家体委、卫生部、共青团中央联合召开新中国成立以来规模最大的一次全国体育卫生工作经验交流会，颁布了《高等学校体育工作暂行规定》。在“调整、改革、整顿、提高”方针地指引下，高校体育课程改革全面启动。

1990 年 2 月，国务院批准发布实施的《学校体育工作条例》规定：“普通高等学校的一、二年级必须开设体育课，普通高等学校对三年级以上学生开设体育选修课”。次年 10 月，国家教委颁发了《大学生体育合格标准解》和《大学生体育合格标准实施办法》。1991 年国家教委开展了对全国高校体育课程地评估。1992 年国家教委颁布了《全国普通高等学校体育课程教学指导纲要》，将体育课的教学目标确定为“通过科学的体育教学过程和体育锻炼过程，使学生增强体育意识，具有体育能力，养成体育锻炼的习惯，受到良好的思想教育，成为体魄强健的社会主义事业的建设者和接班人”。

二、教学内容与教学模式的改革阶段（1995—2000 年）

1995 年 6 月 28 日国务院颁布了《全民健身计划纲要》。同年 8 月 29 日第八届全国人民代表大会常务委员会第十五次会议通过的《中华人民共和国体育法》第十七条规定：“教育行政部门和学校应当将体育作为学校教育的组成部分，培养德、智、体全面发展的人才”。随即国家体委又推出了《全民健身 121 工程》，要求学校“保证学生每天参加 1 次健身活动；每年组织学生开展 2 次远足野营活动；学生每年进行 1 次身体检查”。伴随着“121 工程”的推进，各种健身、娱乐体育内容走进学校体育课堂。

1999 年 6 月中共中央、国务院颁发了《关于深化教育改革全面推进素质教育的决定》，要求“学校教育要树立健康第一的指导思想”。同年 10 月教育部在江苏无锡召开了全国学校体育卫生工作经验交流会，要求认真落实“学校教育要树立健康第一的指导思想，切实加强体育工作”。随后出现的“俱乐部模式”“运动处方模式”“三自主模式”，开启了教学模式多样化发展的格局。

三、教学理念与课程目标的创建阶段（2001—2010 年）

2002 年 8 月教育部颁布了《全国普通高等学校体育课程教学指导纲要》，新《纲要》秉持以人为本，全面发展的教育理念，规定了由运动参与、运动技能、身体健康、心理健康、社会适应构成的课程目标。

2006 年 12 月，教育部、国家体育总局在北京召开了全国学校体育工作会议。颁发了《关于进一步加强学校体育工作，切实提高学生健康素质的意见》。同期，教育部、国家体育总局、共青团中央联合下发了《关于开展全国“亿万学生阳光体育运动”的通知》，力争用 3 到 5 年的时间，使 85%以上的学校能全面实施《学生体质健康标准》，85%以上的学生能做到每天锻炼 1 小时，达到《学生体质健康标准》及格等级以上，掌握至少两项日常锻炼的体育技能，养成良好的体育锻炼习惯，体质健康水平切实得到提高。

第五节 高校体育教学的改革与发展分析

一、高校体育教学改革的重点

（一）明确体育课程中的指导思想与发展目标

高校体育教学中要树立正确的“终身体育”思想，终身体育是终身教育内涵的扩展和延伸，是终身教育发展的必然，我们要推动学生终身体育思想和意识的形成。高校体育教学的目标正逐渐向多元化的方向迈进和发展，培养学生终身体育意识、养成终身体育锻炼的习惯，并且能够掌握终身体育锻炼的方法，发展并培养终身体育锻炼的能力，能够促进学生个性与身心上的健康发展，提高学生身心健康水平，这是高校体育课程的首要目标。促进学生身心全面发展，掌握一定的运动技能，使得他们在日后的工作、生活、学习中能够用得上，培养学生从事体育运动的意识，兴趣，习惯和能力，提高体育素养，为终身体育奠定一个良好的基础，最终实现高校体育教学与终身体育的衔接。增进学生健康，增强学生体质，促进学生个性全面发展和个性社会化；提高学生的素养，为终身体育奠定良好的基础。随着终身教育思想的兴起与盛行，终身体育思想已经逐渐在被世界各国接受，特别是发达国家率先实行。体育教学目标由四个基本目标组成，即社会目标、技能目标、认知目标与情感目标。然而，在体育教学目标中，占有重要位置的是认知目标的形成与发展，如果学生没有在认知目标的形成上发生转变，那么学生的学习态度，即情意目标最终必将难以实现。

（二）高校体育教育向着多元化和现代化的方向迈进

传统的教学方法和教学模式受到了很大冲击，现代的教师更注重发展学生的个性，培养学生的学习兴趣并且努力挖掘学生的学习潜能。体育作为素质教育的一个重要内容，不仅是健身的手段，还具有丰富的教育价值，高校体育教材应该多元化，内容丰富，只有获得运动技能，掌握运动技能，才能够满足学生的需求和社会的发展需要。体育学科应当承担起发展学生认知能力的任务，我们要切实担负起，作为学校教育，不可或缺的一门学科的学科责任。

（三）完善课程体系合理安排教学内容

我们要丰富教学内容，激发起学生对体育课的学习兴趣，普修和选修课程要分明，要根据课程的设置来明确安排好教学内容，做到教学上精讲精炼，把一些相关的教学知识教会、教全，做到全面细致且具体地发展。高校也可以根据学期末的考核内容来制订相关的教学计划、教学内容，通过教学来培养增进学生体育教学意识观念的形成，提高体育文化素养，以运动技能为基础，来达到一个终身体育教学思想的基本原则。只有达到终身体育的教学目标，学生才可以自觉地在教师不在的情况下自觉地进行体育锻炼。

二、高校体育教学改革的内容

（一）改革体育教学观念

要培养出适应现代社会需要的创新型高素质人才，高校体育教学必须紧跟时代发展的步伐。这就要求高校体育教师应当强化现代体育教学理念，切实转变传统的体育教学观念，改革体育教学方法，以实现以下两个观念上地转变为立足点。

1．实现由体能型体育教学观念向乐趣型体育教学观念的转变

当前，我国部分高校仍然奉行体能型的体育教学观念，其主要特点是强行向学生灌输枯燥乏味的体育知识技能，完全以教师为中心，注重开展大量的体育教学训练课程，学生在教学中完全处于被动接受的地位，这完全无法适应当今社会对高校体育事业发展的需求。所以，要大力推动体育教学观念的创新，其重要内容就是要使高校体育教育适应新时期社会发展的要求。具体而言，就是体育教学一定要适应学生的兴趣需要，以学生为主体，充分调动学生的主观能动性。乐趣型体育教学观念的核心内容就是充分发挥出体育教师高超的课堂管理艺术，充分考虑学生的成长与需求，理解当代大学生体育学习的实际需要，仔细思考学生的需要，在此基础上按照学生的兴趣爱好去实施相应的体育教育内容。教师要运用体育教学艺术去全力实现体育教学目标，在开发学生个性上，教师要着眼于激发学生学习的兴趣，鼓励学生运用积极的思维去解决体育学习方面的实际问题，并能体验到体育课堂所带来的乐趣，形成终身体育的意识。

2．实现由经验型体育教学观念向科研型体育教学观念的转变

所谓经验型体育教学观念，就是指主要以传统的身体训练为教学手段，通过对学生开展体育教学及训练来达到增强体质的目的，这一观念将体育课的运动量作为衡量教学质量优劣的重要指标。然而，这种寄希望于通过每周两次体育课就能增强学生体质的做法是不现实的，所以，从经验型体育教学观念向科研型体育教学观念的转变势在必行。随着高校体育教学的不断发展与科研水平

的不断提升，体育科学已成为各学科彼此交叉融合的全面性学科。科研型体育教学主要是在科学化体育运动和课外活动安排的基础上，着眼于大力提高学生的身体素质，注重学生的素质提升和智力开发。因此，体育教学观念的转变，要引起高校体育教师的高度关注。

（二）改革体育教学内容

高校体育教学内容应呈现出多样化的特征，借鉴新时期大学生大多喜欢娱乐体育、休闲体育等体育项目的特点。体育教学可围绕课程类型、教学大纲和教材体系等内容进行体育教学改革，促进高校体育教学内容的不断更新。例如，教师可以适当减少体育必修课的内容，酌情增加体育选修课的教学时间。高等学校体育教师要尽量提供各种课程组合，使学生根据自己的兴趣爱好，选择自己感兴趣的课程组合进行学习，从而将体育与健康教育相结合，增加开展身体锻炼的方法和心理健康等现代社会所需要的体育健康知识与技能。此外，体育教师可以将健美操、排舞、街舞、拉丁舞以及肚皮舞等时尚体育项目，武术、太极拳、跆拳道等民族传统体育项目，短式网球与气排球等现代休闲体育项目纳入到高校体育选修课的教学之中，以丰富课程教学的内容，增长学生的见识，增强他们适应社会的能力。因为上述项目本身的趣味性非常强，其能够合理满足学生的求知欲望，因而一定会深受选修这些课程学生的欢迎，体育锻炼的效果也一定会非常显著，从而最终提高体育课的教学效果。同时，采取这种形式的课程，只要对这些项目有兴趣的学生，都可以参与其中，从而直接扩大了体育选修课程的范围，具有较强的实用价值。

（三） 改革体育教学人才培养目标

对于新时期高校大学生来说，体育教学已经不仅仅具有身体上的锻炼价值，而且还可以通过开展高校体育教学，实施人文教育，完善大学生的品德、人格，开发大学生的潜能以及特长，培养大学生的创新性思维和社交能力，这对于全面提升大学生的综合素质具有十分重要的作用。高校体育教学应当时刻围绕培养和开发学生的体质，培养学生体育兴趣与爱好，并帮助学生养成终身参加体育运动的良好习惯。因此，要改革传统的体育教学培养目标，必须以增强学生的体质为出发点，安排组织好高校体育教学，注重培养学生的多种体育意识，在实现人性化教学的过程中，要体现出对学生以下几方面能力的培养。

1．夯实竞争意识

竞争意识是新时期大学生必须具备的重要价值观念，体育运动既要求学生遵循公平、公正、公开的竞争原则，另一方面也要求学生养成直面竞争、敢于竞争的意识。只要有竞争，就会有成功和失败。通过体验体育运动中的胜利与失败，不仅有利于让学生乐观地、理性地面对现实生活中的是是非非，而且从某种意义上说，在大学体育教学中培养学生的竞争意识，不但能够培养大学生群体的体育精神，而且还能培养大学生敢于面对挫折和勇于接受挑战的坚强性格。

2．强化团队意识

众所周知，体育运动是提升参与者团队意识和配合能力的最佳运动形式，篮球、足球、排球等运动形式均概莫能外。通过开展大学体育教学，不仅对高校体育事业的发展具有重要推动作用，而且对于整个社会的发展都具有十分重要的促进作用。通过开展大学体育活动，可以有效地培养大学生们的合作意识，培养与他人共同实现预期目标的合作能力，这不仅是新时期大学生在社会化进程中至关重要的一步，也是现代公民在社会中生存的必备能力与素质。

3．培养创新精神

现代高等体育教学应高度重视参与学生自身的内在需求，不仅要充分重视学生的积极性、主动性地发挥，而且要认识到，体育学习的参与过程其实就是大学生的自我完善过程。在高校体育教学中，要充分发挥学生的主动建构能力和创新思维，给学生以自主学习的空间和时间，让僵硬、强制性的固定教学模式转化为生动形象的新型教学模式，以提高高校体育教学的质量，培养学生体育学习的积极性与主动性。

4．提倡快乐体育理念

通过让学生参与体育运动，不但能保持学生的身体健康，而且还能使学生保持身心愉快、精力旺盛，实现心理上的愉悦。大学生参加体育活动，并不仅仅只限于锻炼身体，更为重要的是要由此获得一种精神上的快乐和成功所带来的满足感。体育教师在教学过程中，积极向学生传播快乐体育的理念十分重要。在快乐体育思想的影响下，高校体育教学逐渐形成了快乐体育的教学模式，不仅让学生能够及时体验到体育运动所带来的种种乐趣，而且要在体会运动乐趣的同时，掌握运动的相应技能并开展身体锻炼，并通过对体育运动快乐感觉的体验，让学生真正形成终身体育的意识。鉴于体育运动的乐趣源于不同方面，教师的体育教学活动既要有感受运动乐趣的不同环节，又要让这些环节相互联系，让学生充分体会到运动所带来的多种乐趣。可见，高校体育教学如果让学生感觉严肃呆板，缺乏快乐，那么学生对体育课程的关注度就会降低，导致丧失对体育课程的兴趣，最终导致依靠体育运动来培养学生能力的目标难以实现。所以，应该通过快乐体育的教学方式，让学生充分感受到体育运动的乐趣，并在体验到运动乐趣的基础上，全面提高运动技能，并通过对运动乐趣的体验，培养学生终身参与体育活动的良好习惯。

（四）改革体育教学评价体系

目前，高校体育教学的评价体系存在一定的问题，亟待进行改革。笔者认为，应当把评价体系作为合理的手段，并有效地运用于高校体育教学之中，从而达到既不影响学生的积极性，又有助于合理实现各项体育教学的目标。评价体系不能只关注学生纸面上的成绩，更应体现出学生能力的增长情况，这其实也是现代教育中以人为本的集中体现。实践证明，以各种测评体系作为主要手段，来主导大学生的体育课程学习，存在着很多难以解决的问题。这样不仅容易对学生造成误导，而且也排斥了学生个体的先天差异和后天环境影响下的差异。学生中先天身体素质较好的，其不需要进行锻炼，但是学习成绩依然很好；而那些先天身体素质和后天环境不好的学生，即使保持足够的训练量，也难以达到教师设定的目标和要求。可见，尽管素质与技能测评十分重要，但是更加重要的是参加体育活动和在此过程中学生能力的提高情况。因此，一定要注意到大学生个体的差异，务必要把过程与结果纳入评价学生的综合体系之中。大学体育教学要坚持以人为本，就要让学生及时关注体育技能的提高，在注重体育行为规范的过程中保持身心健康。

三、高校体育教学改革的措施

（一）全面提高体育教师的综合素质

体育教学的关键是体育教师，只有拥有一流的体育教师，才能有一流的体育教学质量。充分发挥体育教师在素质教育中应有的地位和作用，关键在于提高体育教师的综合素质，体育教师综合素质的高低直接影响到学生素质的高低。因此，高校体育教师必须提高思想政治素质和业务素质，完善知识结构，更新观念，不断更新体育基础知识，努力提高学历层次，提高教学与科研水平，才能跟上时代发展的步伐。所以，高校体育教师必须具备“广”且“博”的基础知识，“精”而“深”的专业知识，“新”和“全”的新学科知识以及整体教学能力，才能适应新时期高校体育教学的发展需要。

（二）树立科学的体育教学观念

传统的体育教学思想已经无法适应新时期高校体育教学的要求，并且在一定程度上制约了体育教学向更高层次的发展。为了更好地对接我国高校体育教学的发展要求，体育教师必须转变教学观念，树立科学的、符合现代社会发展要求的教学理念，进而培养出满足新时期高校体育发展要求的人才。第一，坚持“以人为本”的体育教育教学观，重视学生身心健康的全面发展，尊重学生的个性，培养学生的体育意识和体育能力。第二，从长远利益出发，培养学生的终身体育意识，为学生步入社会，从事体育锻炼奠定思想基础。现代社会的生活节奏之快、竞争之激烈，无不给大学生带来巨大的精神压力，而体育锻炼能够在很大程度上起到缓解压力、放松心情的作用。因此，树立终身体育意识对学生的长远发展十分有利。第三，明确学生的主体地位，培养学生的自主意识，调动学生的主动性和积极性。改变体育教学中教师单方面“教”的尴尬现状，建立平等、和谐、互动的人际关系，让学生积极参与到体育教学之中，促进学生身心健康的全面、协调发展。

（三）合理布局体育教学内容

体育教学内容是体育教学活动的重要组成部分，其在很大程度上影响着体育教学的效益与效率，充实的体育教学内容能够充分地满足学生的个性需求，并能够显著提升学生的学习兴趣，从而使体育教学活动充满生机和活力。因此，体育教师必须拓宽体育教学的内容：一方面，合理分配体育实践和体育理论的教学时间，改变过去片面重视体育实践，以致忽视体育理论教学的状况；另一方面，增加体育教学项目。为了更好地满足当代大学生的体育需求，教师可适当增加一些现代体育元素，例如瑜伽、街舞和钢管舞等深受学生喜爱的项目，以提高学生的体育兴趣。在教学过程中，还可以适当加入时下人们非常关注的体育保健养生等方面的教学内容，从而使学生的体育文化素质亦能有所提升。此外，体育教师还要注意体育教学内容的层次性，使体育教学由易到难、从基础到提高阶段循序渐进地发展，从而满足不同能力、不同层次学生的学习需求。

（四）改革考试制度，培养学生的全面综合能力

目前，部分高校体育考试存在重身体素质、轻视体育素质评价的情况，使学生的体育成绩无法全面反映学生的体育素质状况，不利于学生体育素质的全面发展，难以达到素质教育的目标和要求。因此，高校体育考核应从体质基础、心理发展水平、体育文化素质和终身体育能力等方面进行综合评价，把学生导向全面发展体育素质的轨道上来，规避单纯为考而教、为考而学的教学方法和考试制度，有效解决学生学习基础的差异性和学习的积极性这一问题。借助过程评价方法解决这一矛盾，过程评价方法应和学生的学习起点以及学习过程的态度、努力程度实现连接，并结合终结评价的部分内容进行综合性评价。

（五）采用俱乐部式体育教学模式

俱乐部式体育课是以俱乐部的组织形式来进行体育课教学，学生根据自己的需要、爱好、专长等特点，在专职教师的指导和帮助下，在俱乐部里自主选择体育健身的内容进行有效的健身活动，并在实践中学习、运用体育健身的科学知识，从而促进学生个性的发展及终生体育意识的形成。

（六）创新体育教学模式

体育教学模式是实现高校体育教学目的的方法和途径，科学有效的体育教学模式能够达到很好的教学效果，反之，单调、陈旧的教学模式则不易引起学生的学习兴趣，不利于体育教学工作的进步。创新是发展的源泉和动力，体育教学改革要想取得更大的进步，就要不断地进行改革创新。随着时代的发展，教师的“教”与学生的“学”相脱离的情况日益严重，此种教学模式已经不能适应现代体育教学的发展要求，该种教学模式也会减弱学生的学习兴趣。可见，创新体育教学模式已是不可逆转的趋势，例如体育俱乐部的体育教学模式、研究性体育教学模式等新型体育教学模式，其可以充分发挥学生的主动、调动学生的积极性，使学生真正成为体育课堂的主人。在新的教学模式中，需要充分考虑学生的兴趣、爱好和需要，全面发展适合学生特点的体育能力。

（七）培养学生的体育情感

体育情感是学生进行体育锻炼的心理基础，只有当学生真心地喜爱体育，其才能主动、积极地参与到体育教学活动中来。因此，培养学生的体育情感十分必要，对学生体育情感的培养，可以从学生感兴趣的体育项目入手，这样不仅可以满足学生的兴趣，而且可以在一定程度上激发学生的学习动力，让学生去探索更多的体育项目，培养学生的体育情感。如此，不仅能使学生掌握一些基本的体育运动项目知识和技能，还有利于实现学生个性的全面发展，促进学生的身心发展，为其树立终身体育意识奠定基础。

四、高校体育教学的发展对策

（一）转变教学思想，树立终身体育观

新时期高校体育教学必须以指导思想为着眼点，转变教学观念，把“终身体育，健康第一”作为高校体育发展的方向，把培养学生从事终身体育活动的

能力和习惯作为体育教学的指导思想。坚持实施终身体育的教学模式，以增强学生身体健康为目标，把体育教学的方向从追求外在的技能水平掌握转移到全面追求学生身心协调发展上来，充分发挥高校公共体育教学的优势，把体育教学与社会、未来衔接起来，突出高校体育教学的功能，使学生终身受益，这是高校体育教学科学化、社会化的发展趋势。

首先，高校要根据《中共中央国务院关于深化教育改革全面推进素质教育的决定》精神，确保学校体育教学遵循“健康第一”的指导思想。促进学生身心健康发展，这是学校各科教育的共同目标。毋庸置疑，学校体育是实现这一目标的主要途径。其中，体育教学是中心环节，指导思想是体育教学的灵魂。高校分管体育教学的领导和体育教师必须树立健康第一的指导思想。

其次，高校体育教师要积极探索，努力把“健康第一”的教学指导思想融于体育教学的全部过程，不断创造具有时代感的、适合学生实际的、能够充分调动学生主观能动性的教学方法。在具体实践中，教师应把如何由教师的主体作用向学生如何学的重心偏移，充分尊重学生、爱护学生，注重学生个性心理的发展和创造性能力的培养。要给学生更多的自由和活动空间，把在校期间的体育效益与学生终身受益结合起来，把接受和追求健康变为学生个体的内在需求，作为促进学生身心协调发展的、自然的、追求乐趣的过程，提高学生个体维护健康的能力，强化终身体育意识，满足自我情感体验，以适应环境的变化和社会的发展要求，提高全体学生的身体健康水平。

（二）创新高校体育教学模式

高校体育教学模式的创新，并不是放弃已有的传统模式，而引入、发明新的模式。未来高校体育教学的趋势要求我们必须使新旧模式相互结合、彼此补充。创新之路应该是多元化的，我们可以从以下几点入手：

第一，发挥传统模式中的积极因素，避免其缺点。例如，三基型模式，这种传统模式的优点在于对体育知识的系统把握和系统讲授，虽然现在更加强调学生的主体性，但过于散漫会延误系统知识的学习。三基型模式在尽量避免“填鸭式”教学的同时，应该适当发挥其他方面的优点。

第二，积极为新兴教学模式寻找教学实践的切入点，为新型模式的落地创造更大的空间。新兴教学模式有些还处在探索阶段，需要和学校实际相结合，避免生搬硬套和“一刀切”。同时，新兴模式有众多的优点，应该为发挥这些优点积极创造条件。例如，俱乐部型模式对学校的硬件要求比较高，这一点可以借助校方的资金投入等方式来加以实现。

第三，寻求适合学校实际情况的多元教学模式。教学模式创新不是一蹴而就的，创新的前提是积累。例如，教师可以将三基式、分层次式和俱乐部式教学模式结合起来，发挥它们既能传授系统知识，又能对学生进行分层教学，并兼顾学生学习爱好，积极调动学生学习积极性的特点。

（三）构建体育教学模式系统性的模型

体育教学指导思想、教学组织形式、教学内容和教学评价体系，这四个既相对独立又彼此关联的逻辑系统，构成了体育教学模式的新内涵。为适应时代对人才培养的要求，教育行政部门应加强对于高校体育课程教学模式的改革和考核，使现有体育教学模式不断得到发展与完善，并探讨、挖掘新模式，丰富我国高校体育教学的模式与教学体系。无论班级式、俱乐部式，都是教学的一种形式，俱乐部式是体育教学一种必然的发展趋势。这与高校的社会化管理、人类的终身教育、市场经济的运行密不可分。俱乐部式相比传统式体育教学，其更加有利于培养学生的终身体育意识，提高体育专项运动能力，充分发挥学生主体性、主观能动性，树立终身体育思想，养成运动习惯。俱乐部式便于走向市场，便于对部分课程实施有偿服务，也为学校体育与社会体育接轨奠定了基础。但它对学校的师资力量要求比较高，寻找统一的上课时间十分困难。尤其在部分俱乐部人数很多的情况下，体育课的组织管理就更加困难，这就要求教师必须尽快实现课内、外俱乐部的“一体化”，以解决这些问题。

第二章 新时期高校体育自主教学模式

第一节 概述

一 、自主教学内涵

（一）自主教学概念界定

关于体育自主教学，目前学界并没有统一的定义，许多研究者从不同的角度和层面对体育自主教学的内涵与外延进行了阐述。体育自主教学即将学生作为参与教学的主体，教学目标、教学模式、教学内容和方法都应该紧紧围绕学生展开，并和教师因素共同构成体育自主教学系统。同时，健康、愉悦、放松等积极因素应该成为教学的主要源动力。

（二）自主教学外延释解

体育自主教学具有两个层面的双面性，对于教师而言，它是一种教学模式与方法，而对于学生而言，则是一种学习的模式与方法。因而，从整体上来看，高校体育自主教学就是为了实现一定的教学目标，将学生作为教学的主体，围绕这一主体开展教学模式、教学内容和教学方法地选择，充分发挥学生的主观能动性，激发学生参与热情的一种全新体育教育模式。从教师的角度进行阐释，自主教学就是为了实现一定的教学目的，根据体育教师的安排和规划，学生根据自身的条件制定学习目标，确定学习内容，最终完成学习目标的体育教学模式。

二、自主教学模式的特点

关于自主教学，目前学界并没有一个严格的定义，大致上可以理解为“通过多种形式丰富教学手段，引起学生学习的欲望进而对学习内容进行自发性、连续性的发散学习行为”。具体到我国高校的体育教学中，我们可以将其定义为“在老师基本教学的基础上学生针对自身情况制定学习方法，自我监控、自我调整、自我评价，最终实现体育教学目标的教学方法”。根据自主教学的描述，我们不难发现它的主要特点：

（一）主观能动性

主观能动性是素质教育的重要内容，也是高校构建体育自主学习模式的核心性特点，还是自主教学模式的基本特征。在传统教学模式中，体育教学和其他学科一样，教师往往处于教学的中心，学生往往需要“跟着教师的节奏走”，并按照教师设定的内容、方式、进度、目标进行学习。在这一模式下，学生的学习很大程度上是被动的，学生按照既定的模式进行，一方面没有充分结合学生的特点和个体差异，同时也使得教学墨守成规，学生的主观能动性和积极性受到一定程度上的局限。

在自主教学模式中，首先关注的便是学生的个体特征，并将学生作为整个教学的核心，所有的教学工作必须紧紧围绕学生开展，同时学生在教学中也必须扮演起重要的角色，而不再是单纯的按部就班。在这一教学模式中，学生应该根据自身兴趣爱好和个人特质，结合教学实际情况，和教师一起确定教学的主题、方式和内容，并在教师的指导帮助下进行自主学习，自行选择学习目标、内容和方法，并积极主动地推进教学，充分发挥自身的主观能动性，逐步成为体育教学中体育知识、体育技能和方法模式的构建者。因而，自主教学模式是反对强制式、灌输式和被动式教学而主张主动式和探索式的自主学习模式。

（二）教学有效性

传统教学中被动性和灌输性的比重较大，其教学效果受到诸多因素的影响，由于没有充分结合学生的个体特征，其教学效果往往主要依靠强制性的学习和反复的联系来实现。在教学实践中我们注意到，教师讲的内容都一样，但学生的学习效果却有天壤之别，成绩优异的学生无一例外都进行了相当程度的自我学习，而正是自主教学的深入开展，让他们学会了发现问题、解决问题，并适应了自我分析理解的能力，实现了从“鱼”到“渔”的过度。由此可见，自主教学模式的学习是有效的，因为在这一模式中，学生成为了积极主动的主体，自主教学模式水平越高，则学生的学习效果往往就越好，学校体育教学的质量通常也就越高。

（三）相对独立性

自主教学模式和传统的自学既有联系也有区别，虽然两者都鼓励学生在整个学习过程中充分发挥自身的主观能动性，摆脱对他人的依赖，实现自身学习能力的提升。但是，自主教学模式同时也强调了自主学习过程的系统化，强调教师的引导与帮助和学生之间的分享与交流，因而自主学习系统的独立是相对的，学生不可能脱离教师和学校，完全进行独立的自我学习。相对独立性体现在两个层面：从宏观来看，体育自主教学模式中的构成元素，学生不能完全独立，教学目标、教学内容、教学方式、体育训练的内容、阶段、时间等，学生不可能完全脱离教师的指导和帮助；从微观来看，每一个元素从开始到设计，再到实施及总结，每一个过程学生也需要来自教师和同学的资源共享及帮助与支持。因而，高校体育教学中自主教学模式的独立性是相对的，需要分清学生的学习在哪些方面和过程是自主的，只有这样才能设计出更加符合教学实际的自主教学模式。

（四）情感丰富性

情感是现代教育中一个重要的概念，21 世纪兴起的情感教育便是对这一要素的深入挖掘。情感对于教学具有明显的影响作用，积极乐观的情感会对教学产生积极的推动作用，而压抑消极的情感则无疑会对教学产生负面作用。在自主教学模式中，学生的主观能动性得到积极地调动，其情感得到释放和良性的引导，和传统的教学模式相比，学生在教学中往往可以表现出更加丰富的情感和积极的情绪。自主教学模式带来的轻松活泼的课堂气氛，互助共享的教学资源以及给予学生的展示平台，都将有利地推动学生正面情绪地释放，而这种正面积极情绪地释放，将对教学产生积极的推动作用，同时拉近教学双方的距离。

（五）范围有限性

自主教学模式并不是适用于所有的教学，因为对于某些要求极高且教学资源十分集中的高精尖项目（如核能、航天、军工技术等），采用自主教学模式未必能适用，或者是教学环境不允许。因而在教学实践中必须注意到，并不是所有的教学内容都可以完全采用自主教学模式，很可能某些学科只能部分采用或借鉴其思维。高校的体育教育和其他学科的教学目标存在巨大差异，通常来说，高校的体育教学并没有在知识模式方面有严格的教学目标，而更多是让学生认识体育，热爱体育，并建立起积极乐观的心态和坚持体育锻炼的习惯，从而全面提升国民的综合身体素质。因而，高校体育教学是可以灵活化及自由化的，只要能实现最终教学目的，无须拘泥于采用传统的教学模式。

第二节 高校体育自主教学的现状分析

一、我国高校体育教学中自主教学存在的问题

（一）未从根本上建立自主教学的理念

要实现自主教学模式的构建和发展，在教学中引入自主教学的理念是首要的基础性条件，只有将自主教学的理念真正接受并运用于教学实践，才能真正推动体育自主教学模式的构建及发展。但是目前我国的高校体育教育，并没有从根本上建立起自主教学的理念，或者是没有接受自主教学模式的理念，或者是对这一理念的理解存在偏差。一方面，许多学校仍然沿用传统的体育教学思维，所谓的自主学习模式在教学中往往流于形式，或者根本没有得到学校的认可，传统以教师为主体的教育理念仍然主导着体育教学。这些教育模式中课堂气氛十分单调：教师集合，调整队形，口令训练，跑步做操等传统热身运动，自由活动……这样的课堂显得十分枯燥，学生既得不到有效充分的锻炼，相应教学方式也没能充分体现出自主学习的因素。在这些院校中，通常没有认识到自主教学模式的重要作用和对于现代教学的积极意义，同时也没有深入分析研究自主教学模式和体育教学相结合的可能性和可操作性，许多学校当然地从主观臆断上对自主教学模式进行了判断而没有进行科学有效的分析研究。

另一方面，部分院校对自主教学的理念在理解和运用上存在偏差，将自主

教学模式和自学混同起来，虽然在教学中重视了学生的个人特征并将学生作为教学的核心，但对整个自主教学模式缺乏相应的配合、引导、帮助元素，学生在自主学习过程中得不到及时有效的引导和帮助，结果导致体育教学在给予学生自主权的同时却走向了散乱失控的另一个极端，对体育自主教学模式的要素没有进行科学准确地把握和运用，从而使得体育教学缺乏核心引导力和凝聚力。由此来看，未从根本上建立起自主教学的理念成为了影响高校体育教育的重要因素。

（二）教育形式单调，难以吸引学生兴趣

“我喜欢体育运动，但是我不喜欢体育课”，流传于网络的这句话，尖锐地指出了当下高校体育课堂的尴尬现状。很多学校为了跟上时代的步伐，纷纷花重金购置了多媒体教学设备，而对这些设备的应用，无非就是将写在黑板上的东西用课件的形式表现出来，或者加上一些音频、视频资料，这样的方式换汤不换药，形式的单调使得教学效果大打折扣，同时也扭曲了体育教学在学生心中的地位，很多高校生甚至将体育课等价为“休息课、娱乐课”。不仅如此，很多高校甚至将体育教学与操场教学等同起来，认为体育教学就是在操场上讲解和组织活动，这种错误的思想使得高校体育课和小学的活动课几乎无异，在这样的情况之下，体育课无法吸引学生的兴趣，自由活动往往就宣告了体育课的结束，不少学生溜回教室看书睡觉，或是在学校散步聊天，本就不多的体育教学时间就这样白白浪费。

（三）未建立系统的自主学习系统

自主教学模式的构建是一个复杂的系统化工程，它需要在管理、人力资源、师资力量、软硬件设备、教育模式、系统划分、系统组成与运行等诸多层面进行科学的分析和构建，并且在大量的相关影响因素中建立起联动机制，实现各要素之间的有机联系。因而，体育自主教学模式的构建绝不等于简单地将教学完全丢给学生，要实现高校体育自主教学模式的构建，必须进行系统地规划和设计，并逐步建立和完善这一系统化的工程，同时在教学实践中还需要根据实

际情况的变化不断进行调整及优化。在自主教学模式中，教师和学校仍然扮演着十分重要的角色，只是其具体侧重点和教学方式出现了变化，更多地变为引导和帮助及分析总结。一方面，应该积极丰富课堂教学形式，提升学生对高校体育课堂的认同和兴趣，同时也应该搭建一个有效的平台来引导学生的自主学习，解决他们在学习中遇到的问题。然而，非常遗憾的是，目前许多高校体育教学并没有建立这样一个有效的自主教学模式，往往只运用到了自主教学中的某些元素或方法，而没有将这些元素进行系统化的整合，因而其体育自主教学模式的构建往往都比较片面，没有实现自主教学模式真正意义上的构建及发展，这也成为影响我国高校体育自主学习模式发展的一个重要原因。

二、高校体育自主教学现状的特点分析

（一）学生的身体机能和体育学习需求存在明显差异

通过调查可以发现，高校大学生在体育身体机能和体育学习需求乃至学习兴趣方面存在明显的差异，学生群体的身体机能各不相同，对体育学习的需求和兴趣爱好也呈现出一定的层次差异。由此可见，学生的个人体质各不相同，对体育教学的需求和兴趣爱好也就存在一定的差异，他们更愿意获得一定的自由选择空间，而不是千篇一律、一成不变的“统一性”“规范性”体育教学模式。高校目前的体育教学系统中，除了专业体育生的训练之外，其他所有学生都划分为非专业类，进入各个体育教学班进行统一教学模式的体育教学。高校目前的体育教学设置中，学生虽然可以按照自己的兴趣在一定程度上选择体育“兴趣班”，但是这样的选择范围仍然较小，且体育教学班级还是以学生正常教学班为基础来划分，而在各个兴趣班中，并没有根据学生的个体差异设置不同的教学模式，仍然是统一的教学计划和统一的教学模式。可以说。高校在自主教学的选择层面走在了全国前列，实现了一定程度上的自主化，但是在实施层面却未能深入发展下去。

（二）学生自主学习能力处于低位水平

根据相关调查，“学习自主类”9 个问题的调查分析表明，高校目前的体育

教学中，学生普遍表现出愿意接受自主性教学模式的意愿，但同时学生自身的自主学习能力较低，总体上处于低位水平。具体表现在，对于自主学习过程缺乏自主性的控制和监督能力，并且在自主学习的过程中渴望得到来自教师和同学的帮助与支持。特别值得指出的是，这种对帮助和支持的渴望，大部分学生却不愿意当面进行，而更愿意选择非公共场合的方式进行帮助。也就是说，大部分学生不愿意在课堂上向教师或其他同学请教，而更愿意在课后非课堂的环境下进行互动学习。

三、高校体育教学自主教学构建的重要性分析

（一）自主教学未成系统化

从“学习过程类”的问题分析可以看出，大部分学生对自主教学这一模式表示认同，也愿意尝试进行自主性教学，但是由于自身自主学习能力普遍较高，他们又十分重视教师提出的教学计划，规定的教学内容，对自主教学的效果感到不确定。在高校目前的体育教学中，学生希望自身的自主学习能够系统化地进行，能够得到来自教师及同学的帮助和监管，并希望在这一过程中植入一定的教学机制，能够帮助自身的自主教学系统化、科学化地进行，而不是变为纯粹的自学。

（二）学生渴望得到更大的自由学习空间

高校体育教学中，学生十分渴望能拥有更大的自由学习空间，并期望通过自由宽泛的学习环境，真正在体育领域有所进步或发展。这些需求归结起来有以下几类：

第一，能够自主选择学习的内容，并和教师一起设定针对自身实际情况的教学目标。进行分组练习时，希望能进行自由组合，同样的教学内容，希望教师能够提出不同的学习和练习方法供自己选择。

第二，希望在体育教学中教师能够给予自己一定的自我展示平台，让自己充分展示体育特长，并分享自己的经验，和同学们一起学习进步。尤其是体育基础较好的同学，他们十分渴望在体育教学平台上收到来自各方的关注，将体

育教学作为一个学习和自我展示的平台，并由此获得成就感和荣耀感。

第三，优化体育教学课堂的氛围和教学模式。大部分学生希望在体育课堂上教师能安排一些个人练习和同学交流的机会，并希望学校能够让自己拥有自主选择体育学习项目的机会。同时，大部分学生表示，并不喜欢刻板且一成不变的体育课堂，他们更加渴望和谐、融洽，同时充满趣味和互动的课堂。

第三节 高校体育自主教学模式的构建

一、高校体育自主学习模式的构建策略

（一）强化学生自主学习的理念

在多数学生的观念中，体育课就是打球、跑步，然后获得相应的学分，对体育课本质缺乏理解和认识，体会不到体育锻炼增强身体素质的重要意义。

1．改变学生的传统观念

使学生认识到体育课对自身身体素质提升的重要性，让学生了解到自主学习体育课程能提升自身的交际能力，同时有效提高自身解决问题的能力，更好地适应未来社会的发展需要。这样能够增强学生自主学习的意识，树立自主学习的观念，积极主动地、发自内心地参与到体育锻炼和体育知识的学习当中，从而有效地提升学生自主学习的能力。

2．促使学生正确认识自我

高校学生体育课程的选择和体育锻炼计划的制订都要以学生自己的身体条件为依据。所以，学生要对自身的状况有全面的了解和正确的定位。只有这样，才能够制订出适合自己的学习目标，进而制订出相应的学习和锻炼计划。

3．增强学生自我监控与调节能力

在培养学生自主学习能力的过程中，教师要注意培养学生自我监控和调节的能力，让学生通过自我测试和反省等方式对自己制订学习目标和锻炼计划进行控制和调节，及时改变学习策略和方法，对自己获得的能力、技能和知识进行及时评价，树立自信、扬长避短，不断激发学生学习的创造性和积极性，为

自主学习能力的提升创造空间。

（二）打造“自主选择”的体育学习模式

在高校体育学生自主学习过程中，教师应充分尊重学生，根据学生的不同体育运用情况，适时打造“自主选择”式学习模式，这主要包括自主选择学习的时间、内容和方法等方面，使体育真正走向学生自主，努力提高体育学习质量。

1. “自主选择”体育学习时间

在大学阶段，学校的教学管理形式是学分制，这种制度给予学生在课程选择上有较大的自由，学生可以根据自己的具体情况来安排体育课的上课时间，不管是专项体育课，还是普修的体育课。除了学分制之外，学校还应该有针对性地创造条件，让学生自由选择上课时间，这样能够有效地激发学生上体育课的积极性，在保证与原有学分制同步管理的同时，有效地提升学生的自主学习能力。

2. “自主选择”体育学习内容

学校应该不断地丰富体育课可选择的教学内容，给学生更多的、依据自己的兴趣爱好自由选择的机会，但是高校需注意调控学生的学习活动，加强教学管理。

在高校体育自主教学过程中，应注意以下教学侧重点：第一，充分利用高校丰富的体育资源，给学生更大的自主选择空间。在普修体育课上，要尽量根据学生的兴趣爱好来安排教材的内容供学生选择。在专项体育课上，在完成统一教学内容之后，尽可能留出适当的时间给不同基础的学生进行自主的学习和锻炼。第二，学生自主选择教学内容之后，教师要加强对教学的监督和管理，对学习要求有严格的标准，并安排相应的人员组织学生之间相互交流和学习，在这一过程中教师要适时给予指导，保证学生学习的质量。

3. “自主选择”体育学习方法

每个人的身体素质都存在着非常大的差异，所以要求教师因材施教，根据学生对教学内容理解和接受能力的不同，引导学生自主选择适合自己的练习方法。此外，在不严格要求技术规范的教学内容时，不要限制学生的练习方法，允许学生用不同的方式完成同一内容的练习。例如，在进行篮球运球训练时，教师应该引导学生以个人独立、小组合作等不同模式学习运球，并且结合运球竞赛、游戏等方式，激发学生自主学习的积极性。

二、建立并完善科学合理的自主教学教育模式

建立一个科学合理的自主教育模式是发展高校体育自主学习的基础，为此，我们应该彻底改变传统高校体育教育的教师本位思想，将学生完完全全作为教学的核心，所有的教学都围绕学生展开。建立这样的模式，我们应该考虑到以下一些因素：

（一）组织引导系统

组织引导系统是高校体育自主教学模式的首要环节，也是这一系统的基础和流程导向，具有重要的基础性作用。组织引导系统的主要作用在于宣传自主教学模式的理念和基本模式，并通过宣传让学生逐步认识、感知并接受这一新兴教学模式。此外，组织引导系统的另一重要作用在于激发学生对自主教学模式的参与热情，通过丰富多样的形式将学生引入到相关体育教学之中，并让学生对学习产生深入理解和挖掘、自我探索的欲望。可以这样说，组织引导系统是激发学生参与自主学习的首要和关键性环节，这一环节将为高校体育自主教学模式提供强大的源动力。

组织引导系统的核心在于教师的组织和规划，首先，教师应该对教学目标进行宏观设置和整体把控，并进一步将目标细化为整体目标和阶段性目标，根据目标的设置规划相应的课程与教学手段。在组织引导阶段，课堂教学的内容与形式十分重要，需要快速抓住学生的注意力和兴趣，并给予其宽泛的想象空间，这对于后续自主学习系统的推进十分必要。以课堂教学的引入为例，传统的体育教学往往缺乏课堂教学的引入环节，而在组织引导系统中，高校可以尝试以下热门的话题来展开本堂教学，即设置相应的课堂教学引入机制，如精彩

激烈的 NBA 比赛，奥运比赛、街舞、扣篮进球集锦等。这些内容紧扣教学内容，可以在很大程度上激发学生的兴趣和激情，对比传统的集合加解散模式，显然更有利于塑造教学氛围，并能够鼓励学生积极参与其中，在课堂的一开始便抓住学生的注意力，从而为后续教学带来方便。

（二）学习系统

这是自主学习模式的核心组成部分，即建立并完善学生的学习模式，学习系统主要包括内容和方式两个层面，这也是学习系统需要明确的两个基本要素。内容，即学生需要明确地选择出学习内容，这一内容可以是多样的，但应该充分结合学生的个人身体特质和兴趣爱好，经过教师的帮扶和建议，最终确定；而形式则是指学生自主学习的方法，学生可以自己进行，也可以分小组进行。分组进行是常用的一种学习系统方式，其学习效果也比较突出，高校可以在学习系统中参考这一模式。首先，教师根据学生的意愿和自身的教学计划综合划分小组，并对各个小组设立考评机制，主要根据小组学习情况和最终教学目标的实现程度进行评价。这样，小组之间便可以形成良性竞争的机制，而在小组内部，各个成员之间亦可以进行经验分享与学习上的互助，从而在内外两个层面提升学习系统的效率和教学效果。

除了内容与方式两个基本层面，学习系统还需要设置一定的后续配合内容，如在学生选择了学习内容之后，则期末的体育检测便可增设考核学生自己选择的项目并保持一定的权重，这样会使得学生在选择的时候十分用心，能够充分结合自身的实际情况，而后期学习也十分努力。同时可以在课堂上组织大家讨论采用什么样的方式来进行教学，讨论之后教师再综合考量大家的意见进行实行。通过反复地练习来不断反思和总结，再向同学和教师寻求帮助。

（三）过程控制系统

过程控制系统属于自主教学模式中的控制性和辅助性环节，也是自主教学模式区别于传统自学的重要因素。一般来说，过程控制模式分为两个部分，即帮助和监管，高校可以基于这两个模块构建过程控制系统。帮助模块主要为解决学生自主学习过程中遇到的各种问题。由于体育运动的内容深入到社会生活中的各个层面，在学生自主学习的过程中，不可避免地会遇到各种学习和体育运动实践方面的问题，如锻炼方式、运动技巧、各项体育运动的细节动作、比赛规则等，如果没有科学有效的帮助系统，那么学生的疑问将会越积越多，最终严重影响自主教学模式的推进。在帮助模块中，可以设置师生之间，学生之间和小组之间等多种形式的帮助，学生可以自我解决，也可以讨论解决，当然也可以寻求教师的帮助。通过帮助模块的设置，学生在自主学习过程中的疑问可以得到及时有效地解决。

除了帮助模块，监管模块也是过程控制模式的重要组成部分，自主学习模式在推进的过程中，教师必须对整个过程进行监管，保证教学的正常进行，同时保证教学目标的实现。换言之，教师必须通过一定的手段，及时有效地掌握学生学习情况，当出现偏差或者教学环境发生变化时，教师应当及时调整教学计划和自主教学模式。监管模块的方式十分多样，例如，教师可以定期开展座谈会，开展学生小组内部讨论和小组之间的讨论，在讨论中分享学习经验，共同探讨学习问题，而通过这样的讨论，教师可以及时地把握学生的学习动向，以便于洞察当中存在的问题，进而进行纠正和调整。从这一层面来看，过程控制系统是保证自主教学模式按照既定模式发展的有效保证，这一系统的缺乏，将很容易导致自主教学模式变得散乱无序，进而偏离教学目标。

三、分层教育法的构建

分层教育法是近年来兴起的一种全新教育模式，特别适合大学教育，和高校体育自主教学模式的构建有着良好的切入度。根据目前的教学实践效果来看，分层教育系统是实现和推动自主教育模式发展的强大工具和有效手段。分层教育法的主要特点便在于对学生群体的重新划分，它充分结合了自主学习的特征与客观要求，更加重视学生的个体差异与个体特征，从根本上颠覆了传统体育教育的模式和教学目标，在灵活开放的大学教学环境中特别适用。

在目前的高校体育教育中，体育教育类别的划分往往比较粗略，仅仅是将专业与非专业类的学生进行分类，而大量的非体育专业学生将沿用一个教育模式。除了进行专项培训的学生之外，其余学生统一划为非专业类进行体育教学，采用公共教育课程和体育兴趣选修相结合的模式进行教学。这一模式沿用多年，取得了一定的教学效果，但是面对新世纪素质教育的深入拓展和教学环境的变化，逐渐表现出越来越多的问题。首先，学生的个体意识不断增强，兴趣爱好各不相同，且体育基础和发展锻炼方向各有差异，不仅如此，在非体育专业学生群体中，也不乏对体育运动充满激情，渴望得到专业培训的学生，而传统的划分模式，对这些问题的处理显然心有余而力不足。

四、建立科学人性化的检测模式

在传统教学中，教学检测是体育教学的末端环节，实际上，每一次教学检测都是对整个教学系统和教学效果的总结与评价，经过总结与分析，可以为后续教学的改进与进一步发展提供有效的支撑依据，因而科学人性化的教学检测模式，对于教学模式的实施与发展同样具有重要意义，对于自主学习模式而言，亦是如此。在体育教学的检测模式方面，大体上采用的是“评分制”和“及格线”的模式，即根据学生学习的内容设置相应的考试内容，如立定跳远、跳高、百米跑、一千米长跑等，根据学生的测试成绩打分，再判断是否及格。当然，在素质教育不断深化的今天，测试的手段和内容在不断丰富发展，考试的内容也趋于多样化，结合学生实际开设了乒乓球测试、网球测试等项目，同时引入许多先进的体能测试设备，在提升检测精度的同时提高检测活动的趣味性。可以说，这些措施是行之有效的，相比传统单一生硬的检测模式更加有效生动，但是必须注意到，在现代化的检测模式下，“评分制”和“及格线”的模式并未得到根本性的转变。在这一传统模式的影响下，体育教学效果检测受到较大不利影响。首先，学生的身体机能和体育综合素养存在必然的差别，划分统一的“及格线”显然不够准确和科学；其次，对于学生的测试结果，简单地以是否“及格”进行评价，显得太过粗略，对于学生后期学习的改进和教学方法的调整并没有明确的指导作用；再次，这种检测评价模式很容易挫伤部分学生的自尊心，从而进一步削弱其参加体育运动的兴趣与热情，甚至对体育教学产生抵触情绪，这对于高校的体育教学十分不利。因而，为了完善自主教学模式，高校在体育检测环节应该尝试更加人性化和更加科学的模式，只有这样，才能真正有效地检测自主学习效果，同时为后续学习教学工作的调整提供有效的地支撑。

首先，“及格线”这一指标化的模式应该逐步被弱化，针对学生的个体特征和综合身体素养，除基本身体机能测试项目之外，应该更多地和学生学习的课程结合起来，如各类体育运动，参加体育比赛的成绩等等。对于测试结果，必须和学生的身高、体重等基本身体综合素质紧密结合起来，由此判断学生的身体机能是否正常，在哪些方面需要加强，后续学习的重点在哪些方面等。这样的测试方式显然更加人性化，充分考虑了学生个人身体素质的差异，同时也更加全面和科学。在测试过程中，借助于现代化的各种检测手段、仪器，可以进一步提升测试的趣味性，如阶梯测试仪（用以测试综合身体机能）、身高体重测试仪、肺活量测试仪、跳高测试仪等。在测试的过程中，可以尝试将体育检测与学生身体机能的检测结合起来，形成针对学生综合身体素质评判的完善数据，这对于高校体育素质教育的推进具有十分重要的意义。测试完成之后，“评分制”的模式同样也应该逐步淡化，对于学生的测试结果，不再以简单的分数进行表示，而是出自一份详细的检测报告。在报告中，详细列举学生各项检测数据，对比学生的身体要素，指出学生在哪些方面机能正常，值得保持，同时指出学生哪些机能需要加强，并给出改善和运动的建议，同时列举不良生活习惯，呼吁学生克服或改正。这样的检测模式实际上极大扩充了目前体育教学的检测环节，人性化的检测模式在发挥科学检测效果的同时也可以大大拉近学生和体育运动的距离，让学生认识到体育运动和自身身体机能紧密的联系。检测报告给出的数据和分析结果无疑可以有效激发学生进一步自主学习的热情，而报告中给出的建议，则可以成为学生进行后续自主学习的范本与引导性文件，具有很强的实践操作意义。对于自主教学系统的完善和形成良性循环，具有不可替代的积极作用。

五、积极扩展课堂外延

为了发展自主教学，我们必须将体育教学的课堂从单纯的操场分离出来，将普通教室、多媒体教室、网络化教室等元素也引入体育教学。例如，跳高的教学，传统教学方式就是教师简单的示范和学生反复的练习，而当中的细节动作和技巧，教师的讲解未必能让学生充分理解，同时有时教师的示范本身就不甚标准。而我们若扩展课堂的外延，在教师简单讲解之后便可在多媒体教室给学生播放跳远比赛的视屏，这样的效果来得更直观，学生也更容易理解。而在教室中我们则可以组织学生讨论，这样可以激发学生的学习热情，从而为自主学习的开展带来便利。不仅如此，开展第二课堂也是发展自主学习的有效方式，我们可以经常开展篮球比赛、乒乓球比赛、羽毛球比赛等活动，这样的活动很容易吸引学生的参加，而为了在比赛中有较好的表现，学生对相应的活动进行精心的准备和大量的练习，在这个过程中不可避免地会对相关的体育知识和技巧进行学习和研究，这其实在很大程度上推动了自主学习的发展。

六、加强现代科技与自主学习的结合

（一）加强 CAI 系统与体育教学的结合

CAI 也就是计算机辅助教学系统，凭借其强大的多媒体功能和良好的互动性在教学中得到了广泛的运用。体育教学强调身体语言，不论是广播体操、篮球、乒乓球还是羽毛球，都是由一整套复杂连续且节奏较快的动作组成，传统的讲解很难让学生产生直观的印象，也使得学生把握不住当中的难点与易错点。而借助 CAI 系统，我们可以给学生播放相关视频，让学生对整套动作和流程有一个非常直观地印象。以广播体操为例，我们可以给学生播放国家体育教育制作的标准动作示范，在此基础之上给学生讲解当中的要点，这样给学生的印象才十分直观。对于体操动作当中的难点，我们可以暂停、慢放、定格、反复重放，让学生看清楚，并及时的组织讨论，保证学生能够真正地理解了当中的要点。

（二）逐步推广新兴课件化教学系统

课件化教学系统主要由播放设备、投影设备和遥控设备组成，用户群日益庞大，网络资源也十分丰富。以篮球教学为例，篮球运动十分激烈，不论是相关动作还是复杂的规则都不易讲解清楚。对此，我们可以制作形象生动的课件，在课件中融入图像、视频等元素，由于课件系统高度的自创性，因此较 CAI 更加人性化。比如，“单手肩上投篮”是一个常用的投篮动作，我们可以在课件中以 flash 的形式对当中的“蹬、伸、屈、拔”等关键性动作进行分解，还可以用 flash 小游戏的形式来让学生进一步加深自己对所学内容的印象。

（三）搭建网络教学平台

网络教学平台并不是新生事物，在我国的高校教育中也得到了较为普遍的推广，利用校园网、学生电脑端口和学校的资源库，学生可以及时地查阅、下载相关信息，并进行教学、考试、报名、缴费等一系列的操作，其便利性和完善性较好，这为体育自主学习模式网络教学平台的搭建提供了良好的基础平台。

网络平台虽然在教学管理和部分学科教学中得到和广泛应用，但高校在体育教学领域并没有充分利用网络平台，体育教学很大程度上还是更加重视操场和场地训练的作用。实际上，根据分析可以看出，在自主教学的模式中，教学双方以及学生之间及时有效的沟通交流和资源共享是十分重要的，这贯穿于组织引导、学习、过程控制和总结评价这四个子系统，因而高校在这一方面应该充分利用自身已经具备的校园网络软硬件设备，加快构建体育自主学习网络平台。

第四节 高校体育“三自主”教学模式分析

一、“三自主”教学提出的时代背景

所谓“三自主”教学模式，就是指学生应具有自主选择课程内容、自主选择任课教师、自主选择上课时间的教学。2002—2008 教育部颁布了新的《全国普通高等学校体育课程教学指导纲要》（以下简称新《纲要》），明确提出“根据学校教育的总体要求和体育课程的自身规律，应面向全体学生开设多种类型的体育课程，可以打破原有的系别、班级建制，重新组合上课，以满足不同层次、不同水平、不同兴趣学生的需要”。又指出：“要充分发挥学生的主体作用和教师的主导作用，努力倡导开放式、探究式教学，努力拓展体育课程的时间和空间。在教师的指导下，学生应具有自主选择课程内容、自主选择任课教师、自主选择上课时间的自由度，营造生动、活泼、主动的学习氛围”。《纲要》要求自 2003 年起在全国高校开始实施。自此，“三自主”教学得以正式命名并在全国范围内得到广泛开展。

这个时期，正是我国高等教育快速发展的重要时期。1999 年的大扩招拉开了我国高等教育跨越式发展的序幕，1998 年全国高校招生 108 万人，1999 年达到 160 万人，比 1998 年增加了 52 万人，增幅高达 48%。2000 年录取 180 万，2001 年录取 260 万人，录取率首次突破 50%，2002 年录取人数 320 万人，2003 年录取人数达到 382.17 万人，2014 年我国普通高等学校招生已达到 698 万人。连续扩招，使各高校原有的办学思路、办学规模、办学方式发生了根本的转变。学校的教学条件、教学经费、教师队伍、体育基础设施等都无法满足学生人数快速增长的需求。正是处于高等教育大发展、学生人数大幅度增加的时期，教育部在全国高校大力倡导“三自主”教学，可以说既为新世纪高校体育课程教学改革提供了指导和依据，也增添了新的难点，由此带来了一系列新的变革，引发出新的实践过程与思考。

二、“三自主”教学的实践过程

实际上，当时在全国有一部分高校已经开始了这一改革的探索与实践，只是还没有“三自主”教学的称谓，有的称之为选项课，有的叫选修课，有的叫专项课，虽然叫法不同，但基本形式和改革思路大致相同。这项改革现在回头来看，可以说是体育教育思想的一个大转变，是高校体育教学改革的一次大尝试，也是社会发展对体育教育提出的必然要求。

自 2003 年开始，全国大部分高校开始了“三自主”教学的尝试。但由于绝大多数高校实行的仍然是学年制下的体育教学，在这种教学制度下要完全实施体育教学的“三自主”难度很大，尽管各高校都在努力实现这一目标，进行学生选课的各类尝试，但与真正实现“三自主”教学还有相当的差距。

从这些年实施情况看，多数学校在总的框架和体系上没有根本性突破，实际效果并不理想，与构思和想象相差甚远，还有很多问题需要解决。从课程设置来看，也是多种多样，有的是一年级开设基础体育课、二年级开设选修课；有的从一年级入学就开始选；有的第一学期开设体育素质课，从第二学期开始选课；有的学校一年选一次，有的学校一学期选一次；有的学校一选定终身；有的名义是选课，实际上开的是专项课，如此等等。

三、高校体育“三自主”教学模式的状况与存在问题

一个人从小学到大学，体育课长达 14 年之久，然而与其他学科相比，体育教学内容很多都是低层次、低水平的重复。大学已属于高等教育层次，而大学体育教的是什么？田径教的是如何跑步，乒乓球教如何发球、如何推挡，排球教如何垫球，游泳、武术更是从零开始。近年来随着学校人数的增加和课程改革，多数学校体育课时不断减少，导致教学内容越教越少，越讲越简单，试想如果学生每个学期都要选一门新的体育课，他的练习必然是蜻蜓点水，面对体育基础很差的学生，教师的教学不得不停留在低水平的重复上，这种教学对教师教学水平的提高和学生的学习都十分不利。

众所周知，选课还带来一些其他问题，一些对力量、速度、耐力有价值的运动项目，经选择后在大多数学校已不复存在，如田径、体操、武术、游泳等，随之而来的是一些娱乐性项目占据了课堂。在此暂不评价哪一门课对增进学生素质的效果好，但不同项目、不同类型的课的确存在较大的差异。如篮球和乒乓球课，教师的水平再高，对于一个初学者运动量的差异毋庸置疑。还有许多高校都为学生开设了简化太极拳课，有的选修，有的必修，而这门国粹由于它的特点和运动形式，在一批 20 岁左右的青年面前，它的实际效果到底还有多少？可持续的时间有多长？终身体育的目标能否达到？在实际选课过程中，学生运动水平差异大的情况，男女生同班（项目是否合适）的情况，人数超常的情况几乎普遍存在。现在多数高校体育课班级人数都在 30～40 人之间，而 40 人以上的不在少数，有的学校更多。教学时数大都在每学期 15～16 周，即 30～32 学时，普遍偏低。加之受条件和多种因素的制约，体育教学难度加大，教学质量和效果难以保证。

四、高校三自主体育教学模式实践的现状

（一）高校实施“三自主”教学模式的实践现状

在课程设置上，实施与学分制相结合的开放式选项设置。大学体育作为一门公共必修课程，高校一般规定学生必须在一二年级修完 4 学期的体育课程，修满合格后获得 4 个必修课程的学分。在实施“三自主”体育教学后，尽管学校打破院系、班级建制，组建体育课堂，但是由于受到场地、器材、时间以及班级人数等因素的限制，学生选课的自由度受到了一定程度的限制。为解决这一矛盾，部分学校还打破年级限制，允许学生在校学习期间任选 4 个学期修读大学体育课程，只要在毕业前拿到 4 个必修课程的学分即可；部分学校实施“三自主”体育教学时，规定在一二年级必修，但是对有发展需要的学生，在三四年级开设非限定性选修课。这些做法能够灵活照顾学生的需要，深入贯彻以学生为本、健康第一和终身体育的教学理念。

在项目设置上，多样化与规范并举。自主选择运动项目是“三自主”体育

教学的重要内容之一，但受主客观因素影响，基本上没有高校可以做到由学生完全自主地选择自己所喜爱的学习项目，都是基于学校项目设定范围内的学生自主选择，但绝大部分高校设定的教学项目都超过 10 项，课程项目呈现多样化趋势。一般包括篮球、足球、羽毛球、排球、乒乓球、网球等球类项目，武术、太极拳、瑜伽、传统养生等保健类项目，散打、跆拳道、女子防身术等格斗类项目，健美操、体育舞蹈、街舞、艺术体操、形体舞、集体舞等艺术类项目，飞镖、围棋、桥牌、轮滑、定向运动、野外生存、攀岩等时尚休闲类运动项目。各高校充分利用现有场地器材条件，积极创设条件，尽可能地多满足学生的需求，但是项目细分与多样化也带来了不规范的问题，因此高校也逐渐对项目进行了统一与规范。如将形体舞、街舞、集体舞、体育舞蹈合并统一为大众健美操，将长拳、太极拳、散打合并规范为武术，淘汰飞镖、围棋、桥牌等体育健身价值不高的项目。

在项目教学上，改造与拓展相结合。“三自主”体育课程教学模式不仅要使学生愿意去学，更致力于使学生学得开心、学有所获，从运动参与、运动技能、身体健康、心理健康、社会适应方面都能得到提高。因此，专项教学需要使学生与教师、学生与学生、学生与社会有机统一起来，实现教师的教与学的结合、教材教学与身体活动结合、教师主导与学生主体结合，建立课内外、校内外有机联系与协调统一的教学体系。这就要求教师要对选项教学内容进行改造与拓展，如对体育锻炼价值较高而受到学生冷落的田径等项目进行改造，这并不是对传统项目教学内容的全盘否定，也不是说田径教学要一味迎合学生的兴趣爱好，而是指对教学内容加以取舍、改造，经过提炼与优化组合后分解到各单元教学中去。对项目教学内容进行拓展，是指引学生从单一地学习专项技能向提高综合体育运动能力方面发展与转变的重要举措。

（二）高校实施“三自主”教学模式的成效

“三自主”体育教学模式更有利于课程目标的实现。高校体育课程改革的终极目标是使学生的身心健康水平、个性发展需求、合作与竞争意识、社会适应能力得到最大化发展。"三自主"体育课程教学模式打破原有院系、班级甚至年级与性别的局限，组建新的体育课堂，而且在每学期或者每年一变的新班级中学习，就需要学生能不断地适应新的群体，在新的群体中交流与合作，形成正确的合作与竞争意识，社会适应能力不断增强。同时，"三自主"体育教学模式与以往的教学组织形式相比，最大限度地满足了学生的个性发展意愿，使学生在积极的学习心态中主动构建新知，上课时表现出来的自信心、求知欲、表现欲和敢于发挥与创新、敢拼敢闯的精神是传统体育教学无法比拟的，更有利于学生身心健康素质、体质健康水平、综合素质与实践能力的提高。

"三自主"体育教学模式更有利于发挥教师的特长，激发教师队伍的竞争性。"三自主"体育教学模式是学生结合自己的运动技术水平与兴趣爱好基础上的选项，教师根据教学需要和自身专长与优势担任教学任务，在这两个前提基础上的教学对教师素质提出了更高的要求。教学班级学生身体素质和技术技能水平较高，学生求知欲与发展欲强，在一定程度上使课堂组织变得轻松，但另一方面在无形中给教师带来了更大的压力和考验。责任心强、教法灵活、战术水平高的教师受到学生的追捧与欢迎，反之将会逐渐被学生淘汰。教师利用自己优势与专长的项目进行教学，使教师能够体现"人尽其才"的自我价值，使其满怀信心、积极主动地参与到课程教学中，极大推动了体育教学水平和教学质量的提高。因此，"三自主"体育教学更能不断推动教师学习和提高，鞭策教师进步，建立起一支充满竞争性与发展性的教师队伍。

五、深化高校"三自主"体育教学模式的对策

（一）项目分流以解决部分热门项目过于集中的问题

选项制体育教学自实施以来，一直无法避免某些项目过于热门而某些项目无人问津的问题，在"三自主"教学模式下，这个问题也同样存在。这个问题的解决可以牺牲学生部分的自由性为代价，如可将项目分类，分为大球、小球和其他类（或者其他分类法），规定学生必须分别选一次；也可选择分流学生的选课时间，某部分学生在某段时间只能选某部分项目。这两种方法也适用于

网络选项，对于手工选项方式而言，则再次增加了工作量。

（二）课内外结合与划块以解决体育设施利用集中的问题

高校体育课程的学习时间高度集中，导致紧张的体育设置更显匮乏，如何最大限度地利用好现有的体育设施。具体而言，可以采取以下几点措施：一是可以尝试拓展体育学习时间，将课内体育教学与课外体育活动结合起来，如体育舞蹈、形体课、艺术体操等可以利用夜晚的时间进行，而对于高度热门的选项课，还可以利用周末的时间组织；二是在网络选项实施之初先划块，在最大限度利用资源的基础上排定课表，由学生进行选择。

（三）进修与引进相结合以解决师资不足的问题

高校传统体育教学围绕着竞技体育主线展开，传统体育院校培养的师资大多以田径和球类为主，导致在面临“三自主”选项教学时，很多项目出现了师资严重不足和部分项目师资闲置的问题。目前高校在解决师资供需矛盾时，一般采用教师自主学习或者公派进修方式来解决，这种途径简便快捷，部分教师能快速转行，但问题也始终存在。由于系统学习和训练时间不足，导致教学深度不够，有应付之嫌。还有部分高校对于紧缺的项目采取人才引进或者外聘的方式，对外聘教师进行合理地考核与监控，也能较好地满足教学需要。

第三章 新时期高校体育合作教学模式

第一节 概述

一、体育“合作教学”的涵义

合作教学是20世纪初创立，20世纪中叶在美国发展起来的一种崭新的教学理念。合作教学的研究者从社会学、哲学、教育学和心理学等各个角度研究学习者学习活动中各种因素的作用，从而提出在教学活动中要进行合作教学的理论。在此基础上归纳总结出合作教学的定义：合作教学表述为以合作教学小组为基本形式，系统利用教学动态因素之间的互动，促进学生的学习，以团体成绩为评价标准，共同达成教学目标的教学活动。

具体来讲，合作教学具备三个方面的基本特征：第一，合作教学要以合作教学小组为基本形式，只有通过小组方式才能形成紧密结合的一种学习方式；第二，要利用小组间的互动关于教学内容等因素的讨论，在互动交流中发展学生的推理能力、合作意识以及解决问题、人际沟通的各种能力；第三，这种教学模式要以整个小组即团队的成绩为评价的标准，其能够有效地促进团队成员间的相互合作，改变个人独立学习的学习态度。

二、高校体育教学中合作学习的意义

（一）合作教学能充分体现学生的主体性

传统教学模式下，职业学校的体育教学主要是以教师的“教”为中心，而学生只是一味地去“听”，而合作教学的教学模式改变了这种单一方向的教学形式，将其转变为互动式的教学形式，充分体现出了学生的学习主体性特征。合作教学能够给予学生学习的自由空间，更能够在合理分组的基础上促进学生间地沟通与交流。在体育合作教学的模式中，学生利用团队的合作精神能够很好地建立相互间的信任，充分表达自我的观点，锻炼思维能力，真正实践以学

生为主体的教学思想。

（二）合作教学能促进学生身心的全面发展

体育本身就有促进学生身心健康发展的作用，但是要想真正发挥出体育的这种作用，还要求学生能够进行合作学习。合作教学的教学模式通过小组的合作，加强了相互间的人际交往，能够促进学生在情感上、认知上以及身体上的全面发展，将学生的个体差异融入一个小的集体中，在共同探索和学习讨论中改变着每个人的社会认知。同时，良好的身体素质以及融洽的人际沟通能够使学生减轻体育学习的压力，产生更大的学习兴趣，保持心理健康。

（三）合作教学能够培养学生的团队精神，调动学习主动性

高校体育合作教学模式有助于培养学生的团队精神，充分调动学生学习的主动性。由于合作教学的成绩评估是依据小组团队的整体成绩为标准，所以很容易形成小组内的合作意识，淡化了个人的竞争性。但是，同时也加强了小组间的竞争性，学生通过整体的合作来与其他小组形成竞争，个人都不愿意因为自己的原因而拖整个小组的后腿，这就调动了学生学习的主动性，同时也培养了每个学生的团队精神，体育赛事中往往最需要团队中每位成员的相互合作。

第二节 合作教学模式在高校体育选修课中的应用

一、合作教学的基本原则

（一）以问解答

在高校体育教学中，不断提出问题作为提高教学效果的有效手段之一，不仅加强了与学生的交流与沟通，而且能够时刻掌握学生对教学方法、手段、内容的意见以及学习效率等情况，有利于对存在的问题及时进行适当地调整和改进。因此，在体育教学中要以提出问题为中心，千方百计为学生设计问题情景，让学生在解答问题的过程中寻求合作教学所带来的效益。此外，坚持以问解答原则突出了体育知识技能学习的普遍性。有些动作技术比较复杂，在讲解示范层面不易掌握，必须深入研究、反复练习，才能掌握技术动作的细节。提出问

题不仅激发了高校学生深入探究、认真学习的激情，而且可以培养学生的创造性思维，对于继续学习相关的体育技术动作具有“迁移”作用。

（二）以灵带活

高校体育选修课教学的主要目的，就是改善学生的体质，增进健康，培养终身体育意识，来应对未来的挑战。在这一总体思路下采用合作学习教学模式，要注重教学内容、方法的灵活性，要不拘一格，把所采用的教学策略、教学方法与教学手段放在一个比较轻松的教学环境背景中，开阔学生的思维，使学生敢于交流、勇于沟通。这种沟通不是简单的集体小组讨论，而是建立在提出问题的基础上，深入研究体育技术动作的结构、要领，方式灵活，集思广益，共同思考，以达到共同进步的学习目标。因此，建立合作教学模式要坚持以灵带活的原则，充分发挥合作教学在高校体育选修课教学中的作用。

（三）体验实践

练习是高校体育课普遍采用的基本学习方法，而且练习在一节课中所占的比重通常比较大。但教学中常常会发现，学生对动作技术的掌握参差不齐。原因在于练习过程中多数学生只注重个体自我思维地发挥，只强调个体对动作技术的理解，而不善于发挥学习小组的力量，抑制了互助合作意识。虽然在此过程中有教师地指导或者纠正抑或同伴的提醒，但促进作用不大，自身的思维定势已确立。合作教学模式注重实践性，这种实践性不是简单的练习方式的运用，而是在井然有序的教学秩序下强调“小组”的作用。由于思维方式被无限扩大，理解空间也就被无限放大了，可以创设多个学习环节和情景，因此，掌握技术动作的效率明显提高。

（四）主动配合

构建合作教学模式要强调师生、生生之间的主动合作，这是学习态度和意识的体现。把学习观点和思维方式全盘托出，互相信任，只有这样才能在深层次上理解动作结构。教学方法、学习方法、教学内容、教学组织等方面都可列入讨论的内容，但同样要求主动配合。有时候也存在各种问题，如班级内部的各种矛盾、师生之间的矛盾等。为了不影响合作教学模式的构建，这些问题必须妥善加以解决，以强化主动合作意识，营造一个健康和谐的学习氛围，提高教学效果。

二、合作教学模式在选修课中的基本功效

近年来，高校学生的体质状况不容乐观，“弱体质”或“运动能力差”的学生逐年增多。此外，随着高校招生人数的急剧增加，各种类型的学生也都进入高校。一些具有肢体残疾、心脏病、肾病、神经性疾病等病症的学生也通过自己的努力进入高校，这些学生作为“弱势群体”，给高校体育课教学带来了一定的困难。对此，很多高校主要通过开设体育保健课以供学生选择的方式来加以解决，但是仍然有相当一部分学生由于某种原因没有参加这一课程的学习，而是选择了参加室外实践课的学习。这给整个体育课堂教学带来了诸多困难，因为在安排教学内容或者教学方法时必须要考虑这样的学生，以保证整个课堂教学稳步开展。合作教学模式可以使这样的学生在课堂上分组讨论，理解并掌握与体育相关的保健知识，这对他们自身的协调发展有相当大的益处。此外，他们在进行课外体育知识、技能练习时，也存在主动性比较弱、动作定型较难、体育兴趣薄弱等方面的问题。这些现象在传统的高校体育教学中比较普遍，不仅影响了其他学生的身心健康，而且更重要的是，影响了学生参与体育健身的持久性，对日后的体育锻炼带来了严重影响。

（一）关注个体差异，开拓思维

针对这些学生的性格特点，在体育教学中不断关注个体差异，使体育教学面向全体，在进行分小组合作学习时注意各种不平衡现象，使各种差距不断缩小。在研究讨论时尽可能地发展他们的创造性思维，培养其积极主动参与的意识和分析、解决问题的能力，培养成功性思维。

（二）进行案例分析，培养兴趣

为了尽可能地培养班级课堂学习骨干，很多体育教师会在每小组中安排一名各方面素质都很强的学生担当小组长，在他的领导下进行各种案例分析，特

别是那些比较复杂、难于理解或者易犯错误的动作技术。对每个学生的典型示范进行案例分析，提高了学生对技术动作的掌握程度，培养了学生的体育兴趣和参与运动的持久性。

（三）人性化管理，获取自信

合作教学模式体现了“人性化”的管理理念。在学习过程中，整个小组既要面向全体，又要关注个体差异，使每个学生都有参与的机会。机会均等有利于培养全体学生的自信心，这有别于传统的体育教学，在传统体育教学中，这样的“关注度”比较少。小组教学中对个体讨论意见的尊重以及练习时彼此借鉴，有利于学习效率的提高。

三、体育合作教学模式应注意的问题

（一）体育教学方法的运用

在任何情况下，采用不同形式的教学方法的主要目的，都是为了使教学进度和教学效果达到最优化，让不同层次的学生在最短的时间内获得最大的学习成果。无论是传统的教学模式，还是新型的教学模式，在很大程度上运用教学方法的主要目的都是一致的。在合作教学过程中，体育教师往往会运用一些比较先进合理的教学方法，如探究式、讨论式、自主式、启发式、案例式等。这些教学方法深受广大学生的欢迎，取得了相当好的教学效果，学生对运动技能理解、掌握的效率也会随之提高。

1．满足学生心理需要

众所周知，现在的教授群体多是富有独特思维方式的特殊群体，他们在理解世界、感悟社会的过程中对新事物充满了期待和挑战。使用了几十年的传统体育教学方法对他们来说既枯燥又乏味，影响了他们的学习热情。而且实践证明，传统的教学方法在教学效果上不容乐观，学习效率比较低，班级中学生掌握动作技术的速率不尽相同，没有全面开发学生的创造性思维能力。

2．革新的需要

高校体育教学改革是高等教育教学改革的重要组成部分，而教学方法的改革也是其中非常重要的一部分。改变原有的消极因素，建立新型的积极因素是基本途径。目前，很多高校都在试图建立一套科学合理且行之有效的教学方法，在采用合作学习教学模式的过程中，新型教学方法的运用也体现了该教学模式的时代性和先进性，符合高校体育教学改革的基本需要。

3．提高教学效率的需要

在合作教学过程中，运用新型教学方法不仅提高了学习伙伴之间的学习热情，而且加强了生生、师生之间的沟通能力，培养了他们对特殊问题采取特殊解决方法的能力，开拓了独立解决问题的基本渠道，为今后课内外体育活动的开展奠定了基础。此外，根据教学目标建立的各小组，可以利用新型的教学方法建立一种信任机制，在脱离教师指导的情况下进行自主练习，互相取长补短，相互信任，根据自身对问题的理解程度构建符合自己实际情况的学习策略，有效地提高了学习效率。

（二）考核成绩的评定

构建合作教学模式最重要的就是如何进行评价，它与传统的体育教学评价方式存在很大的不同。传统的体育教学评价多是跟踪式的教学评价，以课堂教学效果为目标，根据学生对动作技术的掌握程度来进行评定，突出学生个体之间的竞争；而合作教学评价则把个人之间的竞争转化为小组之间的竞争，把计分方式改为小组计分，把小组总体成绩作为奖励或认可的依据，形成了“内部成员合作，外部成员竞争”的新格局，使得整个评价由鼓励个人竞争达标转向鼓励大家合作达标。这种评价以小组成绩为依据，学生能否得到好成绩不仅取决于个体成员的成绩，而且取决于其所在小组成员的总体成绩。合作教学的教学评价使小组成员认识到，小组是一个学习的共同体，个人目标的实现依赖于集体目标的实现，小组成员的共同参与才是合作学习所需要实现的目标。这种评价可以激发小组成员互相帮助，鼓励合作竞争，以实现“不求人人成功，但求人人进步”的教学评价目标。这不仅有利于培养自主学习的习惯，而且还可以培养舒适健康的、高成就动机的教学环境。

（三）体育教学资源的有效开发利用

合作教学模式的最大优势就是能够实现体育教学资源的有效利用。随着城市化进程的推进，城市用地已经受到限制，而高校生源则不断扩大，出现了前所未有的场地资源大面积缩水，学生人均活动空间不断缩小，体育场地资源无法满足需要的状况。合作教学模式可以充分利用现有场地资源进行体育教学，由人人拥有器械场地缩减为组组拥有器械场地，不仅显著提高了分配使用率，而且也使学生学会了如何利用有限的资源进行体育锻炼，节约了场地器械，突出了小组合作的优势。同时，在教学过程中，各小组可以根据分组情况以及项目内容对体育场地、器械进行合理分配或再分配，使体育教学资源得到合理、有效利用。

第三节 高校体育合作教学模式的构建

一、体育合作教学模式的基本要求

（一）合作教学分组

体育合作学习的教学分组主要以组间同质及组内异质进行：组间同质是指各组组间的学生水平基本一致、保持均衡；组内异质是指各组组内成员各方面之间都有一定的差异，主要包括学生性别差异、学生学习成绩差异、学生特长差异、学生体育技能水平差异等方面。同时，体育合作教学的分组还必须考虑学生的兴趣以及意愿。

（二）教学中的教师任务

教师课前在充分了解学生水平的基础上，根据具体教学内容设计相应的教学方法及教学任务，在体育教学过程中进行主导性讲授并对学生进行合作教学指导。

（三）教学中的学生任务

在体育教学过程中学生应根据教师布置的教学任务及要求，以合作教学小组为基本单位，充分发挥主观能动性，采用多种途径，通过集体合作来完成。

（四）体育课的开始部分

为提高学生的讲解、组织、示范等方面的能力，以体育合作教学小组为单位，让学生轮流带领其他同学做准备活动。

（五）集体讲授课

教师根据不同的教学内容合理安排集体讲授和分组合作教学的时间比例，讲解过程要突出重点、简单明了、注重效率。

（六）合作教学小组的课堂活动

教师在学生进行合作教学之前要向学生讲明以下几个方面的问题：只有合作学习小组的学生都完成了教学任务，整个小组的教学任务才算完成。合作教学小组的同学要互相监督，检查同伴完成教学任务的情况，确保都能够完成教学任务。教师在学生进行合作教学时，要进行巡视、观察、记录并适当地进行指导等工作。

（七）测试与反馈

学生在完成教学任务后，要进行独立性测试或者进行合作教学小组间的竞赛。教师根据测试或者竞赛的结果进行评价、总结，使学生认识到自己的不足，以便日后改正提高。

（八）课后任务

根据教学目标、教学要求合理布置课后复习、预习任务及作业。

二、体育合作教学模式在体育教学中的应用

（一）学生自学

体育合作教学的前提是学生个体学习，练习所学动作技能。体育教师要根据不同的教学内容、教学任务、学生水平等方面制定相应的教学目标。要突出教学的重点难点，要求学生根据教师设计的技能学习流程以及个人所创造的新颖动作进行自学、自练，并根据个人特点选择场地器材。

（二）小组讨论

学生完成自学后，教师要组织好学生的小组内讨论，让学生体验成功的喜

悦。讨论的时间要根据教学内容、教学难度进行确定，时间不要太长，5~7 分钟为宜。在小组合作学习完成后，还可以进行组间交流，教师可以根据学生的交流结果进行总结、补充并适当进行讲评。

（三）学生自主练习

在学生自学、小组讨论、交流以及教师讲评后，学生再进一步地练习提高技术技能，以期取得最佳的学习效果。

（四）学生技能展示

学生在完成动作技能的学习、练习后，每一个小组可以选一个代表，在全体成员面前展示学习成果。

三、高校体育合作教学模式的构建路径

（一）转变传统体育教学思想，培养学生合作学习意识

新时期高校体育的发展现实要求各高校必须转变传统的体育教学思想，更加重视对学生全面素质的培养，充分认识到提升学生合作学习意识的重要性。教学思想是指导教学实施的一个前提和基础，合作教学的思想是根据小组学习中的团体压力和相互间的沟通交流来提升学生的学习主动性、体现学生学习的主体性。通过小组的合作学习改变传统以教师为主的教学模式，真正让学生成为教学的中心，形成师生间、学生间的动态互动模式，从而能够相互借鉴、共同学习。

（二）创新设计学生合作学习的过程，进行合理分组

高校体育教学模式在真正实施中，首先要创新性地设计学生合作学习的过程，即学生按照怎样的方式进行具体的合作学习。首先，要根据教材的内容来制订方案，目的是达到教材中某一时期的教学目标，只有拥有正确的目标才能进行追求；其次，根据每位学生的不同兴趣爱好以及身体状况、体育特长等进行分组，并制定小组的目标，这个目标的制定要符合小组的实际并能使每位同学都起到重要的作用。

（三）完善体育教学的评价标准，激励合作学习的主动性

高校体育合作教学模式的实施是否收到成效，是否符合教学目的，这都需要拥有一个具体的评价标准，合理的教学评价标准有助于激发学生的学习主动性，也能够为教师提供一个明确的教学方向。合作教学的评价主要包括教师的评价、小组自身的自我评价以及其他小组的评价等，当然最重要的是要将小组视为一个整体进行评价，这样才能构成一个完整的评价体系。此外，教学评价要科学、全面，不能全部否定也不能完全认同，要本着对每位学生有激励作用的原则进行平等的评价，在强调个人对小组重要作用的基础上，肯定每一位成员的进步，并能根据学生的不同基础水平进行不同程度的评价。

四、运用体育合作学习教学模式应注意的若干问题

（一）注意学习中的群体发展

体育合作教学小组的成员是由不同层次体育技能的学生组成，这样的小组构成可以保证小组的成员对掌握每个体育知识、体育技能、技术都充分掌握。但是，在合作教学小组进行合作学习时，体育技术技能好并担任小组长的学生，对体育教学过程中的技术技能掌握、理解的比较好并通过在小组内对其他掌握较差的同学进行指导，从而对动作技术技能能够进一步地理解提高；而小组技术技能比较差的同学，由于有较大的依赖性，学习的主动性较差，导致学习效果不佳。因此，在体育教学过程中，为使每一个学生对体育技术技能的学习都达到最佳的效果。在体育教学的手段和方法的选择方面，要根据学生个体的特点因人而异，创造适合每个学生学习的条件和环境，以达到最佳的教学效果。

（二）注意培养学生的创造能力

在体育合作教学过程中，教师应该给学生更多的选择空间，为学生提供发挥创造性的机会。例如，在体育教学目标、体育教学内容、体育教学方法、评价以及同伴等方面提供更多的选择，并提供学生的判断能力以及优选能力等。

（三）注意充分发挥教师的主导作用

由于体育合作教学模式给了学生充分的“自由度”及“自由权”，学生的

主动性大大提高，因此要注意“自由”与“随意”之间的区别，避免造成“放羊式”教学的局面。学生在进行合作学习时教师要不断地进行巡视，对学生在学习过程中出现的问题及时予以指导启发、引导学生解决问题，进一步完成体育教学任务，提高运动技术技能。

（四）注意发挥小组长的作用

体育合作教学小组组长在合作教学中发挥着十分重要的作用，因此，体育教师在体育教学中要注意培养一批有较强工作能力的小组长。为调动学生的积极性，可以采用竞争上岗的方式，充分发挥他们的助手作用，协助体育教师共同完成体育教学工作。

（五）注意师生互评促进提高

体育合作教学小组活动评价是体育合作教学的主要特点，也是检验合作教学效果的主要手段。因此，在对学生体育学习成绩的评价方面要把重点放在学生不同程度的进步上，根据进步的程度进行成绩评价，使不同水平的学生在个人的努力下都能得到不同程度的肯定。

第四节 合作教学模式在高校体育健美操教学中的应用

一、合作教学模式在高校体育健美操教学中的意义

合作教学模式是自主学习模式的一种形式，针对传统的教学忽视同伴的相互作用的弊端，从教学过程的集体性出发，在课堂教学目标中纳入合作性的团体，以培养学生的合作学习能力。因此，在高校健美操教学中运用合作教学模式具有非常重要的意义。

（一）合作教学模式能够为学生创设良好的教学环境和心理环境

在高校体育健美操教学中，由于学生的个性和已有的基础各不相同，因而教师在进行教学设计和安排时要考虑到学生的心理特点以及能力水平，注意采用不同的合作方法与形式，以适应不同层次学生的个性发展和兴趣需要。同时，教师也要运用多种手段，积极营造能够引导学生真正主动参与的教学环境，以

使学生真正成为教学的主体。

此外，合作教学模式下的教学环境愉轻松愉快，为学生提供了发展个性、展示自我的平台，能够使学生积极主动地学习，保证了学生主体性的发展。同时，平等和谐的教学环境能使学生真正感受到师生之间的平等合作关系，进而产生积极进取的活动和精神。

（二）合作教学模式能够使学生更好地掌握健美操的技术技能，进而提高学习成绩

在高校体育健美操教学中，合作教学模式可以使学生在相互学习、相互交流、相互帮助进而共同提高的环境中学习和练习健美操的技术技能。而且，学生在学习的过程中可以依据自身的特点以及对健美操的动作风格和音乐的理解，在同伴的帮助下，选择适合自己的练习方法和节奏。另外，在健美操教学中运用合作学习模式，还可以使一些能力稍差的学生在和谐的学习氛围以及同伴的帮助下，提高自己的学习成绩。

（三）合作教学模式能够为学生主体性的发展提供有效的途径

学生主体性水平的提高与发展有助于学生的个性发展以及全面发展，同时也是践行素质教育的主要内容。在合作教学模式下，学生不再是被动的知识受体，而是变成了学习的主体。而且，合作教学模式使学生脱离出受教育的状态，并使他们能够在与教师和同学交往中学会对自我的正确认识、对自我的言行负责以及尊重他人、善待他人等，进而不断发展自己的主体性。

（四）合作教学模式能够提高学生的人际交往能力

在合作教学模式下，学生之间大多都是互动的关系，相互依赖、共同学习。这种互动的关系不仅能够使学生学会听取不同的意见，而且能使他们学会相互依靠、相互尊重，共同完成任务的合作意识、合作精神和团队精神；还能使他们提高自身人际交往的能力、处理师生关系的能力、处理同学间关系的能力以及处理个人和集体间关系的能力等。

二、高校健美操教学中运用合作教学模式的实质

在高校健美操教学中，合作教学模式就是在教师的组织和主导下，学生之间在学习上建立起相互帮助、共同提高的合作学习关系。作为健美操教学活动的主要参与者，学生不仅要在教学过程中学习到健美操知识，也要将健美操知识在观察、练习和分析等活动中转化成一种技能，进而形成以能力为核心的健美操素质。

在高校体育健美操教学中运用合作学习模式，强调充分发挥学生的主体作用，但教师的主导作用也绝对不能忽视。作为健美操教学活动的主导者，教师要依据学生的年龄和心理特点以及他们学习的需要来确定自己的教学方式与教学方法，并积极构建学生自主学习的教学模式，开展活泼生动的教学模式和综合性的操作活动，以便使学生能够通过这些活动来学习如何分析和解决问题，进而使学生的个性以及创造能力得到充分地发挥。唯有这样，才能在教学活动中使学生的实践性、自主性以及创新性的品质得到全面的培养与发展，这就是在高校体育健美操教学中运用合作教学模式的实质。

三、高校健美操教学中合作教学模式的目标设计

高校健美操教学中合作教学模式的目标应从知识目标、能力目标和德育目标三个方面进行设计：设计合作教学模式的知识目标时，应按照教学的要求、依据学生的特点和已有的水平、遵循学生学习的规律来进行拟定，并使学生能够通过合作学习的方式来达到知识目标；设计合作教学模式的能力目标时，要注重培养学生的示范讲解能力、组织指挥能力、动作表现能力、编排创新能力以及灵活运用教法的能力等；设计合作教学模式的德育目标时，要注意首先对学生进行集体主义方面的教育，并使学生能够在合作学习中养成合作意识、群体意识，学会互相帮助、互相关心，树立严谨求实、精益求精、勤奋创新的学习态度，进而逐步养成良好的道德品质。

四、高校体育健美操教学中运用合作教学模式的原则

（一）导练结合原则

学生的“练”离不开教师的“导”。教师通过“导”，学生可以更快地进入教学环境，并及时在小组学习中发现问题、解决问题，更好地掌握正确的健美操技术技能。

（二）合理分组原则

教师要在对学生全面了解的基础上，依据本堂课的练习情况，对学生进行异质分组，即对学生按照能力的均匀搭配原则进行合理的分组，顺利开展活动。

（三）适时点评原则

在运用合作教学模式进行高校体育健美操教学时，教师要在小组合作学习一段时间后，及时组织各组进行演练，并针对演练中出现的问题提出自己的意见和建议。

五、高校体育健美操教学中运用合作教学模式的影响因素

（一）应试教育的弊端影响了高校体育健美操教学中合作学习模式的运用

当前，虽然国家和高校都在积极倡导和践行素质教育，以改革传统的应试教育的弊端，但到现在为止，多数高校仍深受传统应试教育的影响，健美操的教学也不例外。重视最终成绩、轻视学生的学习过程，重视尖子生、忽视其他学生的现象十分普遍。因此，高校体育健美操教学中很少会真正采用合作教学模式。即使在教学中采用了合作教学模式，也仍然以教师为主体，侧重于教师对学生的教，而不是让学生真正参与到教学中自主地进行学习。此外，教师由于过分重视尖子生而忽视其他的学生，导致其虽然在教学过程中设计合作教学的形式和方法，但无法适用于所有的学生。

（二）学生对健美操的厌学情绪影响了高校体育健美操教学中合作教学模式的运用

学生对健美操的厌学情绪也是情绪影响高校健美操教学中运用合作教学

模式的一个重要因素。长期以来，我国高校健美操教学的内容多是以《全国健美操大众锻炼标准》要求的内容为主，欠缺新颖性。同时，高校健美操教学中的动作音乐单一且缺乏动感、时代感和节奏感，对学生的吸引力不强。加之高校健美操教学的方法较为单一，学生几乎都是跟着教师做动作并进行练习，而且过于强调统一。这些都使学生产生了对健美操的厌学情绪，最终严重影响了学生的参与热情。

（三）教师教学思想的僵化影响了高校体育健美操教学中合作教学模式的运用

当前，很多高校健美操教师的思想僵化，认为健美操教学就应该是教师在前面做动作，学生在后面学动作，这样才能使学生学得更快更好。因此，在进行健美操教学时，不愿意采用合作教学模式。有些教师即使采用了合作教学模式，也总是认为学生的自主学习能力不强，需要教师进行指导，导致对学生的合作学习过多地进行干预，影响了合作教学模式的有效运用。

第四章 新时期高校体育快乐教学模式

第一节 概述

一、快乐体育教学模式的概念

快乐体育教学模式起源于二战后的德国与日本，其主要是指深层次的心理快感或者成功感，是让学生在体育运动中体验到参与、理解、掌握以及创新运动的乐趣。在立足尊重学生主体地位的同时，注重激发学生学习的自主性和创新意识，从而形成学生终身参加体育实践的志向和习惯。

“快乐体育”一词的最早出现是1979年在日本东京召开的第24届“全国体育学习研究协议会”上。竹之下休藏作为这次会议的发起人和领导人，在战后不久就将美国的小集团理论移植到现代体育教学之中，并成功创造了“小集团学习方法”。1953年以后，小集团理论得以深化，继而提出了“追求正确而丰富的体育学习”的口号，教育界开始重视调动学生在教学过程中的学习主动性。随着六十年代初期，日本教育出现向管理主义、体育向“技能”“体力”回归的倾向，竹之下休藏提出以学习对抗体练式体育，并开始探索从根本上打破“手段论体育”的教材论以及方法论，其目的是创造出真正能够实现战后新教育目标的体育。

二、快乐体育的基本要素

（一）环境优化

“硬环境”美化、协调；“软环境”（人文因素）健康和谐。

（二）情感驱动

1．教学中要引起学生快乐和成功的情感体验；

2．教师应从情感教学入手，以自己对学生、对教材、对教学活动的热爱来激发学生勤奋学习；

3．建立民主、合作的师生关系。

（三）协同教学

协同教学是指运用协同论的原理，在体育教学过程中重视教与学诸要素之间的参量配置协调、同步以及互补，以形成体育教学活动协同高效的运行机制，使体育教学的整体功能得以放大、增值。协同教学要求启发式的教法与创造性教法有机统一，其突出特点是在内容上强调“发现学习”、在形式上强调“学习过程自组”。

（四）增力评价

由口头的形成性评价和激励性评价组成，是一种即时的教学反馈。在具体运用时，应注意以下几点：

1．形成性评价要及时准确，激励性评价要适时并保持较高的频率；

2．要有效实用；

3．要避免超负荷；

4．要强调多项性。

（五）快乐体验

快乐体验主要指快乐的运动体验与成功体验，在教学中强调不同的体育活动所独具的乐趣。实践中应强调以下几点：

1．教材要适合学生的身心特点，照顾学生的体育兴趣，满足他们的体育需要；

2．“情知交融”，使学生产生强烈的学习欲望；

3．加强学法指导，使学生的学习在“我要学”的基础上做到“会学”；

4．强调非同步化教学，要因材施教，区别对待，力求使每个学生都有自己的学习目标和自我实现的机会。

三、快乐体育教学模式的基本内涵

（一）注重学生在体育教学过程中的主体地位

传统的体育教学论过于强调教师的主体地位与主导作用，认为学生只是一个需要教育的客体，只能被动地接受体育教师的教育培养，这样就导致了学生主体地位的丧失，自觉性、积极性的泯灭。失去兴趣的学习，无法激发与维持学生学习的动机，也无法体验到满足需要的乐趣，学生也不会进行有效的学习。快乐体育十分重视体育教学过程中学生的主体地位，在教学中充分发挥学生的内因作用，也即学生的主体作用。快乐体育理论认为，重视学生的主体地位，激发和维持学生学习的兴趣与动机是提高教学效果的有效手段。从人的发展来看，兴趣和动机是构成人的人格特征的一个重要组成部分。另外，学生从事体育学习的基础、追求目标、个性心理、学习的方式方法等均不相同，教师只有最大限度适应学生的需要，因材施教，积极地鼓励、引导学生，才能取得良好的教学效果。

（二）建立和谐的师生关系

体育教学是双向多边、复杂的活动。体育教师掌握着教学方向、进度和内容，用自己良好的思想品德、丰富的知识、高超的运动技艺，活泼、生动的形象教育和影响学生，在教学中发挥主导作用。学生是学习的主体，其学习目的、态度、动机、积极性、身体状况、兴趣、思维能力、情绪等都直接影响教学效果。传统的体育理论认为师生之间是命令与服从、上级与下级、教与学的关系，教师神情严肃，不容置疑，学生唯唯诺诺，言听是从。快乐体育强调体育教学中师生之间、学生之间都存在着双向信息交流，建立和谐的师生关系、生生关系。

（三）追求学生个性的和谐发展

传统的学校体育理论认为，体育教学的主要目标是追求运动技能的规范，提高和增强体力，这样教育出来的儿童、少年都是成人化；成人化动作、成人化理论、成人化思想。这在竞技体育中表现尤为明显的是：国内少年和国外少年竞技能力相差无几，或过之，一旦再发展，国内少年的成长速度也就不如国外少年的成长速度。快乐体育认为推动学生个性的和谐发展是快乐体育思想的根本精神所在。快乐体育与学生的个性发展存在着辩证关系，一方面是学生的个性倾向性和个性发展水平，在运动项目的选择以及参与运动项目的积极性和主动性上充分表现出来；另一方面快乐体育过程又能促进学生个性的和谐发展，帮助学生更深地挖掘从事体育运动项目的潜力和参与运动的乐趣。这两方面相辅相成，在增强学生体质的基础上，促进所有学生在智力、心理素质、美育和能力等方面都能得到发展。在快乐体育的思想指导下，培养学生的独立性、自主性、创造性以及热爱美、鉴赏美、表现美的情感和能力，丰富精神生活，促使学生个性的全面发展。

（四）体育教学活动本身应是快乐的有吸引力的

体育教学艺术的本质在于促进学生乐于进行体育学习，为深化旨在追求运动乐趣的体育学习，学生们自发、自主的学习活动成了一个非常重要的条件，满足学生们的运动欲求就会产生运动的乐趣。这种欲求的水平越高，越明确，其满足后获得的喜悦也就越大。因此，体育课不能是带有教师强制性的，而必须能使学生自发、自主地享受运动中的乐趣的体育课。丰富多样、生动活泼的教学方法，新颖有趣、逻辑性强的教学内容，可以不断地引起学生新的探究活动，从而激发起学生更高水平的求知欲。

（五）进行思想品德教育和提高运动技能

体育教学不仅要育体，而且还要育心。社会越向前发展，对人的道德情操和适宜社会生活能力的要求也越高。体育教学可以培养学生具有一定的适应社会生活要求的个人行为和社会行为，具有符合时代精神的思想品德、文明修养、道德情操等。快乐体育在注重学生的主体地位和发展个性的同时，也要求运动技能在积极参与下的提高，培养终身体育的能力和习惯。

四、快乐体育的实施原则

（一）教育性原则

在体育教学中渗透德育是体育教学的基本要求。快乐体育以“乐学”为支撑点对学生良好心理素质的培养是更加广泛而深刻，包括目的、兴趣、情感、意志等全部非智力因素。

（二）趣味性原则

“授之以趣”，教师乐教，学生乐学，形成良好的教学气氛。使学生在轻松的舒适的、快乐的环境中进行体育课，从而使学生快乐地学会动作及技术。

（三）情境性原则

将体育教学活动置于一定的情境之中，使学生贴近生活、使体育学习变得亲切、自由和愉快。

（四）激励性原则

教学中一方面要“激情”“激趣”“激志”，激发学生主动学习精神；另一方面要“激疑”“激思”“激智”，激发学生的心智活动，达成在快乐中求发展，在发展中求快乐的目标。

（五）实效性原则

近期目标是培养学生良好的学习习惯和乐学精神，提高教学质量，远期目标是面向终身体育，发展体育素质。

第二节 体育游戏与快乐体育教学模式重构

一、体育游戏的内涵

体育游戏作为一种社会现象，其随着人类社会的产生和发展而不断发展。在人类社会漫长的历史中，体育游戏经历了一个由萌生、发展到不断完善的过程。何谓体育游戏？有学者提出它是游戏的一种，是以身体练习为基本手段，以增强体质、娱乐身心、陶冶性情为目的的一种现代游戏方法，它是按照一定目的和规则进行的一种有组织的体育活动，也是一种有意识的、有创造性和主动性的活动，其基本特征是大众性、普及性和娱乐性。也有资料指明，体育游戏是以游戏为活动形式，以身体练习为基本内容，以促进德、智、体全面发展为目的，按照一定规则进行，具有浓厚娱乐气息的身体练习和思维练习方法的一种特殊的体育运动。它对人体基本动作形成、增强人体能力和智力、陶冶情操、培养锻炼兴趣起着积极作用。

综合以上对“游戏”和“体育”涵义的理解，可以明确体育游戏的定义，即体育游戏是按照一定目的和规则进行的一种有组织的，以身体练习为基本手段，促进人身心全面发展为目的，是体力活动和智力活动相结合、富有浓厚娱乐气息和鲜明教育意义的自主活动。由于体育游戏理论是游戏理论的一个分支理论，所以具有完整的有逻辑的游戏知识体系。

二、体育游戏的特征

（一）趣味性

辞源中说：“游戏乃玩物适情之事也”，即游戏是有趣的玩类的事情，它能使人在精神上得到某种欢娱，能满足人们对娱乐的需求。尽管它不能直接创造物质财富，但是能吸引各种不同的对象主动参加。不管何种类型的游戏，组织参与游戏活动，首先是有趣好玩，从中得到欢乐。体育游戏也是如此，所以趣味性是体育游戏的第一大特征。如果没有趣味性，则不能称之为体育游戏，而只能称之为体育练习或身体练习。

（二）教育性

体育游戏是学生的“良师”，是体育老师的“益友”。体育游戏教学丰富了教学内容，激发了学生的学习动机；培养学生的思维能力、创造能力和竞争力；提高学生的注意力，改善学生的心态；完善个性培养学生的意志品质；建立良好的师生关系；提高学生的身体素质和健康水平，使学生在德、智、体、美诸方面全面发展。体育游戏教学实施并实现了“健康第一”的指导思想，在未来的体育教学中一定会发挥更大的作用。

（三）竞争性

体育游戏大多都具有以个人或集体取胜为目的的竞争性特征。通常以游戏完成的数量、质量、速度为判别胜负的依据。因此，它充分体现游戏参与者体力、智力上的竞争特点，通过游戏活动可提高参加游戏者的身体活动能力，思维能力、应变能力、创造能力，并在游戏中培养学生团结互助的集体主义精神，使参与者在竞争中实现精神上的满足。

（四）科学性

体育游戏在组织的过程中要考虑到学生原有的知识、技能、身体素质和训练水平，根据由易到难、由浅入深，循序渐进的原则，对不同年龄和性别的学生要区别对待，科学组织，做到“因材施教”。同时，游戏过程中要密切观察学生身体状况的变化情况，科学合理地掌握运动密度和运动量。

三、基于体育游戏的快乐体育教学模式重构措施

（一）贯彻“安全”“健康”和“娱乐”三者统一的教学指导思想

“安全”问题是体育教学中最先考虑的问题，由于这个问题会带来严重的后果，就限制了体育活动的开展，而这里寻求的是在保障安全的活动环境下，学生德、智和体等方面全面发展，即“健康”成长；“健康”是体育教学的追求，而“娱乐”是配合“健康”，在这里把两者并列，主要因为“娱乐”是“健康”不可或缺的途径。因此，只有统一三者，才能准确定位快乐体育教学的指导思想。三者合为一体才是一个良好的教学指导思想，快乐体育的本身原则就在于更“安全”、更“健康”、更“娱乐”地完成课程，三者的关系相互联系、不可分割。“安全”是课程完成的基础，学生的基本保障，其中包含了诸多基本要求，这个前提要打好。“健康”体育课的根本所在就是要提高学生的身体素质，通过锻炼方式来予以提高，从而达到健康的目的。“娱乐”就是在前两者的基础上通过娱乐身心的方式，在安全的基础上来达到活跃身心健康的目的，这也是快乐体育所带来的一种教学效果。

（二）建立以增强体质，促进人格完善的教学目标

众所周知，科学合理的体育活动能使身体更加健康，随着深入的研究，人们发现学生在积极参与运动的过程中，思维变的更加活跃和敏锐，创新能力大大提高。同时，由于受到活动环境的熏陶，也能够加速个性社会化的形成，而学生认知能力的培养和个性社会化的形成则能促进人格的完善。社会的发展对于人才的需要越来越高，人本身的基本素质也需要提高，在基础的课程中，培养学生身体素质，健康能力是体育课的一方面。当前的社会需要及课程要求的

改变，培养的是学生能力，能力的提高体现在动手能力，体育课的转变方式就在于如果在基本的思想上，让学生更好地完成教学目标，快乐体育的融入把学生的思想精力带动起来，融入到课堂里，在环境因素影响的同时，身心得到了锻炼，人的身体得到锻炼，思维方式得到提高，从而达到了体育课的教学目标。

（三）建立“因人而异”的教材体系和“因材施教”的教学方法

教学方式及教学方法是教学课程的基本体系，好的教学方法能更好地来完成教学，有针对性的采用好的教学方法能够更好的提高教学质量。学生由于受到诸多因素的影响，其素质表现出明显的个体差异，因此教师要根据实际情况，进行因材施教，具体在选择教学内容和方法以及制定练习的难度与要求时，表现出选择和制定上的灵活性，尽量满足每个个体的实际需求。人性化的教学更好地体现了快乐体育教学模式的重要性，因人而异地来进行教学。

（四）建立以游戏理论为辅，不断创新并达到培养学生身体发展为目标的教学内容

如今的体育课程大多以传授基本技术、基本学习方法为主，始终没有使学生能够更好地理解和掌握技术，在教学过程中运用多种游戏方法进行教学，以此提高学生的积极性，促进学生培养身心的发展。让学生在娱乐的过程中掌握教学，学到知识和内容，可以通过游戏的趣味性加上教学方法来完成，游戏的理论基础颇深，在运用上没有局限性，也要有一定的人文融入其中，所以教师在安排教学内容上要有所体现，这才能体现出新型体育教学模式中的新型元素，重视娱乐教学，但是不能把体育课程变成根本的游戏课，用游戏的方法和理论去辅助教学，达到良好的教学效果。

（五）建立以教师为主导,教师与学生共同为主体的教学群体

学生虽然是学习的主体，但其所需要的体育知识、技能，仍然需要由教师来传授；其在学习中的自学积极性，需要由教师来激发和培养；学生进行自主学习、合作学习和探究学习，也离不开教师的指导等等。然而，教师在主导的过程，也要让自己成为主体，与学生一起感受和体验，共同互动起来，让体育教学过程中的所有成员成为一个随时随地的信息反馈系统。

（六）建立以重视情感投入为主并培养学生自主学习和合作学习的教学过程

体育教学的过程不仅是体育知识、技能的传递过程，而且还伴随师生之间的情绪、情感交流，伴随态度和行为方式的相互作用与影响。教师根据学生的自身需求，激发其兴趣，最后变成学习动机，而学习动机能克服许多传统教学模式中学生所处的被动状态的弊端，能够培养学生学习的自主性，也能改善师生关系和生生关系，从而在活动过程中互相学习，共同提高，为学生提供愉快的学习经历，这也有利于营造和谐合作的学习气氛。

言而总之，基于“快乐体育教学模式”和体育游戏理论，同时也结合体育游戏的具体分析，本书提出了体育游戏为快乐体育教学模式重建的理论支持，也提出了重建“快乐体育教学模式”的具体措施，即贯彻“安全”“健康”和“娱乐”三位一体的教学指导思想；建立以增强体质，促进人格完善的教学目标；建立“因人而异”的教材体系和“因材施教”的教学方法；建立以游戏理论为辅，不断创新的达到培养学生身体发展的教学内容；建立以教师为主导，教师与学生共为主体的教学群体；建立以重视情感投入，培养学生自主学习和合作学习的教学过程。

第三节 高校快乐体育教学模式的应用

一、理论基础与实践结合

每种教学模式的创新都需要扎实的理论基础作为支撑，在不断的摸索实践中进步完善。快乐体育教学想要实现模式创新，不仅要在教学内容、教学方式、教学评价方式等方面下足功夫，还要注意调整在实际运用中因为某些因素导致教学模式的不间断变动。结合不同的时期、不同的教师、不同的学生顺序等多方面的因素，实现灵活性、多样化的教学。例如，个性教学模式结合快乐体育理论为社会培养全面的人才；发现问题教学模式结合布鲁纳发现法理论；增强体质教学模式结合享受活动乐趣快乐体育教学基础理论。

二、情绪感染，调动学生的学习热情

大学生在快乐体育教学过程中，教师的热身设置非常重要。在这样的过程中如果加入情绪预热，可以帮助学生在最短的时间内参与互动。由于传统的体育教学中，教师在传授运动技能或是体育课上的活动内容时，“说教”占据了相当大的部分，体育教师与大学生之间侧重的是“教育”，体育教师在肢体语言运用技能上的缺失，导致情绪感染严重不足，很难调动学生的学习热情。加上难懂的各种技术动作相关术语，学生与教师交流的主动性与互动性丧失，最终导致快乐体育的教学目标难以完全实现。

三、强调学生的主体性

快乐体育教学在实施上采用的组织形式应以学生为主体，在各个环节中体现并带动学生的主观意愿。但要杜绝盲目地以学生为先。例如，在设计掌握技能教学模式中教师可以让学生选择自己的强项体育技能，并同步录入教学系统，然后根据学生的自身特点制定健身运动的方式。此外，还可以在目标教学中，让学生自己选择符合自身能力的学习目标。

四、体育教学手段要丰富多元化

快乐体育教学中包括了教材内容、教学方法、教学形式以及教学评价等内容。因此，快乐体育教学模式的创新就需要在这些环节中体现出来。例如，在对增强大学生体能教学的过程中，可以引入我国竞技体育领域中发展较快的体能训练方法，提高核心力量训练等。抑或将拓展训练的形式与体育教学结合起来，并引入健康周期理论，做好运动技能评价等教学内容。

五、体育游戏让学生收获快乐

大多数学生潜意识地认为体育课应以“玩”为主，因此教师就应该抓住学生这个“玩”的心理，同时结合教材来进行体育游戏练习。体育游戏具有组织形式生动活泼、内容丰富多彩、操作简单易行等特点，能够在给予学生充分的愉悦体验的同时，将体育教学的目标充分渗透进去。例如，运用“跨大步”的游戏帮助学生学习后蹬跑。游戏时学生四人为一组，动作分跳起分脚并脚的“剪刀”、两脚并拢的“石头”和两脚左右开立的“布”。按照“剪刀石头布”的规则来确定谁跑，看谁先跑到终点，学生们在欢呼声中用力跨好每一步。气氛活跃了之后，教师讲解后蹬跑的要领，学生在快乐的游戏中比较容易接受并掌握，学生学习的效率也会得到极大的提高。

六、利用现代科技发展促使体育课程的改革

伴随着科技革命的不断深入发展，学科之间的渗透与交叉、分化与综合、知识结构的变化，推动体育课也运用新的教学手段、组织形式、教学方法，最大限度地调动学生的积极性和主动性。快乐体育强调体育教学中应注意满足学生的动机需要，让学生愉快自主地从事体育学习与锻炼，充分发挥学生现有的能力去从事创造、享受体育运动，并在运动过程中自觉积极地发展体能和提高运动技能。

七、培养学生对体育运动的兴趣及独立锻炼的能力

遵循运动技能的形成规律，以系统传授运动技能为核心的一种体育教学活动体系，注重对技能掌握效果的评价，也称为“三段制”教学过程。在体育的教学过程中，要重视对学生体育能力的培养，使学生从体育锻炼中体验到乐趣，激发长期参加体育锻炼的欲望和兴趣，为其今后的终生体育锻炼奠定坚实的基础。

八、努力建立融洽的师生感情

我国高校体育新课程理念中已经明确提出，教师教授知识和实施教学活动的过程其实是一种知识传递的过程，更加是一种学生和教师交流情感的过程，

任何一个科目的高效课堂教育教学都建工在教师与学生之间情感交融的基础之上。因此，在大学体育课堂中应用快乐教学法，必须要建立起一种融洽的师生感情和平等的师生关系。例如，教师可以在自己的体育课堂中采取小组合作学习的教育方法，在大学生进行小组讨论的过程中，大学体育教师所扮演的角色并不是领导者与裁决者，而是评价者、指导者以及组织者的角色，具体来说，就是要对学生进行指导，使他们能够对体育教材的知识和内容进行深入理解，并且要对大学生自身所显现出来的问题和错误进行详细分析，教师不能劈头盖脸的批评学生，而是应该耐心的引导学生抛弃错误的知识和观念，接受正确的知识和内容，教师必须要明确学生出现错误的原因，究竟是学习态度原因还是学习方法原因，或者是其他原因。然后，让学生实施小组合作学习以及交流，小组成员共同研究应该如何对学习过程中遇到的问题进行解决。

第四节 快乐体育教学模式的构建

一、快乐体育掌握技能教学模式的构建

（一）理论基础

通过身体的运动激发内心的乐趣，在身体活动的乐趣中发展身体素质。并以此学有终生热衷的体育运动，并保持终生体育运动。

（二）构建依据

我国学者毛振明曾就快乐体育理论“快乐”的来源给出解释，他认为“快乐”的来源有四：一为运动技能的提高，二为明白了道理，三为充分体验运动后身体的快感，四为在活动中和同学相处的融洽。运动技能的掌握是为终身体育服务，学习运动技术只是掌握了一种身体锻炼的形式，这种形式在某种程度提高了身体锻炼的意向，增加了参与身体锻炼热情，丰富了身体锻炼的内容，在终身体育培养过程中起到积极作用，而运动技能并不是最终的目的。

（三）实施目标

通过本教学模式的实施做到以运动项目为媒介使学生认识运动、热爱运

动、终生运动，有通过运动保持身体健康的意识的社会主义建设者。做到充分利用每节课的机会，让学生“从此爱上运动”。

（四）教学内容

1．一生受用的运动技能

在终身体育指导思想下，应偏向于选择在人一生中，容易进行，不需要过多条件的运动项目。

2．终身体育意识的培养

有了擅长且自己爱好的运动技能，对自身身体健康的管理有了健全的认识，就要一生锻炼，以往学校体育工作较少渗透这一点，在快乐体育教学中，要给学生不断强化终生参与体育锻炼的意识。

二、快乐体育增强体质教学模式的构建

（一）理论基础

体适能在我国高校体育教学中提及较少，但却能给高校体育教学带来生机，对“体适能”的理解包含人在生活中、劳动作业中、体育活动中不可或缺的走、跑、跳、投、攀、爬、滚、悬、翻等身体能力，还包括体育素质的速度、耐力、力量、灵敏和协调等，也包含适应自然环境变化的能力及预防与抵抗疾病的免疫能力等。通过体能训练手段提高学生体适能水平，并且能够掌握科学健身手段，保持终生体育锻炼习惯。

（二）构建依据

在素质教育中学校体育的最本质的目的，就是对学生进行增强体质的教育，而增强体质的教育，落实到体育教学中来就是增强体质健身知识技能的教学。

体能训练能够有效提高学生身体机能，此外，体能训练相对于其他训练手段的优点之处还在于：它是为了提高身体某方面的机能而专门的训练手段，专门性强；各种手段可以灵活地搭配综合运用，综合性强；也不是一味追求运动技术已经存在很久的训练手段，创新性强；训练过程中可以自主研发各种器械

的运用，趣味性强；也可最大限度地利用现有资源，诸如场地、器材等等，实现性比较强。

（三）实施目标

学生的身体素质与体育锻炼感觉具有密切的依存关系，良好的锻炼感觉有利于提高学生身体素质，养成健身习惯。而这种身体锻炼感觉与快乐体育理论倡导的“身体运动感”“满足身体活动欲求”异曲同工。

（四）教学内容

1．运动健身意识及相关知识

体适能内涵，理解身体力量、速度、耐力、灵敏性、协调性等基本素质内涵运动健身意识，让他们认识到体育锻炼与生命健康的关系，认识到运动是维持生命健康的有效手段。要学会并善于运用所学体能健身手段管理自身生命健康。基本人体生理结构认识、日常生活活动动作机理，常见运动损伤及护理等。

2．现代化的体能训练手段

将现代化的竞技体育体能训练方法健身化、大众化。

3．运动处方

健身运动处方的效果应以提高柔韧性、力量、速度等素质为基础，以提高心肺功能为主，即提高身体的有氧活动能力。运动处方是以身体练习为手段（含意念性练习，或以身体练习为形，以意念练习为神的练习），为改进、完善、提高、增强身体某一部分或整体的功能而有针对性地实施的系列练习方法。

让学生掌握基本的运动处方知识，运动内容的选择、运动时间、运动强度的拿捏等，并能够了解现代文明病预防等知识，从而学以致用。

三、快乐体育发现问题教学模式的构建

（一）理论基础

快乐体育发现问题教学模式构建，以发现法与问题课程相关理论为切入，主张让学生自主的去发现知识，将我国课程大纲、课程标准中涉及的体育健康知识当作学生的“未知”，进而让学生去主动地探索未知，不断地探索、思考、

验证过程中掌握体育健康知识。另外一个理论切入不是以往的灌输，“问题中心课程”学中的应用体现于多门课程知识的综合运用“健康教育课程”，该理论在体育教学将体育教学大纲、课程标准中的内容，变成学生未知的问题，让他们围绕这个问题，综合运用所学知识解决这些问题。

（二）实施目标

用学生自主的发现激励学生学习的动机，是一个自我激励、自我收获、自我成长的过程，在发现、验证的过程中运动，在运动中收获自我的成功，以此体验学习经验的丰富以及运动的快乐，以此不同以往的学习过程增加对体育学习的兴趣，从而热爱体育运动。

（三）教学内容

1．经过设计编排后的体育与健康教学内容

将我国高校体育课程目标中教学内容能够引发学生思考、发现的关键点作为发现教学的起点，以此类教学内容为依托，将发现法教学的流程贯穿其中，为的是通过发现法教学，丰富体育课堂形式，增加学生进行体育课堂兴趣，进而能够更多地参与体育运动，更加热爱体育运动，从而终身从事体育运动。

2．终身体育意识的培养

目标教学除了培养学生学习能力的提高之外，体育运动才是该模式构建的主要目的，让学生通过不一样的学习过程增加对体育运动学习的兴趣，从而能够热衷于体育运动，乐于终身从事体育运动。

四、快乐体育目标学习教学模式的构建

（一）构建依据

快乐体育理论中快乐的来源之一，是学生内心欲求满足后的快乐，这一过程是回到学生体验收获的过程，自我效果学习中“自我效果”的设定就是学生内心的一种欲求，成功的画面比如自己起跳灌篮的帅气画面、飞身一跃跳过1.7 米的横杆等等这些都是学生内心欲求的体现。快乐体育的实现过程就是让学生在教师有组织的体育教学过程中，经过学生自身的主动地练习，实现内心

欲求后内心的满足感。

（二）实施目标

通过设定自我目标，以及自我目标实现的过程，体验收获、成功的内心欲求满足感，并在此过程中对体育运动学习产生兴趣，热爱体育运动，走向终生体育的道路。

（三）教学内容

1．我国体育健康课程标准中的教学内容

对体育教学内容学习要求提出不同的等级，让每个学生都能找到最接近自己能力的目标，在学生乐于学习的情况下，顺利实现教学内容。

2．自我健康管理意识与终身体育意识

毛振明教授的健康周期理论，介绍了生命健康与人们认识之间的关系，尽早实现健康的理性认识，从而很好地主动参与体育运动，保持、完善生命健康，实现终身体育运动。

第五章 新时期高校体育俱乐部教学模式

第一节 概述

一、体育俱乐部教学模式的概念、特点及兴起背景

（一）体育俱乐部教学模式的概念

体育俱乐部教学是由学生自主选择教师，同时根据教学条件开设相应的项目，系统学习该项目的原理与方法、组织与欣赏等方面的知识与能力培养的方法，从而达到真正掌握一至两项终身从事体育锻炼运动项目的一种教学模式。体育俱乐部教学注重培养学生的体育兴趣，提高学生的体育能力，以教学俱乐部形式进行教学。这种方式的教学注重知识性和趣味性、理论和实际相结合，发挥学生的主观能动性和创造性，让学生积极参与，使学生在体育锻炼中体验到快乐感、成就感，达到培养学生参加体育锻炼的意识，提高学生运动能力的目的。学校体育俱乐部式教学模式是以培养学生终身体育意识、习惯和能力为主的教学方式，它能够把学校体育与社会体育实现有效地衔接，并最终使高校体育向终身化方向发展。

（二）体育俱乐部教学的特点

1．课外体育俱乐部教学模式

课外体育俱乐部是高校体育俱乐部教学的最早形式，它作为高校体育课的延伸和补充，其以拓展学校体育功能，培养学生拥有良好的体育习惯和行为为主要目标。课内体育俱乐部模式是近几年我国高校体育教学改革的一个热点课题，它以现代的教育思想和教育理论为依托，充分体现人本主义的教育理念，以构建现代大学体育新的学习方式为目标。课内外结合的体育俱乐部是伴随着高校素质教育的兴起，以培养学生的整体教育观为出发点，提出课内课外一体化的体育管理模式，它以终身教育思想为指导，以培养适应学习型社会的能力为目标。

（1）课外体育俱乐部教学模式的组织形式特点

课外体育教学俱乐部是活跃于高校体育课堂之外的一支重要力量，其组织形式包括：兴趣学生自由组合、学生团体或社团组织、体育部组织、体育教师个人组织、社会单位与个人组织等。其中，学生团体或社团组织和爱好者自由组织是群众团体，按规定需要校团委批准和备案，其他组织形式则归属于体育部管理的范畴。但是，不论是哪种组织形式都有共同的特点：俱乐部大多面向一至三年级的全体同学，学生根据自身的爱好，自愿参加，活动不分班级和年级。活动内容和过程不受体育教学大纲和学校教学进度的制约，大多围绕展示表演和比赛展开。俱乐部活动时间分为固定或不固定两种类型，由俱乐部单独决定。俱乐部大多采用会员制，参与者需缴纳一定会员费。

（2）课外体育俱乐部教学模式的优点及存在的不足

高校各种类型的体育俱乐部（体育单项协会）和其他校园文化组织一起发挥着丰富高校校园文化的作用，由于它面向开放的是高校全部年级的学生，因此，其可以一定程度上填补已经不上体育课学生的体育锻炼需求。体育俱乐部活动围绕校园文化节、社团活动月等活动展开，高校体育俱乐部项目有的是学生课内学过的，有的则是在练习过程中习得，有的是聘请老师指导所得，有的则是学生中的一些特长生自行指导，体育锻炼效果参差不齐。在体育俱乐部活动场地使用方面，由于所属部门的原因需与体育部相互协调，在协调过程中有时会出现权责不清的问题。以上各种不利因素，导致俱乐部的体育活动受到极大限制，不能全面展开。

体育俱乐部开设的体育项目大多是体育课堂教学中的运动项目，其可以作为体育课的延伸和补充。对于此种类型的体育俱乐部，在划分其所属俱乐部的形式时，应该将这部分划归到课内外一体化体育教学俱乐部的范畴，但需对体育俱乐部的管理作出进一步的规划，实现真正的课内外一体化。

2．课内体育俱乐部教学模式

课内体育教学俱乐部是建立在体育教学模式基础上的体育教学形式，其将现代高校体育教学理论融入到高校体育课堂，从思想、组织、形式、方法、评价等五个方面进行全面、系统的更新，改变高校体育教学传统的班级授课制，在课堂内提倡开放性、自主性、自由性、随机性，学生的课堂学习完全是一种主动积极的行为，体育教师只需承担设计、辅导、检查、指导四个方面的教学任务，此种模式彻底改变了传统的体育教学模式，学生与教师的角色亦发生了根本性的变化。

课内体育俱乐部是伴随着高校体育教学的改革，而适时出现的具有尝试性的研究课题。虽然部分高校已经建立了课内体育俱乐部教学模式，但由于学生和教师认识上的偏差，以及高校体育课程环境的差异，课内体育俱乐部教学模式相关实施方法仍然得不到推广和应用，因此还没有完全普及。

（1）课内体育俱乐部教学模式的组织形式特点

课内体育俱乐部教学模式打破了原有班级的限制，由学生根据自身特点选择体育运动项目与运动时间，并与体育教师合作完成体育教学。按照教育部高等教育司的相关规定，体育课是高校一、二年级大学生的必修课之一，因此，高校开展体育俱乐部教学的对象大多数是大学一、二年级的学生。此外，课内体育俱乐部教学模式在具体实施过程中，通常有两种情况出现：第一，部分高校采用一年级以上统一的基础体育课，如田径、武术等体育课程，在大学二年级才开始上俱乐部课。第二，部分高校从大一新生一入学便上俱乐部体育课，但大多数在二年级时又重新选择运动项目，并上俱乐部体育课。对于上述问题，相关学者进行了研究，并指出我国中学和高校体育存在脱节的现象，所以有必要在大学一年级对学生进行基础体育教学，以便提高学生的体育综合素质，为学生进入高层次的俱乐部学习奠定基础。但是，在具体教学过程中，采用哪种形式比较有效尚没有定论，有待进行更为深入的研究。

（2）课内体育俱乐部教学模式的教学内容特点

高校课内体育俱乐部开设的项目包括乒乓球、羽毛球、篮球、网球、足球、武术、跆拳道、台球、垒球、太极拳、女子防身术、健美操、体育舞蹈等体育类别。通常情况下，各高校需要根据本校的软硬件设施，合理选取部分项目开设课内体育俱乐部，这也决定各高校在俱乐部体育项目的设置方面存在着较大的差异。

（3）课内体育俱乐部教学模式的上课时间特点

参加课内体育俱乐部的学生不分班级，按照同一年级内班组的共同形式上体育课。学生上课时间相对固定，每周安排两个课时，排入课表，相关学生必须参加。此种形式的俱乐部完全由学生根据自身条件选择上课内容，对部分学校而言，在专业教师、硬件设施方面难以完全满足全体俱乐部成员的要求，在实际操作过程中难度较大，很难实现。

（4）课内体育俱乐部教学模式的优势与存在的问题

课内体育俱乐部教学模式的优势相对于传统体育课教学模式而言，其更加强调“以人为本”的精神。因为学生是根据自身的兴趣爱好进行选择，上课愿望较强，学生积极性高，同时还能提高学生积极主动学习，进行自我评价和相互评价的能力。对于体育老师来讲，该种模式避免了教师要按照学校制定的规范课程上课和自身体育专业不对口的问题。教师可以充分发挥自己的专业特长，提高教学的积极性，调动自己上课的热情。但是，体育教师应该在教学过程中重视理论与实践的紧密结合，在运动实践教学中渗透相关理论知识和体育健身锻炼方法，并运用多种形式和现代教学手段，扩大体育的知识面，提高学生的认知能力。避免单纯以传授体育技术、技能和以教师为中心的教学观念。

单纯的课内教学俱乐部无法实现培养学生终身体育意识，以及帮助学生养成终身体育锻炼习惯的目的。同时，由于该模式面向开放的对象仅限于一、二年级学生，无形中将三、四年级的学生排除在外。教师如果在课外时间对于学生的锻炼活动没有作出明确的导向，会使得部分学生放弃体育，因而要注重学生课外时间的体育锻炼，以此来促成在校大学生养成真正的体育锻炼习惯，进而培养学生终身体育锻炼的行为。

3．课内外一体化体育俱乐部教学模式

高校课内外一体化体育俱乐部教学模式是高校体育教学中的一种体育文化现象，是具有相同体育兴趣爱好的大学生，基于自我发展与完善的需要，自由选择体育活动项目，并且结成具有社团性质的体育团体。通过体育教师的指导，学生根据自身特点自主选择体育课程内容，自主选择体育教师，自主选择上课时间，再结合成有组织的课外体育活动团体，营造生动、活泼、主动的校园体育文化氛围，使高校体育教学与课余体育活动保持连续性和统一性。课内外一体化体育俱乐部教学模式的特点是学生拥有“三自主”，即自主选择学习项目，自主选择任课教师，自主选择上课时间。学生自己确立目标，自己评价，使自己由被动学习者变为主动参与者，形成良好的体育素养和健身意识，建立终身体育的观念。

课内外一体化体育俱乐部教学模式是以学校体育场馆为依托，在“健康第一”和“终身体育”思想的指导下，为达到学生生理、心理和社会三个不同层面的目标而设计的体育教学模式。其也是以学生自主选择俱乐部为基础，综合运用各种教学策略与方法，将课内体育教学与课外体育活动融会贯通的一种体育教学模式，它既承担课内体育课堂教学任务，又兼顾课外余暇体育锻炼、群体竞赛和业余训练功能。

（1）课内外一体化体育俱乐部教学模式的组织结构特点

每个教学俱乐部设立主席一名（体育教师），指导教师若干名，副主席一名（一、二年级学生），宣传部长一名（一、二年级学生），相关办公人员若干名（一、二年级学生），志愿者若干名（三、四年级学生）和其他人员。俱乐部主席主要负责处理俱乐部的申请，宏观把握俱乐部的发展方向和计划安排，并和指导教师同时负责完成课堂教学和指导副主席组织管理会员的课外活动。俱乐部副主席需要领会贯彻指导教师的意见，上传下达，反馈意见，负责组织管理会员的课外活动。宣传部长需要负责对外宣传工作，志愿者的主要任务是协助俱乐部副主席完成指导教师下达的具体任务。

（2）课内外一体化体育俱乐部教学模式的内容及安排特点

各学校需根据自身的实际情况开设多个单项俱乐部，这部分内容与上文提到的课内体育俱乐部教学模式一致。课内外一体化体育俱乐部的活动内容主要包括两个环节：一是课内内容，二是课外内容。课内教学内容安排以传授体育与健康的体育基础理论知识、体育专项运动的基本技术、体育技能及其理论知识、体育单项运动的裁判知识以及观看组织比赛等方面的内容。课外内容则主要以组织学生进行专项锻炼、表演和比赛为主，通过学生参与组织管理来实现体育知识的运用与实践，从而进一步培养学生终身参与体育运动的意识。

（3）课内外一体化体育俱乐部教学模式的优势及存在的问题

高校体育教学实行课内外一体化俱乐部教学模式可将课内外融会贯通，紧密结合，相互统一。不仅可以便于学生系统性掌握体育运动的基本知识和相关技能，更好地掌握锻炼方法，取得良好的体育锻炼效果，有效地增强学生的身体素质，提升全体学生的健康水平，而且还能满足学生的运动需求，培养学生的个性，养成锻炼习惯，提高体育运动能力和技术水平，为终身体育打下良好基础。同时，学生通过在活动过程中参与组织与管理，使得学生的主观能动性得到加强，组织管理能力亦能够得到提高，学生在管理与被管理过程中的协作能力也能有所提升，最终使学生的团结协作精神得到加强。由于高校的学生有着不同的专业，就业后会分布在各行各业，他们良好的体育锻炼习惯可以促进甚至带动整个社会体育的快速发展。

部分学生们在选择体育项目时存在盲目性，相关调查资料显示：大约有70%左右的学生在上大学之前都接受过正规的体育课教学，内容多数以田径为主，只有少数学生学习了武术或健美操等体育项目。还有30%左右的学生，在上大学以前没有上过系统体育课，这与生源所在地有较强的关联性，重点中学强于普通中学，城市学校好于乡村学校。学生对于开设项目的内容不甚了解，导致学生在选择体育项目时产生盲从心理，需要学校做好各个体育俱乐部的宣传工作，使学生对于该俱乐部有一定程度的认识和了解。教师要做好引导工作，避免出现学生过度集中于某一俱乐部，导致管理上、教学上的诸多问题的发生。各个俱乐部在考试评分时要把握分数的高低原则，避免出现学生想给分高的俱乐部流动的情况。

二、高校体育俱乐部教学的现状及存在的问题

（一）高校体育俱乐部教学的现状分析

1．体育俱乐部教学的组织现状

我国现行的体育俱乐部教学模式，在教学形式、管理体制、组织方法、师生关系等方面都存在极大的差异，绝大部分学校都实施课内外教学俱乐部，极少部分是课内外一体化教学俱乐部，而课外活动俱乐部则是学生社团自发的一种组织。课外体育俱乐部具有独立性，没有课程“教学”含义，只是学生通过这个组织形式，在课余组织开展一些单项体育活动和比赛，这是课内俱乐部教学的补充和延伸。

不同类型的体育俱乐部，其组织形式也存在一定的不同。高校体育俱乐部以课堂教学为主，多由体育部或体育室负责组织，教师参与组织并辅导，以上课的形式出现。体育教学有固定的上课时间，学生务必参加，多以自主练习为主；课外活动类体育俱乐部教学主要以学生的课外活动为主，由学生社团或体育爱好者自发成立，没有固定的上课时间，学生自己组织活动和比赛，若遇到问题则向教师询问；业余训练类体育俱乐部以校运动队训练、提高运动技术水平为主，由负责训练的教师组织，以上课的形式实施，有固定的训练时间，被选入运动队的学生要主动参加。综合类体育俱乐部有盈利性和非盈利性两种，前者按市场规律运作，对参加人员（包括校外人员）收费，利润交给学校或经营者分成；后者不按市场规律运作，服务对象主要是本校学生，适当收费。在这两种情况下，教师既是组织者、辅导者，又是体育教学活动的经营者，上课时间由参加者或学生自己选择。

2．体育俱乐部教学考核与评价现状

目前，我国大部分高校体育俱乐部教学对学生的成绩考核评价，主要采用

“结构考核”和教师终结性绝对评价相结合的方法。“结构考核”的主要特点是“结构”多方面的构成，具体而言，就是将知识、态度和运动能力一起放入体育考试内容之中，其目的是完成“结合”和“全面”的整体要求，实现理论与实践、技术与能力、成绩与态度的紧密结合。实际上，“结构考核”中的内容大多主要以教师的评定为主，例如学习态度、知识考试和技评等方面的评价，这些内容对教师的工作态度和公正精神有较强的依赖性，从而使评价学生的客观性更具有不稳定性、局限性和片面性。对现阶段我国高校体育教学来说，这可能是一种比较可靠的教学考核与评价方法。但从考核与评价的角度分析，从教师的绝对评价到相对评价，从终结性评价到过程性评价，高校体育教学考核评价体系必将更加完善。

3．高校体育俱乐部教学模式的发展现状

目前，我国高校体育俱乐部教学尚处于发展完善阶段，因此各校设置的课程也略有不同。高校近年来的扩招造成了现有公共体育教学场地的不足。据调查显示，体育场馆、设施均达标的高校才占5%左右，这就在一定程度上影响了体育教学的顺利实施。学生在进行选课时，多会选择球类项目。但教学场地与器材的不足影响了体育俱乐部教学的效果。

此外，现阶段我国高校体育教学模式在管理上尚有待进行进一步的规范与健全。由于教师专项结构的不尽合理，教师的专业化水平已经无法满足当下学生的多元化需求。随着未来社会健身、娱乐、休闲运动的普及与发展，学生学习的兴趣和爱好不再仅仅只是局限于以往的体育项目，而是更为热衷于攀岩、定向越野、高尔夫等一些较为时尚的体育运动项目，此种情况对目前体育教师的专业知识提出了挑战，也提出了更高的要求。

（二）高校体育俱乐部教学存在的问题

1．场地器材的现状与需求差距较大

大量调查性研究的数据表明，高校在实施俱乐部教学模式以后，凸显出传统体育教学所重视的田径、三大球、体操等一些项目的场地和器材资源丰富。

但一些新兴娱乐性较强的，深受学生喜爱的项目，例如羽毛球、网球、轮滑等项目的资源短缺十分匮乏，造成场地器材与需求的供求十分不平衡。

2．教学经费的筹集渠道有待拓宽

大量研究表明，高校体育教学经费绝大部分依赖学校拨款，经费来源十分单一，这种现象与学校的管理制度和管理者的思维方式有很大原因。同时，这与国外高校采取的多种经费筹集渠道以及资金的办学思路有较大的差距，而且也不利于高校体育教学改革的进行。打开筹集资金的渠道不仅可以解决体育教学的经费问题，而且可以帮助学生养成良好的体育消费观念，并搭建学校与社会的互动交流平台。

3．师资队伍与教学模式的变化不适应

由于我国高校体育师资队伍的更新速度无法跟上教学改革的需求，导致传统体育项目的教师比较多，而一些新兴项目的专项教师则比较少，但是喜欢这些项目的学生却很多。此种现象不解决，就无法从根本上实施体育俱乐部教学模式，必须建立完善的教师教育机制来解决这些问题。

4．过于重视学生兴趣的发展，忽视体育教学的内容

体育教学改革在一定程度上摆脱了传统体育教学模式的束缚，使学生真正成为了体育教学的主体，为学生提供了自由发挥的空间，尊重学生的学习主体地位。然而，过度的“自由”使教师以学生的兴趣为教学中心安排各项教学目标，导致整个体育教学过分注重以学生兴趣为教学中心，错误的以满足学生兴趣为发展教学的主体性。在教学中重视学生的兴趣是无可厚非的，但是以学生兴趣为教学中心则是行不通的。

高校体育教学对学生体质健康担负着重要的使命，在进一步加大体育课程改革力度的同时，注重培养学生的兴趣、爱好、娱乐、人文教化、终身体育和掌握运动技术等方面的能力。在体育教学的过程中，应着力强调大学生现实的身体素质提升，在内容安排上针对学生体质健康存在的问题，以改善学生的身体机能，增强体能、促进学生体质健康发展为重点安排教学内容。

三、高校开展体育俱乐部教学组织形式的现状

（一）实现由“普修”到“专修”的体育教学组织形式的过渡

“普修”和“专修”是高校体育教学中两种不同的课堂教学组织形式，同时也是体育教学组织形式发展变化的两个截然不同的阶段。“普修”属于传统体育教学的范畴，它将学生按照一定的数量和层次进行分班教学，不考虑学生的个人兴趣爱好，通过统一的教学大纲进行教学。在“普修”教学模式中，学生所涉及的课程大多是中小学体育课中出现过的内容。“专修”则是以某一类体育项目为主线，根据学生的兴趣爱好选择本项目的体育课。在由“普修”到“专修”的转变过程中，无论是课程设置还是教学组织形式都发生了根本性的转变。

高校体育“普修”课程的设置主要是根据体育教学大纲而设计的，为了统一，体育课程内容仍然比较少，其是在违背大多数学生兴趣爱好的情况下而开设的体育课程。而“专修”则是从学生的角度出发，根据学生的兴趣爱好设置体育运动项目，此类项目的数量比较多，可以最大限度地满足学生的需求，从而做到因生而异，因材施教。“普修”是以遵循高校体育教学大纲为出发点，“专修”是以学生的兴趣爱好为最终目的。在具体组织形式上，“普修”是以相同专业的学生，按照一定的人数进行的统一教学，体育教师也不一定就是该体育专项的教师。“专修”采用自由体育选项，由该体育专项的优秀教师担任体育教学工作。学生根据自己的爱好、时间和教师的专项选择上课的类型、时间和教学老师。“专修”课程突出了“以人为本”的现代体育教学理念，塑造了学生的个性特征。在教学效果考核方面，“普修”以期末考试为最终的成绩，而“专修”考核的内容则主要包括学生的上课率，参与体育教学的积极性，自我锻炼与参加体育比赛的成绩等。“普修”考核的内容较为单一，“专修”考核的内容亦十分全面。

全面实行体育俱乐部教学体制是高校体育教学组织形式改革的最终目的，并且全面、均衡地体现出学生在教学过程中的自主性、民主性以及合作性。体

育俱乐部的教学体制十分复杂，每周一次的体育课难以实现这一目标。因此，学校要从素质教育的教育理念出发，依据现代体育课程的基本理论，将课堂内的教学延伸到课外，要将早操、课外活动、体育俱乐部活动都纳入到体育教学的统一管理体系之中，形成完整的课内外一体化的教学组织形式。课外体育活动需要因地制宜，开设受学生欢迎的体育教学俱乐部，尽可能多的将学生吸引到各种体育俱乐部中来，实现有组织、有指导的课外训练目的。负责俱乐部的教师既是组织者、管理者，又是体育教学活动的教练员，俱乐部的活动每学期要有计划、有训练内容、有考核，最终完成从专修课到俱乐部形式的转型。

（二）从只见“内容”不见“生”到因生而异

通过对比现代体育教学俱乐部与传统体育教学俱乐部的教学组织形式，可以发现，传统体育教学组织形式主要是以体育教学大纲为主体，以项目为主线。传统体育教学的选修课多是以少数几类体育运动项目为基础，导致学生选择的知识面比较窄。现代体育俱乐部教学在教学组织形式方面比较灵活，学生可以自由选课、自由选择上课时间和自由选择体育任课教师。传统体育教学以体育教学大纲为关注点，突出的是体育运动项目。体育俱乐部突出的是学生的兴趣爱好，关键点在因人而异。此外，体育俱乐部相对于传统的体育教学，其特别关注学生的个性发展，强调培养学生的学习兴趣，改变学生的学习行为。传统的体育教学在过去的社会背景下，仅仅注重增强学生的身体健康、增强体质与学习技能。在教学组织方面，体育俱乐部的教学组织形式能够突出体育教学组织形式的多样性，极大满足学生的体育爱好。而传统体育教学的组织形式注重班级的整体性，弱化学生的特长，强调统一性，强调班集体的整体发展。在师生关系方面，体育俱乐部教学组织形式特别注重教师与学生之间的相互协作、双向发展。体育俱乐部教学模式的突出特点主要体现在时代性、社会性、针对性、适应性、可操作性和实效性，从而也更具有优越性。体育俱乐部教学组织形式，不仅在组织形式上彰显了学生的自主性、民主性与自治性，而且在考核评价的方式方法上更加突出人性化。此外，在具体操作方式上也更加全面。这样的教学组织形式、实施过程、评价方式都具有科学性、合理性与人性化。

（三）高校体育俱乐部教学组织形式的利弊

1．开展高校体育教学俱乐部的优势

（1）满足学生的个性发展和需求

高校的学生大多数都处于18～22岁的年龄段，此阶段学生的自我意识比较明显，注重个性的追求。高校体育俱乐部教学形式能极大地满足学生的个性要求和自我选择，让学生自主选择上课时间、体育项目，增加了学生与体育教师交流的机会，提高了学生锻炼的积极性，激发了学生课外活动的热情。

（2）体育俱乐部的教学模式对于教师的优越性

体育俱乐部采用学生自主选择体育项目以及体育教师，学生的选择会直接反映教师的上课情况和受学生欢迎的程度，也可激励体育教师不断进行自我进修，提高自我意识，从而提升整个教师队伍的素质和教学水平。

（3）体育教学模式改革的过渡条件

传统的体育课教学模式具有一定的固有模式，现在各大高校基本上都采用这种教学模式。相比之下，体育俱乐部教学模式更加具有灵活性、创新性。这种大的转变不是一瞬间就能完成的，需要一段过渡时间和先决条件。高校中的各种体育社团和协会为传统体育教学模式转化为体育俱乐部模式提供了现实、自然的过渡条件和基础。

（4）培养学生终身体育的意识

体育俱乐部教学模式注重学生的自主性，消除了学生的厌学心理，促使学生从心底喜欢体育锻炼，在较大程度上增加了自我锻炼的积极性和热情。在学校中的不断锻炼也培养了学生长期进行体育锻炼的好习惯，同时在思想上也培养了学生终身体育的思想，从思想上指导行动，让学生养成终身体育锻炼的好习惯。

2．实行高校体育俱乐部教学的不足之处

当前的高校体育课，部分高校虽然已经开展了俱乐部式教学，并且体育教学方法也发生了一定程度的改变，但是与传统体育教学还存在一定的联系，不能完全摆脱传统体育教学模式的影响，甚至只是在传统体育教学模式中稍加改善。

第一，学生自主选择上课项目，打乱了原来的行政班级，给排课、成绩录入等工作增加了困难。

第二，项目之间出现了人数的不均衡，形成了明显的差异。

第三，增加了对体育场地器材设施和体育师资的要求。

第二节 高校体育俱乐部教学模式的管理与应用

一、高校体育俱乐部的管理原则

（一）以生为本

第一，高校体育俱乐部的运作目标就是为学生提供职业化的服务，因此，在组织各种体育锻炼和各种竞赛互动时，要倾听学生的心声，要把握学生的心理，要明确学生的体育运动需求，唤起他们的体育运动热情。这样学生才会积极地参与到体育俱乐部的各项活动中去，才能让高校体育俱乐部的发展有扎实的“学生基础。

第二，高校体育俱乐部的发展和管理要以学生的健康运动为设计原则，在组织各项体育锻炼和活动时要充分考虑其是否有利于学生身心健康的全面发展，要考查学生的身体素质，并针对不同身体素质的学生设定科学合理的运动量，避免损害部分学生的身体健康。

第三，高校体育俱乐部管理中要充分保证学生的人身安全，对部分有安全隐患的体育项目要进行严格审查，要检查体育器材，要让教练指导学生的动作要领。同时，还应采取一定的保护措施，避免对学生的人身造成伤害。

（二）一体化原则

无论是课内体育俱乐部、课外体育俱乐部还是课内外一体化体育俱乐部，或是竞技体育俱乐部，都必须遵循统一规划的原则，建立健全逐级监督制度。

由主管体育工作的学校领导负责各种体育俱乐部总体规划的制定，同时负责督促检查体育俱乐部的工作安排。体育俱乐部主任主要负责俱乐部工作计划进度的安排，检查每位老师工作的执行情况。各位老师要完成本人的工作计划，建立每一个同学的详细档案，以备查询。俱乐部里的学生体育骨干则主要负责召集体育俱乐部成员的参加体育活动，完成具体的管理工作，例如，组织各种教学比赛、裁判员工作以及监督学生的体育活动完成情况等，从而在俱乐部里起到模范带头作用。

（三）层次化原则

因为受先天条件的制约，学生个体的身体素质存在较大差异。教师应该针对不同学生的身体状况而采用一种科学的、定量化的体育锻炼方法，这就是运动式教学法。无论是课内体育俱乐部、课外体育俱乐部或者课内外结合体育俱乐部，其在具体课程的设置上必须遵循循序渐进的原则。通过采用分层教学，帮助学生由浅入深、循序渐进地掌握该体育项目的知识和技能。每一级的教学层次都应有与之相对应的教学大纲、教学要求和切实可行的教学模式，从而根据不同层次学生的运动水平，指导学生达到该体育运动项目的等级，目的是引导学生在学习中有一种“爬楼梯”感觉，激励学生“更上一层楼”，完成预定的体育教学目标。

二、高校体育俱乐部的管理途径

（一）高校体育俱乐部管理的“三步走”措施

1. 第一步

高校体育俱乐部要走出资金困难的境况，要拓展经费来源渠道。资金问题是制约高校体育俱乐部发展的首要问题，学校要拓宽资金筹集渠道，要改变过去单一的依靠学校财政支持和学生交纳会费筹集经费的形式，要积极寻找更多的资金来源渠道。首先，各高校要重视体育俱乐部建设，要把体育俱乐部作为高校体育事业的重要组成部分，要成立专项资金应用于体育俱乐部的运营管理，要做到专款专用，保证体育俱乐部的日常正常开支。学校要成立体育俱乐部管理运营领导小组，保证对体育俱乐部日常活动的指导监督。其次，高校体育俱乐部要利用自己作为一个组织的优势，到社会上多方筹措资金，比如寻找企业提供赞助。当前，很多企业都十分重视开发高校市场，例如，中国移动、中国联通这些企业，特别需要加强和学校的关系。高校体育俱乐部要以这些企业为突破口，和他们寻求合作，让企业在体育俱乐部举行大型体育竞赛时提供必要的资金赞助，或者器材、设备赞助等，甚至可以经过洽谈建立长期的合作关系，这样也可缓解体育俱乐部运营的资金压力。

2. 第二步

高校体育俱乐部在发展过程中面临诸多问题，尤其在资金不充裕、设备不完善的情况下，提高高校体育俱乐部的管理水平就显得尤为重要。不合理的管理可能造成高校体育俱乐部的运营处于无序状态，并会导致各项体育活动的开展受阻。因此，必须建立科学的体育俱乐部管理制度，首先要建立一个领导小组，这个领导小组由体育主管及主要体育老师和俱乐部的管理人员、俱乐部的教练人员共同组成，这样可以及时了解体育俱乐部的运营情况，可以及时作出判断，亦可弥补只依靠体育俱乐部成员管理的漏洞。其次，高校体育俱乐部既然是为学生服务的，那么可以在体育俱乐部内部设置专门的“学生岗位”，让学生参与到体育俱乐部的日常管理中来，学生有独特的视角，他们会为俱乐部的发展“建言献策”。同时，也可以从学生的角度出发对俱乐部的发展提出建议，这样既能锻炼学生，又能了解学生的实际需求，可以保证高校体育俱乐部的健康发展。再次，高校体育俱乐部在运营过程中可以适当引进商业化的运作模式，可以把提供有形服务作为俱乐部管理的一部分，保证管理模式的与时俱进。

3. 第三步

部分学校因为资金短缺和其他方面的问题，体育基础设施尚不够完善，现有体育场地仍然难以满足所有学生的运动需求，在这种形势下，高校体育俱乐部要发挥自己作为俱乐部管理者的作用，要加强对现有体育基础设施的管理和调配。首先，高校体育俱乐部在日常运营和各项体育竞赛进行前，既要进行统筹安排，也要提高体育基础设备的利用率。可以在一个体育场地内进行区域划分，开展多种类型的体育活动，以解决高校体育场地不足的问题，提前对学生进行体育运动所用到的场地进行安排，避免在实际体育项目的开展中出现冲突现象。其次，高校体育俱乐部要研究学校现有体育设施和运动场地存在的问题，要将其写成报告呈交给学校，要呼吁学校有关部门着手解决设施问题。俱乐部可以制定一份长远发展规划，让学校有步骤、有计划地扩大体育基础设施建设，努力做到循序渐进。

在高校体育俱乐部教学模式下，学校更要关注学生的发展，更应注重发挥学生的主体性地位，它倡导学生自由选择体育教学项目、自由选择体育锻炼方式，并进行自主锻炼。在体育俱乐部教学模式下，学生的思维能够被彻底解放，学生会有“当家做主”的感觉，会激发他们体育锻炼的兴趣，让他们乐于参加体育健身运动。

（二）加强高校体育俱乐部的内部系统管理

高校体育部在建立、健全俱乐部内容的各种规章制度后应加强内部管理是非常重要的。高校体育俱乐部在各种规章制度下施行各种管理手段，使高校俱乐部处在有效的管理过程之中。即在规章制度规定的范围内开展各种文体活动，使高校俱乐部的管理中形成良性循环的监督机制、约束机制、激励机制。要加强高校体育俱乐部的内部系统管理，首先要制定体育俱乐部的管理目标。这一目标应由所有的管理者和会员共同参与与制定，并制定好目标后在俱乐部实施的过程中努力完成。俱乐部制定的管理目标要与大学生会员的实际情况相符合，所以制定的管理目标应该具有适合性、具体性、可操作性和超前性。其次，加强体育俱乐部学生的人力资源的管理。体育俱乐部应充分调动学生参加大学生体育俱乐部的主动性和积极性，发挥学生的各种专长，特别是发挥具有体育特长的大学生的骨干作用，有利于协助俱乐部的管理。第三，高校体育俱乐部应实行有效的激励和约束机制。对大学生参与体育俱乐部管理有贡献的应该进行激励，从而促进大学生的积极性。同时，从中增长学生管理才能。而对于不按照规章制度办事的学生应该进行批评与教育，使之高校体育俱乐部能按照既定目标良性运行。

（三）以体育设施为依托，积极拓展经费来源渠道

高校体育俱乐部教学模式的开展必须有完善的体育基础设施和充足的运作资金作保证。因此，各高校在体育俱乐部建设过程中应利用有限资金建设学校最紧缺、最急需的体育设施，并对一些年久失修的体育场馆设施进行维修。科学有效地进行管理，合理利用体育场馆，确保学校体育俱乐部教学的顺利开展。同时，学校应该加大在体育教育方面的拨款，以学校体育设施为依托，尝试吸收周边外来群众定期、定点、定时地以俱乐部会员的身份来校进行体育锻炼，收取一定活动费用，或者与校外企业建立合作关系，招商引资，积极举办一些赛事，通过各种途径解决体育俱乐部教学经费短缺的问题。

（四）高校体育俱乐部管理的制度保证

高校体育俱乐部的管理应树立“健康第一”的管理目标，遵循“以学生为本”的管理原则，认真贯彻“促进学生身心健康”的俱乐部管理行为。为此，学校应制定各种有效的体育俱乐部管理规章制度，但需正确处理俱乐部管理规章制度与国家法律、法规的关系，在法律制度的基础上制定契合实际的各种制度细则。高校体育俱乐部的管理制度应当根据大学生和体育俱乐部的特点，同时也必须与国家的相关法律、法规相匹配，并与之相协调，切忌不能同国家的法律、法规相抵触。学校制定的管理规章制度，应当具有良好的可操作性。要正确处理好高校体育俱乐部的健康发展与加强监督管理的关系，从而促进高校体育俱乐部的良性、高速发展。

三、俱乐部式的体育活动运作方式与管理

（一）体育俱乐部运作方式的理论定位

长期以来，人们习惯把体育俱乐部活动看成是课堂体育课的延伸和补充，其中属于体育课，为体育课教学服务。在这种思想观念的影响下，安排课外体

育活动中只需考虑它的延伸性，体育课练习什么，课外体育活动就练习什么，以致忽视学生对体育运动的兴趣和现实需要，忽视学生的个性发展。传统体育课程教学的运作方式过于注重统一时间、统一内容、统一要求，过分强调集体化、统一化、规范化，很少考虑到学生个性的差异。而体育俱乐部教学模式将使学生个性得到充分发展，学生在自选活动中充分发挥自己的兴趣爱好及运动的潜力。

《中共中央国务院关于深化教育改革全面推进素质教育的研究决定》中提出“学校教育要树立健康第一的指导思想”。结合我国高校实施体育俱乐部教学模式的实践经验，笔者认为体育俱乐部教学模式是学生自愿利用业余时间参加，在一定的条件下，采取学校公体部自办或公体与社会联办及学生自办俱乐部的运作方式，学生自愿参加的体育活动形式，其旨在提高学生的健康水平，促使学生养成终身体育锻炼习惯的活动形式。该种运作方式是体育课堂教学课内外一体化的体现和延伸，其与高校大学体育健康课程之内的选项活动课程（第二课堂）等活动一样，构成了培养目标任务的一种教育手段，是学生借以完成身体练习、体育实践的重要手段。

目前，世界许多国家的高校体育教学中，都在一定程度上使用了体育俱乐部教学模式，体育教学既有选修课程，也包括必修课程。既有以竞技运动为主的体育运动俱乐部，也有以娱乐为主的体育娱乐俱乐部以及以健身为主的体育健身俱乐部。我国高校要想把俱乐部教学体制发展为教学、娱乐、训练竞赛为一体的教学模式，仍然存在诸多困难。当前，我国高校体育教师素质、场地、器材、人力、物力等均未达到较为完善的程度，加之我国各地区贫富分化问题严重，要想全部达到国外自由选修的单一体育俱乐部模式，仍旧面临诸多问题。以致高校体育俱乐部无论在经济效益或者社会效益方面，都无法充分发挥它的效能。因为体育俱乐部教学模式的实质是面向全体学生，通过学生自主选择学习内容来满足自身的发展要求，发展自身的能力，在一种和谐、民主、融洽、轻松的教育活动环境中使身体得到全面、均衡的发展。这种新型的体育教学活动模式具有丰富的内涵，它首先表现在教育目标的导向上，面向全体学生，根据每一个学生的身心特点，用符合教育规律和学生身心发展规律的办法，对学生进行正确的引导，促使每一个学生通过体育活动使个性获得成功的发展；其次，体育俱乐部教学模式形成了真正以学生为主体，以教师为辅导的体育教学气氛；再次，体育俱乐部教学模式实现了教学内容的多样性，学生可以自主选择自己喜爱的活动内容，这样将充分调动学生的主动能动性，树立终身体育意识，活跃校园气氛，使学生身心健康、体育素养、整体素质得到全面、均衡的发展。

（二）高校体育俱乐部管理理论依据及方案

为了达到切实可行地帮助学生选择终身受益的几项对发展效果好，乐意接受的体育锻炼项目，达到长期锻炼身体，增强体质的目的，使学生将来走向工作岗位后不至于丢失参加体育锻炼的习惯。有条件的学校在实施体育俱乐部教学时，促进课外体育俱乐部的发展也是十分关键的一步，条件欠完善的学校也应逐步走向课外体育俱乐部的方向上来，这样学生才能真正根据自己的兴趣爱好、身体状况、体育与专项特长等因素自由选择各项体育俱乐部。根据体育课堂内外的实际需要及学校自身的人力、物力、财力等的情况来开设下属体育俱乐部实体，同时，对各下属体育俱乐部所开设的体育课程进行调节管理。

无论采取哪种形式的体育俱乐部，都必须遵循实事求是的原则进行管理，根据各高校的需要及特点制定出一套切实可行的管理方案。经过专家的研究及实践，高校体育俱乐部运作管理包括以下几个方面的内容：

第一，无论课外体育俱乐部，还是课外教学俱乐部都离不开“中心”。体育俱乐部应设立“中心”，以对体育俱乐部的运作进行实时监控，“中心”不但对全体俱乐部成员实行聘任制，并进行考核，而且根据需要与可能，对各俱乐部成员进行宏观调控。然后，根据“中心”的具体规定，对体育俱乐部的活动经费、教学酬金、奖金和创收经费进行合理分配，场馆使用权归俱乐部，大型活动由“中心”协调安排，尊重和维护各俱乐部的自主选择和运行权限。

第二，给予学生自主选择权，为学生营造宽松、愉快的运动气氛。体育俱乐部实行会员制，面向全体学生，实行全天开放。学生既是课堂的主要受众又是俱乐部的重要会员，而且都由学生自己自主选择体育课程、上课类型、上课教师、上课时间，除主修一个俱乐部的课程外，还可以辅修其他体育课程。

第三，完善体育俱乐部授课机制，改变学生年级选项授课制度，实行跨年级授课方式，按课程分初、中、高班，按照学生的不同层次组织教学，使学生在不同的起点上，最终达到共同提高的目的。

第四，运用“大学生体育考核手册”管理办法，实行教学“出满勤”授课制学生上课和参加考试、测试等活动，必须持相关手册由体育教师填写登记，要求学生必须完成计划学时数，方可参加考试。考试采取开放式，实行考教分离。

第三节 高校体育俱乐部的具体教学模式分析

一、高校体育俱乐部课内外一体化教学模式

（一）高校体育俱乐部课内外一体化教学模式的作用

1. 有利于体育俱乐部教学课程的改革

高校选择的体育课程应具有实用性并便于教学，还应尽可能地开设时尚体育项目，有利于学生毕业后进行自我锻炼以及学生的职业发展。在教学目标的定位上，应明确定位运动参与目标、运动技能目标、身体健康目标、心理健康目标以及社会适应目标等五个方面的目标体系。在教学用书的选择上，在重视传统体育项目的同时，适当选择新兴、热门的体育运动项目。同时，还需注重学生自主学习、自我监测以及自我锻炼等方面的能力，着重培养学生的终身体育意识和体育运动参与习惯。针对体育基础好、运动能力较强、学习求知欲较强的学生，可以开设课外体育辅导课和运动训练课，开展校内外体育文化交流，培养学生对于体育运动的兴趣，提高学生自主学习能力，促进专项技能得到质的提高，满足学生个性化的体育运动需求。对于高年级学生，可以开设健身类、

健康类和休闲类体育运动课程，使学生认识到增强自身体质的长期效应，树立正确的体育生活方式，养成健康的体育行为习惯，保证体育教学长期不间断。

2．可以激发学生参加体育健身的兴趣

体育俱乐部制教学改革的重要环节就是打破传统的“三段式”体育教学模式，促使体育教学模式更加灵活。根据学生体育锻炼的兴趣、爱好和实际需要，并结合本校的体育基础设施以及体育教师的教学水平等主客观条件，停止向学生讲授一些枯燥乏味且学生选课较少的课程，同时增设符合大学生实际需求的体育运动项目，例如足球、跆拳道、街舞、钢管舞、篮球等体育项目。学生可以根据自身的实际情况和喜好选择相应的体育课进行学习，使学生从内心深处自发地对体育课、体育锻炼产生浓厚的兴趣，而不是被动地接受老师的灌输。学生只有有了浓厚的学习兴趣，体育课堂的气氛才会变得更加轻松、愉快与和谐。学校各体育俱乐部每学期还应定期举行各种形式的课内外比赛活动，以期达到既丰富学生的业余文化生活，也提高学生体育锻炼兴趣的目的。

3．有利于教师对课外体育活动的合理指导

体育俱乐部课内外一体化教学模式的积极作用主要在于其能够将体育课堂内的体育知识延伸至体育课堂以外的部分，实现高校体育教学影响的范围的最大化。教师通过这种模式可以间接的影响体育课堂外的活动，甚至可以直接指导学生进行体育课外活动。体育教师参与课外体育活动指导的频率意味学校对课外体育活动的关注度和支持度，教师参与学生课外体育活动的主要形式是指导学生的体育俱乐部或者是体育社团，还有的是指导为参加体育竞赛而组成的学生体育训练队，而多数学生则希望教师参与课外体育活动的指导之中。体育教学俱乐部中的学生认为教师参与活动的时间足够，能给予学生全方位、科学的辅导。体育教学俱乐部中的学生对于教师的课外活动指导普遍认为足够用，从而提升了学生对于课外体育活动的兴趣。此外，由于体育教师总是及时的到场对学生的相关问题进行合理解决，这也可以激发学生参与课外体育活动的兴趣。

4．充分贯彻终身体育的教育思想

在高校体育教学过程中，引入课内外一体化体育俱乐部教学模式符合终身体育的要求，有利于现代高校体育的持续、协调发展，课内外一体化体育俱乐部模式的教学是通过教师集中指导、学生分散练习的方式实现的，其作为高校体育课堂教学的外延和补充，能够极大提高学生的积极性和主动性，调动学生参与体育学习和课外体育运动的兴趣和能力。在具体教学内容选择上，其也能体现学生的需求和兴趣，调动学生的运动热情。体育运动健身不可能“毕其功于一役”，需要在长期的生活、学习过程中持久坚持，课内外一体化的体育俱乐部教学模式以学生为中心，实现学习内容和训练任务与体育课堂教学的融合，极大推动了学生在掌握体育知识、运动技能的过程中，逐渐养成终身体育的意识，并培养起终身坚持体育健身的习惯。

（二）高校体育俱乐部课内外一体化教学模式的构建

从教学模式概念和构成的角度来看，一个完整的课内外一体化教学模式，主要包含体育教学指导思想、教学目标、教学组织管理、课程教材、教学方法、教学结构程序以及教学评价等内容。

1．体育教学指导思想

高校体育教学指导思想是指对体育教学的意义、内容以及方法的认识和理解，其对体育教学起统领引导的作用。体育俱乐部课内外一体化教学模式的指导思想在于注重学生个体的差异，注重培养学生的体育兴趣与爱好、养成体育锻炼的习惯、增强体质以及提高体育技能。

2．体育教学目标

体育教学目标是指在一定时间和空间内，体育教师和学生经过努力后所要达到的教学结果的层次、规格或状态，其是高校体育教学的出发点和最终归宿，并决定着体育教学的发展变革方向。体育教学目标制定得是否合理清晰，将对整个高校体育教学过程会产生直接、深远的影响，也对整个体育教学的发展方向起着指引性的作用。体育俱乐部课内外一体化教学模式主要包括课内和课外两大部分，但这两部分的总体教学目标是统一的，具体而言，此两部分的具体目标如下：

第一，帮助学生形成正确的体育价值观，树立终身体育观念，养成长期的体育锻炼习惯。

第二，帮助学生掌握一定的体育专项理论知识和运动技能，增强学生的身体素质。

第三，帮助发展学生的个性，提高学生的创新能力和体育实践能力，全面提高学生的整体素质。

3．体育教学的组织与管理

科学合理的管理机制是体育俱乐部课内外一体化教学模式保持规范运作的重要保障，学校各部门应加强分工协作，以保证体育俱乐部课内外一体化教学模式的顺利、规范实施。学校教务处负责组建多个单项体育俱乐部，各单项协会负责俱乐部的日常管理，学生处则主要担负课外体育俱乐部的监管、教学管理、技术指导以及体育基础设施的管理等工作。

4．体育教学的组织方法

高校体育的教学组织方法是指学校组织体育教师进行体育教学以及学生进行体育学习与锻炼的具体方法，该教学模式的教学组织方法如下：学生在第一学期上体育普修课，第二学期以后再实行体育俱乐部课内外一体化教学。其中，学生在第二学期至第四学期需要至少选择 1 个体育教学俱乐部（要求至少有 1 个体能项目）。第五学期以后学生可自由选择，学生选择后通过注册成为该体育俱乐部的会员。各体育俱乐部必须根据学生的体质健康水平、运动技能高低，把学生分为初级、中级和高级 3 个层次进行分班教学，对于 3 个层次学生的教学内容可大体相同，但教学进度和要求应根据各个层次学生的水平而有所差异。体育指导教师按计划每周组织一个轮回的体育教学，并将其视为课内体育教学俱乐部，其余时间由大学体育管理部门、学生会组织以及学生组建的协会共同管理，由学生自主组织健身锻炼和体育比赛，并将其视为课外体育俱乐部。一、二年级的会员每周必须参加2个学时以上的体育课，方能获得相应的必修学分；三、四年级会员可自由选择是否参加，如能按时参加每周的体育课，也可获得相应的选修学分。

5. 体育教学内容

在体育教师师资、体育基础设施以及周边环境条件许可的情况下，学校可以建立多个单项体育俱乐部，从而为学生提供较大的选择空间。教学内容的设置还要考虑课内外相互衔接的问题，使课内外实现高度的一体化。为防止部分锻炼价值较高、但较枯燥的体育运动项目（如田径）出现没有学生选择的情况，学校可以把体育运动项目分成两大类，如必修类和任意选修类等。学生必须选择一项以上必修类的运动项目（如中长跑）进行体育锻炼。同时，教师采用多种方式向学生讲授运动损伤防护、营养、健康生活方式等方面的理论知识也十分重要。

6. 体育教学方法

体育俱乐部的指导教师要根据学生的现实身体条件，确立科学合理的体育教学方法。初级班和中级班学生技术水平相对较低，以传授为主，高级班则应以辅导为主。在教学过程中要充分体现与发挥学生的主体作用，倡导师生之间和学生之间的团结互助，努力提高学生参与教学活动的积极性，最大限度地发挥学生的创造性，以便于学生终身体育意识的培养和长期体育锻炼习惯的养成。

7. 体育教学评价

教学评价体系在高校体育教学中的作用十分突出，其对实现体育教学目标具有较为重要的意义。评价学生的体育学习效果，需要从学习效果和学习过程两个方面分别进行，主要的评价方式包括学生自评、学生间互评、教师点评等。体育教师要将学生的进步和潜能纳入教学评价体系之中，还需注重建立完善的“课内外一体化”体育教学评价体系。此外，学校及体育教师要全面落实相关的政策规定，要对学生的体育能力进行全面评价，并将学生的学习过程与最终效果评价紧密衔接起来。唯有这样，才能既考评学生的实际体育技能，也考评学生身体锻炼的实际效果，其对促进学生的全面发展具有良好的效果。

二、高校体育俱乐部“三位一体”教学模式

（一）“三位一体”体育俱乐部教学模式的现状

体育俱乐部“三位一体”课程教学模式，首先把当前教学先进的教学理念引进体育课程中，即坚持“健康第一”的教学指导思想，培养学生健康拥有健康的意识与体魄，促进学生健康成长。其强调重视学生的主体地位，帮助学生学会学习；激发学生的运动兴趣，注重学生运动爱好和体育专长的培养，为终身体育奠定基础。其次，其强调体育课程教学的具体目标，此处的课程目标主要是指教学目标，包括技能目标、知识目标以及情感目标等。此外，“三位一体”教学模式把体育课程分为三个部分，各部分之间紧密相连，相互促进，最终目的是实现体育课程教学的总体目标，它们是一个良性循环的课程体系。

体育俱乐部“三位一体”课程教学模式强调改革现有体育教学内容、教学方法及考核手段，要求教学内容丰富多彩。学生可以从自己的学习兴趣出发，自主选择体育学习内容，从而给自己创造更多的自主选择权利，满足自身的体育锻炼需求，该种教学模式能够充分体现学生的主体性并且有利于长期体育锻炼兴趣的保持。

20 世纪 80 年代以来，体育课程教学以及体育教学方法的改革取得了比较明显的效果。例如，自主、合作、探究等体育教学方法相继提出，但总的来说，这些体育教学方法并没有很好地运用到体育教学实践之中，体育教学的实效性和针对性也不是很强。教学改革思路主要是目标引领内容，即以学生为主体，体育俱乐部“三位一体”教学模式要求采用更加灵活多变的教学方法与手段，充分调动学生的兴趣，注重学生自主学习和创新性学习能力的培养。

（二）高校体育俱乐部“三位一体”教学模式的构建

1．构建高校体育俱乐部“三位一体”教学模式的必要性

（1）构建体育俱乐部“三位一体”教学模式是体育教学人本关怀的体现

当今世界科学技术迅猛发展，全球知识经济一体化的趋势日趋明显，国力竞争日趋激烈。我们能否在21世纪实现中华民族伟大复兴的宏伟目标，关键在于是否能够培养适应现代化需要的高素质劳动者和复合型的专业人才。高校是培养人才的主要场所，其培养的人才素质如何，直接关系到民族复兴大业的成败。构建体育俱乐部“三位一体”教学模式，是针对沿袭已久的应试教育体制而形成的片面重视体育技能的单一教育，而忽视学生的体质、心理健康、卫生习惯培养的弊端，重新构建体质、心理、卫生三者并举，实现三者有机结合的体育教学新模式。

（2）构建体育俱乐部“三位一体”教学模式，是适应时代发展的必要措施

由于科学技术和全球经济一体化的快速发展，当今社会人们的生活节奏越来越快，生存竞争日渐激烈。高校培养的复合型专业人才走进社会，不是单凭传统意义上的德、智、体全面发展就能够适应。以前认为身体结实，《体育达标》合格，生理机能正常，没有缺陷和疾病，就是身体健康，就能够完成体育教学任务的观念已经出现了较大的问题。今天这种“身体健康”的大学生走进社会，投入加速器般飞速旋转的工作与生活中，如果仅有粗壮结实的四肢和外表，缺乏良好的心理素质，坚强的意志，顽强的拼搏精神和紧迫的竞争意识，他们仍然成不了国家的栋梁之才，难为振兴中华作出应有的贡献。这些来自心理、环境和人际竞争等诸多方面的压力，远比身体体力消耗的压力要大得多，这也正是改革现有体育教学模式，构建“三位一体”教学模式的根本出发点。

2．体育俱乐部“三位一体”教学模式的构建措施

（1）理念先行

理念决定行动，理念塑造品质。《辞海》（1989）对“理念”一词的解释为既有看法，也有思想。思维活动成果的意思，也指从知性产生而超越经验可能性之概念。还有理念就是理性化的想法。就体育教学模式而言，理念主要是体育教师对自身的使命、责任和荣誉的认识和理解，是立足于长远的宏观规划和思想指南。在体育教学理念上，体育教师需要真正尊重学生思想存在和发展的客观规律，体育教师必须从学生的心理、身体特点和发展规律出发，强化健康体育意识，提高体育教学工作的实效性和说服力，增强体育教学工作的有效性。

（2）实践检验

实践是人类自觉、自我的一切行为。内在意识本体与生命本体的矛盾是推动人类自我解放的根本矛盾，其外在化为人类个体及组织、阶级通过生产关系联系的整体对于自然及个体间或者集体关系、阶级关系形成的解放活动。体育教学是一门实践性很强的课程，是广大学生养成良好的体育锻炼习惯和具备相应的体育锻炼能力的重要手段。在体育教学过程中，体育教师需要增加必要的实践环节，例如观看体育比赛、参加体育运动赛事和体育课堂运动交流等方法，增强体育教学工作的针对性和效果。

（3）体育课堂教学

体育课堂教学是向学生传授体育运动知识的重要途径，同时也是体育教师给学生传授运动知识和技能的全过程，它主要包括体育教师讲解，学生问答，体育教学活动以及体育教学过程中使用的所有体育器材。在具体实施办法上，体育教师把学生编成固定人数的运动团体；按照各类体育运动项目教学大纲规定的内容组织教学内容和选择适当的教学方法；并根据教学时间的安排，向学生传授体育运动技能的教学组织形式。

在具体教学过程中，教师应努力创设一种“以人为本”的教学氛围，以学生为中心的体育课堂环境，营造一种尊重学生观点，鼓励学生提问、概括、假

设和陈述的体育课堂教学氛围，积极鼓励和评价学生的参与行为。此外，体育教师要努力实现体育教学从观念到行为的转变，改变以往单纯传授体育运动技能的做法对学生对待体育运动的兴趣、态度和价值观给予足够的关注度，提高体育课堂教学的效果。

总之，体育俱乐部“三位一体”教学模式的基本出发点是促进全体学生全面、协调、持续地发展，而终生体育学习的愿望是学生长期坚持体育锻炼习惯的前提和基础。成功的体育教学，应该是唤起学生体育的欲望。只有那些唤起学生运动兴趣、运动激情的体育教学才能激发学生参与体育课堂的积极性。体育教师要放开手脚，以“合作者”的身份参与学生的体育课堂学习之中。具体而言，体育教师要善于创设各种机会，帮助学生去发现、去探索体育运动的奥秘；用心去营造一种体育学习与运动氛围，充分培植学生长期坚持体育锻炼的意志力，从而让学生以活跃、旺盛和高昂的精神状态去积极参与体育运动。使学生在体育教学活动中培养自主学习、自主发展的能力，让体育教学不再局限于传统的体育教学形式，而是充满现实的、有意义的、富有挑战性的体育教学与学习。体育教学给学生带来的不是体育技能的灌输，而是自主进行体育锻炼的魅力、成功的体验，这也是提高体育教学效果的重要措施。

（4）体育教学“三位一体”教学模式的评价标准

高校体育俱乐部“三位一体”教学模式在构建完成并得到切实落实后，还需要有相应的专用评价体系进行考核，以便能够及时、有效的评估这种全新的体育教学模式是否切实可行，是否满足了高校体育的教学实际需要。针对体育俱乐部“三位一体”的教学模式，其教学评价重点在于评估运用此方法后，学生的体能素质、理论理解、心理状态等方面是否达到了预期的标准及要求。也就是说，体育俱乐部“三位一体”教学模式相对应的教学评价体系，应当围绕学生的体育教学和身心培育这两大方面目标进行有效评价，而不应单独以体能测验作为唯一的评估指标。换言之，学校及体育教师在评价学生的体育学习效果时，不仅需要关注学生们的体能水平是否有所提高，而且还要关注他们的体育运动态度和体育运动行为是否有所改进。此外，该评估体系还应满足科学合理、操作高效、准确客观等相关的具体要求，既要关注最终结果又要兼顾学生的学习过程。

第四节 高校体育俱乐部教学模式的构建

一、健全体育俱乐部的管理体系，明确发展方向

第一，学校要健全大学生体育俱乐部的管理机构，完善机构设置；第二，学校要明确各部门的岗位职责、制定各项管理制度以及中长期发展规划，新时期高校不同领域与社会相关领域之间的交流与合作日益频繁，但是高校体育与社会体育之间的交流却越来越少，二者在运作过程中基本处于孤立的状态，这种局面不仅不利于二者的发展，而且对我国整个体育事业的发展也有一定的阻碍作用。如今，高校体育社会化已是社会体育和高校体育发展的必然趋势，所以，大学生体育俱乐部作为高校体育中的重要组织，更要充分发挥它的作用，真正将高校体育与社会体育结合在一起，努力做到资源共享，共同促进二者的协调发展。

二、加强高校体育俱乐部与社会组织的交流

当前，我国高校校际之间的体育交流较少，交流方式仅局限于体育比赛，此种情况十分不利于各高校实现优势体育资源的互补，也不利用交流体育教学经验。因此，学校应加强大学生体育俱乐部与社会体育组织的交流与合作，二者都有各自的资源需求，社会组织走入高校，大学生体育俱乐部进入社会，只有这样才能使两者的体育场地、人力、资金等资源得到合理的配置和高效率的利用。大学生体育俱乐部与社会组织共同参加体育活动，两者可以相互促进，也可以根据各自的实际需求，由企事业单位与高校共同组建双方都需要体育俱乐部，实现原有模式上的创新，做到与时俱进、共同发展。

三、体育俱乐部教学模式要努力与现代高校教育的发展趋势相适应

（一）以学生的发展为中心，重视学生的主体地位

如果学校和体育教师在教材和教法上处理不当，将直接导致学生丧失对体育运动的兴趣，也就不能转化为学习体育的积极性和主动性，甚至会出现“体育课上无精打采，课外活动兴高采烈的现象。”因此，从体育课程的设计到评价，各个环节都应始终将学生主动、全面地发展放在中心地位。在教学活动中，在注意发挥教师主导作用的同时，需要着重强调学生学习的主体地位，充分发挥学生学习的积极性和潜能，提高学生的体育学习能力。

（二）积极利用和开发课程资源

我国高校体育课程资源主要包括以下几项：项目内容的拓展、自然资源的开发、师资队伍的培养、场地器材的创新等。其利用和开发是顺利实施学校体育的重要组成部分，有利于充分发挥各地课程资源的教育潜力，体现课程的弹性和地方特色。《普通高校体育课程教学指导纲要》赋予高校更多的自主权，深入挖掘体育课程资源，必将深化体育课程改革，提高教学质量，形成具有特色的、健康活泼的校园体育文化氛围。

（三）加强体育课程的个性化和多样化

我国高校体育课长期受到标准化、规范化课程体系的影响和制约，过分要求所有学生达到同等标准，从而导致过高的统一要求，以致忽视了学生的个体差异、而现代体育俱乐部教学模式则比较注重体育课程的个性化和多样化，使学生有很大的自主选择权，可根据自身的能力和爱好，灵活地选择所学内容和发展方向，强调尊重学生发展的多样性。

高校体育课必须具有鲜明的时代性与社会性，务必要拓宽体育教育的空间和视野。拓展现代教育信息交流的渠道，打破狭隘的教学课本限制，全方位、多角度地进行体育教育信息交流，促进学生知识与能力的扩展和深化，以学生为中心，最终实现多样化的体育课教学课程。

（四）课程与现代化信息技术相结合

现代高校教育应综合运用多媒体技术与信息技术，从社会的发展必然趋势看，现代教育技术的发展总趋势是信息化。学校和体育教师应重视把现代多媒体技术与信息技术引入体育教学领域，赋予体育教学课程以新的内涵和时代特征。体育教师要着重培养学生的学习兴趣、学习能力和创造精神，为此，教师需要充分利用现代教育技术与手段，建立开放式的体育教育网络；要让学生全方位领略最新的科技成果和现代化手段给体育教学带来的形象性、直观性、趣味性和欣赏性，促进高校校园体育文化的发展。

四、体育俱乐部教学模式要与现代高校体育的发展趋势相适应

（一）现代高校体育要与社会群众体育相协调

学校应将学校体育与体育教学同社会体育有机衔接起来，投身到社会体育的热潮之中。高校在培养学生的过程中，应努力使学生在校学习与未来发展同社会需要实现接轨。针对时下全民健身运动蓬勃发展的大好形势，学校应为学生提供机会，保证学生参与社会体育活动。坚持“请进来”和“走出去”的路径，将社会体育各项目优秀分子请进校园。同时，帮助具有一定基础的大学生参与社会体育工作实践活动和竞赛，这样既能激发学生进行体育健身的积极性，又能取得一定的经济效益。

（二）现代高校体育要适应社会发展的需要

现代高校体育要实现跨越式发展，而且要实现协调发展，因为协调发展是体育事业发展壮大的重要条件。没有发展，高校体育就会失去前进的动力。不进行体育教学改革，协调发展就是一句空话。应在改革中实现高校体育内部结构的协调配合，以及体育与外部经济、社会的协调运转。随着我国改革开放进程的逐步加快和社会经济文化的迅速发展，我国民众对于体育的需求和对高校体育的要求也发生了深刻的变化。体育的终身化、休闲化、生活化、娱乐化和产业化，都要求学校体育进行必要的改革。

（三）现代高校体育要符合“健康第一”的教育思想

“健康第一”主要是基于对学校体育本质功能的深刻认识。在意识形态层面上，“健康第一”的思想是马克思主义人权思想在教育领域的鲜明体现，它是人权思想、人道主义精神和未成年人保护原则的具体体现。在具体操作层面上，它也是学校体育对“素质教育”的最重要的应对措施。当学生的学业、社会工作与他们的健康发生冲突时，就需要服从健康；当学校体育内部各种关系发生矛盾时，也要以健康为第一。

高校新体育教学大纲也可称作“体育与健康”。在中共中央国务院颁发的《关于深化教育改革全面推进素质教育的决定》中明确提出：“学校教育要贯彻健康第一的指导思想，全面加强学生的体育工作”。这一思想为高校体育教学改革指明了方向，因此，高校体育教学改革不能将体育与有关健康的知识互相割裂起来，要以体育为手段、以健康为目标，同时将健康的观念、健康的理论渗透到高校体育教学之中。

五、充分发挥体育教师的潜能，提高教师的专业水平和能力，完善师资结构

长期以来，我国体育专业人才教育多是以竞技体育项目为主，以致我国高校在职体育教师的专长多集中在田径、足球、篮球、排球、体操、武术等项目上，而对于乒乓球、羽毛球、网球、健美操、体育舞蹈项目的特长教师则比较少，体育师资队伍不能完全满足高校体育俱乐部发展的现实需要。为此，高校和体育教师需采取以下措施予以解决：第一，大胆引进体育专业人才，在选聘教师时，应优先考虑哪些具备紧缺专长的候选教师，充实、改善教师的年龄、知识、专业和职称结构，以适应新时期我国高等教育和体育教学的发展需要。第二，对现有体育教师进行在职培训，具体而言，学校可以通过进修学习和培训提高业务水平，解决专长教师紧缺的问题。第三，鼓励体育教师考取硕士或博士研究生，并给予一定的物质和经济奖励。

六、注意体育俱乐部教学内容设置的合理性

体育俱乐部的教学内容首先要与学校的体育课程保持一致性，俱乐部可以根据单项的体育运动来进行设置，比如足球俱乐部、篮球俱乐部等，还可以将俱乐部实现分级，以区分身体素质和运动能力不同的学生。而在设置教学课程内容的时候，需要保证学生也能学习到其他的体育知识。例如，教师可以讲解足球的技能技巧，欣赏经典比赛，对学生进行运动生理学和心理学的教育，努力扩大学生的视野，同时保证学生能够学到足够多的体育运动知识。在设置一定的课程之后，还应对学生的成绩进行考核，以达到素质教育的目的。但是，教师应该切记，对学生的成绩考核不能片面从分数来进行考评，还应该综合学生的各方面表现，如运动积极性、领悟能力、提升的速度等方面来综合考量，既能让学生体会到体育带来的激情与快乐，同时在一定程度上监督学生能够进行持久的锻炼。

七、构筑“五种关系”发展俱乐部教学

“五种关系”指的是师生之间相互信任、合作的关系，体育教师要认真履行职责，学生积极配合，实现共同的教学目标；平等民主的关系，师生之间保持一种平衡关系，教师负责“传道、授业、解惑”，学生要主动学习、探索。在体育教学活动体系中，要注意保持师生关系的平等，实现教学相长。师生之间保持相互尊重，相互尊重是维持高校体育教学效率以及和谐师生关系的重点。学生要尊重老师的劳动成果，教师要热爱学生，尊重学生的自尊和人格。健康交往，师生之间良好的关系是促进教学质量提升的重要纽带，也是顺利开展高校体育教学的基础；亲师信道，俱乐部模式要“以人为本”。教师要有良好的专业知识，通过科学的方法教授给学生，同时注重对学生的能力和价值观的培养。亲师信道是形成学生良好品格和优秀体育道德的基石。

八、学校及体育教师要转变体育教学观念

首先，高校要转变教学观念与思想，尽可能地完善体育教学的制度。合理购置体育器材，要培养学生主动积极参加体育锻炼的观念，总之，要最大限度地为学生进行体育锻炼创造良好的环境。现代高校体育教学更加注重体育自由和体育精神，所以，要想让俱乐部模式在高校中得到广泛的开展，就必须要领会现代体育精神，接受更为先进的体育教学理念，将俱乐部的优势充分发挥出来。学校在引进俱乐部教学模式时，要始终坚持多样性和自主性的原则，发展课堂教学与课外教学的相互协调的关系。坚持正确的体育教学方针，才能保证高效体育教学的有效性。另外，高校的体育教学部门要对俱乐部进行科学的管理和监督，在实际操作的过程中，要根据学生的具体情况对俱乐部进行合理的规划和调整。同时，还有做好体育老师的奖惩、任免工作，增加同校外体育组织的学术交流活动。总之，高校体育教师要详细了解体育俱乐部的实际情况，对体育俱乐部进行有效管理，避免出现其他问题导致正常体育教学工作无法展开。

第六章 新时期高校体育终身教学模式

第一节 概述

一、终身教育的概念

所谓终身教育，就是人们在一生中所接受的各种培养的总和。作为一种教育思想，终身教育强调的是整个教育应该按照终身教育的原则来组织。终身教育的基本观点是：保障终身教育、终身学习的机会、终身教育体系化，改革学校教育，终身教育是一项共同的事业。终身教育的最终目的是“努力建设更加美好的生活”和“汲取一切有益的因素帮助人们去过一种和谐的且与人性相一致的充实的生活”。具体目标包括：培养新人，实现教育民主化，建立学习型社会。

二、终身体育思想的历史渊源

终身体育是终身教育的重要组成部分，并且终身体育的概念来源于终身教育，终身体育的思想与终身教育的思想一样古老。生活于希腊“黄金时代”的思想家苏格拉底坚持终身运动，并主张每个人都应该这样做，他说：“人的一切活动都离不开身体，身体必须保证工作的高效率。一般认为最不需要体力的思考，如果健康不佳也要误事，力量与肉体的美只有通过身体锻炼才能得到。”“天行健，君子以自强不息”，这是《周易》中的一句话，意思是说，天体因不停地运动而健在，人也应当按照“天行健”这种自然法则不断地运动。长寿与健康已经成了我国商周时期人们评判幸福的重要标准，这种观念对后来我国的养生学产生了极为深远的影响。孔子曰：“有文事者必有武备，有武事者必有文备”。荀子言：“行具而神生，养备而动时，养略而动罕，则天下不能使之全”。认为人的身体不是由天来决定的，强调了运动对人体健康的意义。终身体育的思想深刻影响到人们的体育实践是在20世纪70年代，1976年联合国教科文组织在关于青少年体育运动的会议上进行了从终身教育所看到的关于青少年体育运动的作用的专题讨论。1978 年联合国教科文组织指出："必须由一项全球性的、民主化的终身教育制度，来保证体育运动与运动实践得以贯彻每个人一生的思想在国际上得以确立"。

三、终身体育的产生

从改革开放以来，我国就进入了社会高速发展的时期，特别是进入 21 世纪的信息和知识经济时代，现代生产方式已经逐渐由过去的体力劳动为主过渡到脑力劳动为主。不仅如此，由于生活节奏的加快，社会压力的增强，很多人已无暇进行身体锻炼。这就要求劳动者必须在业余时间通过一定的手段继续保持自身身体和心理的健康，以保证自身适应生产力的发展。体育运动锻炼恰好能够达到健康身心的目的，那么怎样的运动方式才能伴随人的一生呢？在这种背景下，终身体育顺应历史潮流孕育而生。

由于终身体育的特点和内涵，无疑能够满足现代社会发展的需要，使劳动者身体素质适应现代化生产方式和快速紧张的生活节奏，每个社会成员都应保持良好的体质以适应社会发展的需要。由此可见，终身体育的出现是中国社会发展进程中的必然产物。

四、终身体育的概念

对终身体育概念的界定，持不同观点的学者有不同的表述。在我国较早倡导终身体育的王珊则教授指出："终身体育，是指一个人终身进行体育锻炼和接受体育教育。"《群众体育学》中这样叙述终身体育的含义："从生命开始至结束的一生中，学习与参加身体锻炼活动，使体育真正成为人一生生活中不可或缺的内容；以体育的体系化、整体化为目标，在不同时期、不同生活领域中提供参加活动的机会的实践过程。所谓终身体育，就是体育锻炼和体育受教育贯穿于人的一生。从人的生命周期来说，我们可以把终生体育定义为："人的一生中受到的体育教育和培养的总和。"

五、终身体育的阶段性和具体内容

终身体育按人成长的顺序和接受教育环境的不同分为三个阶段：学前体育、学校体育和社会体育：学前体育主要是儿童在家庭影响和家长帮助下进行的一些简单活动，教育的任务是保育和培育；学校体育是学校和体育教师对学生进行全面、系统、有目的的教育，其目的是全面发展学生的身体素质；社会体育主要是由社会、单位或家庭组织的体育活动及个人的体育活动组成，其目的是运用科学的锻炼方法强身健体。

六、影响终身体育的因素

一个人要想终身保持身心健康，延年益寿，就必须长年坚持体育锻炼。然而，影响终身体育的因素十分多样，其中来自个人方面的因素主要有：性别、年龄、体格、体力、个人目标、社会地位、知识结构、修养等的个体差异；受外部影响的因素主要来自教育、家庭以及社会。

第二节 高校体育教学适应终身体育教学模式的思路

一、高校体育教学适应终身体育教学模式发展的主要思路

（一）统一高校体育教育思想

高校体育必须以终身体育为指导思想，实施终身体育要充分发挥高校体育的纽带作用。终身体育的指导思想，是指以培养学生终身参加体育活动的能力和习惯为主导的思想。这种思想认为，学校体育是终身体育最重要的、带有决定意义的中间环节，具有承前启后的作用。特别是高校体育，作为学校体育的最后阶段，其目的、任务与社会紧密相连。因此，在高校阶段培养学生终身从事体育学习和锻炼的观念和习惯，并培养学生掌握终身体育的基本理论和方法。只有统一思想，更新观念，明确体育教育的发展方向，高校才能培养出适应社会发展需要的高素质合格人才。

（二）明确新时期高校体育教育的目标

新时期高校体育教育目标要具体化、明确化。新的体育课程目标为：第一，增强体能，掌握和应用基本的体育与健康知识和技能；第二，培育积极参与运动的兴趣和爱好，形成坚持锻炼的习惯；第三，具有良好的心理品质，表现出人际交往的能力与合作精神；第四，提高对个人健康和群体的责任感，形成健康的生活方式；第五，发扬体育精神，形成积极进取、乐观开朗的生活态度。

高校体育的教学目标应随时代的变化而发展，也要受一定时期社会发展需要及其相应的教学指导思想的制约。我国体育教学目标从传授“三基”到“增强体质”，再到全面身心发展，目标从单一走向多元，从笼统走向具体。体育教学目标从强调知识、技能的掌握，到注重能力、习惯、兴趣和个性的培养，说明体育教学目标的确要满足社会发展对人才素质提出的要求，要为终身体育服务。

（三）调整高校体育教学内容

高校体育教育改革的重点是体育教育内容的改革。体育课大都在室外进行，受场地、器材、气候、环境等各方面影响比较大，合理安排教学内容就是重中之重。体育课不是简单游戏形式的玩耍，虽然学生对游戏有着天生的兴趣，但是如果我们在体育教学的内容安排上考虑不周，不能将学生对游戏的兴趣转化为对体育运动学习的积极性，那么体育课的教学质量就将无法得到保证。

1．在体育教学大纲中选择教学内容时，必须遵循体育学科的内在规律，把一些学生喜闻乐见的，健身性、娱乐性、时代性强的体育素材选入体育课中，使体育教学内容为终身体育服务。

2．体育教学内容的选择，多考虑学生的需与求，为学生的学而选择体育教学内容，改变原有的价值取向，价值取向要更多地体现在学生对体育教学内容的要求上来。

3．如何选择与确定体育教学内容，既要符合终身体育和素质教育的要求，又能够全面提高学生的身体素质、心理素质，培养学生终身体育能力和习惯。

4．实现终身体育的终极目标，需要学生学习终身参加体育所需的技能、知识和态度。因此，精心选择既有健身价值，又能作为终身体育项目的体育教学内容。应处理好教材的健身性与娱乐性的关系。

5．大学生喜欢追求时尚的运动，喜欢新兴的、娱乐性强适合自己个性的体育运动项目。因此，体育教学内容也应改变传统体育项目占统治地位的局面，引进诸如轮滑、跆拳道、啦啦操、攀岩、瑜伽、跳绳、独轮车等形形色色的内容。另外，我国是一个多民族国家，少数民族传统体育源远流长，少数民族体育项目既各具特色，又有着良好的健身价值，可根据各个学校的具体情况适当选用。

体育教学内容的选择既受体育教育思想、方针政策的影响和制约，也受学校体育的功能和目标的制约。当今世界，学校体育发展的大趋势就是为终身体育打下坚实的基础，要实现终身体育的终极目的，就必须促使学生掌握终身体育活动所需的运动技能、体育知识和态度。因此，要想处理好教学内容的健身性、运动文化传递性与娱乐性之间的关系，就必须精心选择体育教学内容，最好选择日常生活中常见的终身参与的体育运动项目。

二、高校终身体育教学模式的设计思路

（一）终身体育教学模式的理论依据

1．依据终身体育理论，随着终身教育改革而产生

终身体育理论的提出，是学校体育本质性的变革标志之一。体育教学模式的研究始终是现今体育教学理论中的一个综合性课题。其核心问题是用系统的结构和功能的观点，考察理论和实践的基础，来探究体育教学过程的内容、方式、方法，从而使形成的体育教学模式体系具有严谨的系统化、多样化、统一化特征。通过全新的体育教学模式，最终取得“既有理论基础，又有实践经验”的效果。终身体育理论是现代教育理论思想的体现，其为终身体育的目标确定了研究方向，是实现终身体育目的的重要保证。

2. 符合“素质教育”与“健康第一”的指导思想

在新世纪、新的发展时期，中共中央国务院在《关于深化教育改革，全面推进素质教育的决定》中明确指出：“健康的体魄是青少年为祖国和人民服务的前提，是中华民族旺盛生命力的体现，学校教育要树立健康第一的指导思想”。素质教育和健康教育的重要途径就是体育教学。2002 年教育部颁布了《全国普通高等学校体育课程教学指导纲要》提出：“根据学校教育的总体要求和体育课程的自身规律，应面向全体学生开设多种类型的体育课程，打破原有系别、班级制，重新组合上课，以满足不同层次、不同水平、不同兴趣学生的需要”。因此，要充分发挥教师的主导作用和学生的主体作用，倡导开放式、探究式教学方法，拓展体育课的时间和空间。在教师的指导下，学生应可以自主选择体育课内容、上课时间、任课教师，在学校内营造出生动、活泼、积极的学习氛围。

3. 社会发展适应人才需要

高等学校是培养德、智、体全面发展的合格人才的重要基地，我国高等教育要培养出具有开拓创新，与时俱进，适应激烈竞争和社会发展的高素质复合型人才。21 世纪是科学技术突飞猛进的时代，也是知识经济的时代，社会竞争日趋激烈，对培养和造就一代新人提出了更高、更严格的要求。体育教育作为培养人才的重要组成部分，在教学上要不断创新，着力提高学生的综合素质、综合能力、竞争意识和创新意识。不断提高学生的体质和健康水平，不断提高学生对体育的兴趣和爱好，推动学生自身个性发展，养成良好的运动习惯，为终身体育打下坚实的基础，如此才能适应新时期社会快速发展的需要，才能有强健的体魄参与社会激烈竞争，更好地为社会服务，成为合格的社会主义事业建设者。

4. 高校体育教学规律发展的必然趋势

我国高校体育在不断地改革与发展，学校体育工作者的共识为增强学生体质发挥了一定的作用。为此，应建立一套完善、规范的体育教学模式体系，具体如下：加大教材的选择性、体现多样化、逐渐提高质量。但依据“终身体育、健康第一”的思想，纵观当前我国高校的体育教学模式，主要存在着以下几个问题：体育指导思想相对滞后，竞技体育思想、阶段体育思想、体质教育思想还比较盛行，这和时代与体育教育发展的要求已经脱离；体育课程内容无法适应学生的身心发展特征和需要，忽视培养学生的学习兴趣和体育能力，远离学生的生活经验，与终身体育思想脱节；体育课程的实施过程以教师为中心、以竞技运动为中心、以发展身体素质为中心，学生的主体性、创造性难以完全发挥；体育课的考核评价过于注重学生的体能与运动技能，采用绝对性的“一刀切”评价，导致一些学生对体育课产生畏惧，甚至厌恶的情绪，大多数学生体验不到体育带给自己成功的快乐；过分集中的体育教学管理，无法适应我国各地、各校经济、教育、体育发展的实际和需要。目前的客观现状是随着年龄的增大和年级的增高，喜欢上体育课的学生越来越少；学生中喜欢体育但不喜欢体育课的人越来越多；学生的体质水平也有所下降。很多学生和教师对目前高校体育教学的现状有逆反心理，由此说明我国高校体育教学模式的改革势在必行。

（二）终身体育教学模式的设计思路

1．分级体育教学模式

这种体育教学是依据学生的身体素质状况，有目标、有计划地对不同群体采取不同的教学内容和练习方法、手段，指导学生学习和锻炼的体育教学模式，主要教学对象为大学一年级学生。设计此种教学模式主要考虑到在刚刚入校的新生中，由于学生身体素质水平的不同，采用同一教材和教学方法根本无法满足各类学生的需要，势必会造成一部分学生“吃不饱”，而另一部分学生又“吃不了”的问题，严重影响两方面学生的学习积极性和兴趣。本着区别对待和因材施教的教学原则，教师可以把一个集体的学生按照身体素质的不同水平分成不同的班级对不同的班级采用不同的教材内容、教学方法和考核方法，使各类素质水平不相同的学生都能愉快地接受体育学习，体验体育运动带来的快乐。

2．选项体育教学模式

这种体育教学模式是一种依据学生的运动特长、兴趣、爱好等实际情况，学生自由上课的体育教学模式，主要针对的教学对象是大学二年级学生。选项体育教学模式即使学生对体育的兴趣、爱好得到了满足，又充分地发挥了学生在某一运动项目方面的特长，使其通过体育学习更加深入理解所学项目，在运动中体验体育的乐趣，从而使其热爱并长期从事该运动项目，养成自觉锻炼的习惯，形成终身体育意识和思想认识。

3．运动处方体育教学模式

这种体育教学模式是一种依据每个学生自身健康状况和身体素质水平，对体育的兴趣、爱好和运动特长等学生的实际情况，教师有目的、有计划地对不同的群体或个体施加不同的练习手段（运动处方）和学习内容，指导学生进行自我锻炼的体育教学模式，其主要教学对象是大学三年级学生。运动处方体育教学模式是从培养学生自学、自炼能力入手，以“运动处方”为中介，培养学生掌握科学的运动方法，让学生养成自觉锻炼的好习惯，提高自我自炼、自我评价、自我创新的能力，最终形成终身体育意识和思想的教学模式。

三、终身体育教学模式的组织形式

当前的教学模式存在着逻辑和内容上的互补，诸如教学形式、管理体制、组织方法、师生关系等方面的互补。选项课是学生根据自己的需要灵活选择运动项目，然后按项目进行正规班级教学。教学俱乐部，在组织和管理上比选项课更加人性化，其实内容和选项课比较相似，教师在教学中可以更加灵活。教师在教学中是辅导者和组织者，学生以自主练习为主，自己组织学生间的活动和比赛，遇到问题可以请老师指导或向教师咨询，教师也要主动给学生在运动技术和学习方法等方面给予指导，学生可以在课余开展一些单项体育活动和比赛组织，这个组织形式，是选项课教学的补充和延续。修课可以在大三和大四没有开设选项课的时候，为满足学生的体育需要，开设体育运动常识、运动损伤、体育保健和体育欣赏等方面的选修课，既能提高学生的体育素质，激发学生体育锻炼的积极性和主动性，又能为终身体育发展提供理论支持。

这种形式是将学生课内的教学活动与课外体育活动、体育竞赛和体育理论结合起来，是三维一体的教学形式，极大地发挥了学生学习体育的能动性和时间、空间上体育资源的效用。这种教学与活动相结合的形式继承了传统体育教学的理论和实践，也在很大程度上完善了体育教学的结构和内容，既符合高校体育发展的规律，也满足了终身体育的需要。

第三节 高校体育融合终身体育思想的途径

一、建立终身体育思想指导下的高校体育教学模式

（一）教学模式与体育教学模式

所谓教学模式，就是人们对教学过程自然特征的简化形式。教学模式是由教学理论通向教学实践的桥梁，有效的教学模式应具备以下三个特征：第一，促使学习者积极地参与教学过程，强调教学过程的有效性；第二，遵循明晰的教学步骤、程序，强调教学过程的可操作性；第三，以关于学习、行为和思维等理论为指导，强调教学过程的理论性、先进性。体育教学模式是指体育教学理论在一定条件下的转化形式，它是用于设计课程、选择教材、规定师生活动的体育活动基本框架或系统。

（二）终身体育教学模式的指导思想

1．终身体育教学以终身体育思想为教学指导思想

终身体育教学以终身体育思想为教学指导思想，强调学生（或者受教育者）终身体育能力的培养，重视个人的需要和个性的发展，以人的未来发展为本，终身体育习惯的养成是其教学的核心。

2．终身体育教学模式注重健康教育

终身体育教学模式注重健康教育，在教学过程中贯彻“健康第一”的思想固然重要，但教学目的不是“健康唯一”。终身体育教学，是在提高受教育者健康水平的基础上培养受教育者良好的体育态度，科学的养生保健手段、健康

且个性化的生活方式。终身体育教学模式发展了健康教育模式，正确文明的健康理念应贯彻于教学的始终。

3．民主平等是终身体育教学的另一个特点

民主平等是终身体育教学的另一个显著特点，教师与受教育者是教学过程的参与者，受教育者的主体性更加突出，教师更多的是扮演咨询者、引导者的角色。教师应成为受教育者养成终身体育习惯，形成终身体育能力过程中积极的能动的工具。

（三）终身体育教学模式的教学结构程序

1．终身体育的教学过程结构

我们通常可将体育教学分为：课的开始、课的中间和课的结束等部分，终身体育的教学构成也可分为以上三部分。

第一，课的开始部分：身体动员，激发兴趣→确定大课题确定学习目标→提假设、尝试性练习→明确小课题，设计学习步骤。

第二，课的中间部分：分组学习，探索验证→小组讨论交流、修正方法，得出结论→教师评价、小组评价、自我评价→修正计划，加深理解，分组学习，情感体验。

第三，课的结束部分：课堂总结讨论，整理学习心得→放松身心→准备下一课题。

终身体育教学的过程分为三个部分，每个部分环环相扣，课的开始部分是为整节课做准备，调动激发学生的运动积极性。在课的开始前，教师应该充分考虑上次课学生对教学内容掌握的实际情况以及教学中客观存在的问题，并在教学当中予以改进，这样在教学当中才能真正做到有的放矢。在分组练习当中，教师应该对学生技术动作适时给予纠正，同时教师和学生之间应该保持畅通的信息通道，使学生在学习过程当中与教师产生良好的互动。

2．终身体育模式需遵循的原则

（1）快乐体育原则

兴趣是最好的老师，进行终身体育活动，首先就要考虑到学生的兴趣，在教学中一定要着重培养学生对该项目的兴趣，尽量创造条件，开设一些适合学生身心特点，深受学生喜爱的运动项目，要让学生在运动中增强体质的同时，充分进行情感体验，从而达到身心全面发展的目的。

（2）自觉与经常性原则

要坚持终身从事体育锻炼，就必须使锻炼者有明确的目的性，自觉地根据自身需要与条件进行身体锻炼。人的体力、智力和情绪的发展具有周期性的规律，要让学生掌握这一规律，就必须不断丰富自己不同年龄阶段的身体锻炼知识，自觉、积极地调整运动负荷，以适应身体发展的需要和终身体育的需要。同时，要讲究终身体育锻炼持之以恒的重要性。如果不能坚持，只是断断续续地锻炼，那么前一次锻炼作用的痕迹就会消失，而后一次锻炼的影响也会不断变小，其身体结构、机体能力、运动素质和基本活动能力也不能保持良好的状态。

（3）全面性原则

人体是一个完整的有机体，终身体育需要全面发展身体各个部位器官系统的机能，使各种运动素质和活动能力都得到均衡发展。要合理选择锻炼内容，做到内外结合、形神一致，才能达到全面发展的目的。

二、终身体育需要高校教师扮演的角色

（一）高校体育教师要做终身体育意识的培养者

要实现高校体育与终身体育的融合，在教学中要求学生深刻地理解体育原理，更好地掌握体育锻炼所需的技术、技能之外，建立正确的体育意识对学生形成终身体育的兴趣、能力和习惯具有决定性的作用。因此，终身体育的教育观念要求在学校体育教学中注重培养学生自觉自愿地参与体育活动的兴趣、能力和习惯。体育意识的重要作用在于可以促使学生在体育教学过程中，充分发

挥自身的活动能力，形成自觉地进行身体锻炼的习惯，使学生意识到自己一生需按照个人意志，坚持不懈地参与体育活动，并将其变成一种有目的的自觉行为。因此，体育教师在具体的教学过程中应该培养学生的终生体育意识，使即将走上社会的大学生一生受益。

（二）高校体育教师应做终身体育的引导者

学校体育是连接家庭体育和社会体育的中间环节，对实施终身体育起着十分重要的引导和桥梁作用。体育课从小学到大学，每周按 2 学时计算，可达 1000 学时，再加上课外活动，这为学生的终身体育提供有利的实践环境。但是，要真正实践终身体育，仅靠学校体育时间远远不够，还应将体育贯穿于每位同学的一生。因此，学校体育应为终身体育做启蒙教育，体育教师就是学生终身体育的启蒙人、引导者。体育教师要充分利用学生上体育课和身体锻炼的时机，加强学生体育意识的培养，树立终身体育的思想观念，使学生学会锻炼身体的科学方法，提高独立锻炼身体的能力，养成终身体育锻炼的兴趣与习惯。体育教师要改变过去那种只是单纯传授体育知识、技术和技能的教书匠形象，要在体育教学过程中充分挖掘学生的学习潜力，使学生从被动学习状态改变为积极思维、主动实践的状态。

（三）体育教师应与学生建立新型的师生互动关系

教育的内在规律说明，没有纪律约束、没有要求、没有目标就不能称之为学校体育。传统师生关系中的“师道从严”“尊师重教”现在仍有十分积极的意义，而且随着时代的发展，体育课中的师生关系也应该反映时代性特点。师生由于共同的体育目标而结成人际关系，这种关系一经建立，就会为共同的目标而不断调节自己的行为。

作为体育课具体实施者和组织管理者的体育教师，应时刻用教师的职业道德标准来约束和规范自己的言行，不断提高与学生之间的交流水平，引导和满足不同学生的学习要求，获得学生的尊敬和爱戴；而学生应该自觉遵守课堂纪律，约束自己的行为，取得同学的支持和教师的关爱。在终身体育教学思想的指导下，教师与学生应该是平等、互信、亲密、互动、稳定以及持久的关系。

三、在教学当中培养学生终身体育意识

（一）培养学生终身体育意识的重要性

终身体育，是指一个人终身进行体育锻炼和接受体育指导及教育，它包含两个方面的内容：一是指人从生命开始至结束，一生中不断学习和参与体育锻炼活动，使终身有明确的目的性，使体育真正成为一生生活中始终不可缺少的重要内容；二是在终身体育思想的指导下，以体育的体系化、整体化为目标，为人在不同时期、不同生活领域中提供参加体育活动机会的实践过程。另外，人体活动的基本规律也要求身体锻炼必须经常坚持，身体锻炼如不能持之以恒就不能产生持续的锻炼效果。终身体育目标就是要人们随时随地都采取有效的锻炼措施，来保证身体的正常发展。因此，只有当学生真正认清终身体育的重要性，才能够产生学习体育知识和技能的动力。

（二）高校体育教学中学生终身体育意识的培养

1．要注重培养和激发学生的学习动机

在体育教学中，首先，要给学生确立一个明确的学习目的，启发学生明确认识身体对学习好、工作好的重要意义，帮助学生形成长远的、持久的学习动机，以指引学生的学习方向，激励他们努力学习，提高学生的学习积极性；其次，要启发学生的求知欲望，因为求知欲是推动学生自己去探索知识并带有情感体验色彩的一种内心渴望，它能使学生在学习过程中产生愉快的情感、积极的态度，从而产生学习兴趣，产生进一步探求知识的欲望。

2．改变传统的教学方法，培养学生自学的能力

传统的教学方法强调教师教的主导作用，忽视了学生本身的主体作用。要发展学生的个性，形成终身体育的思想，首先必须了解、认识和尊重学生的心理特点。当代大学生有独特的见解和兴趣爱好，他们注意培养自己的多种能力，渴望最大限度地发挥自己的潜力。因此，在体育教学过程中，应打破传统教学方法和思维方法的束缚，放手让他们获得自主、自制、自控、自练、自评能力

的实践机会，以促进身心健康和个性品质的发展。

3．改变传统的教学形式，教学手段灵活多样，突出重点

大学生的思维比较活跃，在大学期间他们不仅仅只想学到一些单一的体育技术，更多的是要学到一些有关科学锻炼身体的方法、手段。这就要求我们的教学方法、手段既要符合体育教学的原则，又要结合大学生的生理、心理特点，安排灵活多样的内容，引导他们逐步养成坚持体育锻炼的良好习惯。在具体的教学活动中，我们可以结合实际多采取游戏与比赛的形式，增加体育教学趣味性与对抗性。

第四节 高校体育终身教学模式的构建

一、分级体育教学

这是一个依据学生身体素质状况，采取有目标、有计划地对不同群体施加不同教学内容和练习方法、手段，指导学生学习和锻炼的体育教学过程。这样能使不同素质水平的学生均能愉快地接受体育学习，体验运动的乐趣。在一群学生中如果采用同一教材和教学方法，往往无法满足不同学生的需要，势必会造成一部分学生“吃不饱”，而另一部分学生又“吃不了”的现象，严重影响两种学生的学习兴趣和积极性，主要教学对象为大学一年级的学生。

二、选项体育教学

选项体育教学即使学生对体育的兴趣、爱好得到满足，又充分地发挥了学生在某一运动项目方面的特长，使其通过体育学习加深对所学项目的理解，从而热爱和长期从事运动项目，养成自觉锻炼的习惯，形成终身体育意识和终身体育思想，这一教学过程的主要对象是大学二年级学生。

三、运动处方体育教学

根据每个学生自身健康状况和身体素质水平、对体育的兴趣、爱好和运动

特长等实际情况，从培养学生自学、自炼能力入手，以“运动处方”为中介，使学生掌握一定的科学方法，达到培养学生养成自觉锻炼习惯，提高学生自学、自炼、自我评价、自我创新能力的目的。主要教学对象为大学三年级学生。

四、康复体育教学

康复体育教学是针对病、残、肥胖、体弱学生的实际而设计的体育教学过程，教师有计划、有目的地依据学生实际情况，实施康复体育教学内容，使学生在治疗疾病的同时，也能体验到运动给他带来的益处，而不是“痛苦”地学习体育，从而建立体育学习和生活的信心与勇气，长期坚持体育锻炼。这种教学过程对学生克服自卑心理，树立顽强向上，勇于克服困难的人生目标具有良好的促进作用。

总而言之，构建终身体育教学模式，能够有效地促进学生的体质健康，有利于学生掌握体育知识、技术技能，增强学生的个性和良好的思想品质，对提高学生的体育能力，不间断地从事体育锻炼习惯，达到终身体育的目的和思想有非常好的促进作用。

第七章 新时期高校体育欣赏教学模式

第一节 概述

一、欣赏型体育教学模式的含义

“欣赏”即审美，但欣赏是一个较“审美”更广泛、更朴实的概念。欣赏是享受美好的事物，领略其中的情趣，它更强调过程。人类的审美活动随着人类社会的进步而不断拓展，也必然发生在作为人类基本实践活动之一的教育领域。教育塑造的是人的主体性和个性，正如车尔尼雪夫斯基所说：“人的主体性和个性是我们的感觉所能感到的、世界上最高的美”。教育领域理应成为人类所创造的所有美中最杰出的美，正是这个意义上，乌申斯基认为：“教学艺术是最高级的艺术，因为它力求满足人类最伟大的要求——人类本性的完善”。课堂教育过程的本质就是一种激发美感效应的过程，会对学生的心灵产生启迪、感染、震惊和净化效应。斯宾塞认为：“没有审美价值，教育过程就会失去一半的美好意义”。课堂教学的整体运动态势、整体功利性制约和影响课堂审美，“美”是一种手段、形式、方法，而“教”的内容才是目的，才是主体。

欣赏型体育教学模式是与认知性体育教学、单一性运动技能训练相对而言的，它是指教师根据学生的审美心理、审美经验、兴趣爱好以及心理承受能力等，将教学过程中所蕴涵的美的因子（诸如教学目标、内容、方法、手段、评价、环境等）转化为审美对象，使整个体育教学过程转化为美的欣赏、美的表现以及美的创造过程，实现一种以身心体验为核心，着力培养学生的体育兴趣、人文素养、审美情趣、创新精神和实践能力，从而达到领悟体育的真谛，得到精神上的愉悦，促进运动技术、生理和心理等方面和谐发展的教学实践活动。

二、欣赏型体育教学的基本特征

（一）整体性

马克思在《关于费尔巴哈的提纲》中，提出了一个著名论断："人的本质不是个人所固有的抽象物，在其现实性上，它是一切社会关系的总和。"这一论断深刻地揭示了人的整体性与不可分解性。人作为一个活生生的个体，是在对象性的实践活动中展现其生命的，在这些对象性活动中结成的关系共同维系人的生存，这些因素缺一不可，共同表现出人的生存图景。人如何生产和生活的，人就是什么样的。人需要在实践中全面地占有自己的本质，人以一种全面的方式，也就是说，作为一个完整的人，把自己全面的本质据为己有。因此，人的解放就不单单是某一方面的解放，而是整体的解放。作为培养人的教育，人的生命是多层次的，多方面的整合体，生命有多方面的需要：心理的、社会的、物质的、精神的、行为的、认知的、价值的、信仰的，任何一个人都是以一个完整的生命体方式参入和投入；而不只是局部的、孤立的、某一方面的参与和投入。欣赏型体育教学是一种生命活动形态，具有整体性。无论哪个国家、哪个时期的体育课程，增强学生体质，提高健康水平，都是重要的乃至首要的功能，这是由体育的功能所决定的。科学研究表明：体育对提高大脑的工作能力、促进有机体的生长发育、提高人体功能、调节人的心理、提高人的社会适应能力等方面都具有不可替代的作用。欣赏型体育教学目标的整体性是以身心体验为核心，培养学生的体育兴趣、人文素养、创新精神和实践能力，从而达到领悟体育的真谛，得到精神上的愉悦，促进学生运动技术、生理和心理等方面和谐发展的一种整体教育观。它不仅仅是关注体育知识、运动技术、技能的掌握，而是把提高学生的整体健康水平作为终极目标。

（二）自由性

自由是体育最显著的特征，人们一提到体育就会联想到自由，是因为人们头脑中的体育概念本来就含着人们关于这类活动的自由体验，自由的活动必须是自觉性、自主性和自愿性的活动。例如，观看篮球飞人们的精彩表演自然唤起了我们对篮球的热情与一试身手的冲动；听到富有韵律感、活泼轻快、情绪激昂的音乐，我们就会自然地进入一种运动状态，自觉地加入到健身的行列。教育，作为人类的一种有目的的培养人的实践活动，就是人按照自己的目的——人的理想发展状态，来改变人在自然状态下的发展，进而实现自由的发展。正是教育的这种本性，使得教育的审美具有了一种内在的强大动力。

教学审美是一种令人愉快的自由活动，应遵循学生的审美心理特点。学生作为审美主体，由于审美情感、审美经验以及审美理想的不同，对教学美的感受、理解、评价也各有不同。学生所采取的陈述和表达方式以及审美评价方式都有自己的特点，表现出自己个体审美差异。学生总是按照自己对教学美的理解，而采取各种表述、评价方式的。

（三）多样性

黑格尔说："美的形象是丰富多彩的。"苏联学者阿里宁娜指出："教材的内容和依据美的法则组织起来的教学过程不会自动起作用，而要通过教师的个性。在教育过程中，不同的教师对教育内容的理解、认识、感受不同，对教育媒介的运用也会不同，在教育活动中表现出自己独特的风格。学生的学习亦是如此，不同学生有自己不同的认知风格。他们无论是对知识的理解、掌握、运用，都表现出自己的特色。苏霍姆林斯基深刻地指出：任何一个教师都不可能是一切优点的十全十美的化身，在每一位教师身上都有某种长处，他能够在教育活动的某一方面比别人更突出，能更完美地表现自己。受教育者不仅由于年龄不同而对教育美有不同的要求和理解，就是同一年龄段的不同班级、不同学生对于教育美的要求和理解也同样表现出不同的特点。

三、欣赏型体育教学的作用

首先，欣赏型体育教学模式是一种关注人的和谐发展的教学理念，通过欣赏型教学，能够更好地实现体育课程的教学目的。欣赏型体育教学中，学生自主选择喜欢的课程，在学习后为其他专项同学讲解本专业知识，并能参与到其他运动中去，使学生在课堂学习上更能积极主动地汲取知识，努力练习，并在交流过程中巩固自己所学，使课堂教学效果更加显著。

其次，欣赏型体育教学能够拓宽学生的学习范围。“三基”教学仅仅教授大纲规定的统一内容，选项课是教授单一的运动项目，致使学生的体育课程涉猎面太窄，不利于学生整体素质的提高。欣赏型体育教学过程中，通过交流、学习，使学生能够汲取到其他体育运动知识，并学会如何欣赏，拓宽学生的学习范围，增加学生知识的积累量，提高学生的体育运动欣赏能力。

再次，欣赏型体育教学能够全面发展学生的素质。传统“三基”教学和选项课教学内容单调，教学方法单一，以练习为主，无法全面培养学生的综合素质。欣赏型体育教学采取自主学习、欣赏评论等方式，可以培养学生的自信心、表现欲望、团队精神以及体育欣赏能力。

第二节 欣赏教学模式在高校体育教学中的应用

一、学校应重视体育文化建设，提升学生的体育认知水平，为体育欣赏做好铺垫

体育文化建设在学校中的体现，除了课堂体育教学、课外体育活动之外，其中很重要的一部分就是校园体育文化建设，它是学生参与体育运动的外在影响因素。从广泛意义上来讲，“校园体育文化是以学生为主体，教师为主导，以促进学生身心全面发展为目标、以身体练习为手段，其终极目的是培养人才，它与校园的德育、智育、美育文化等一起构成校园文化群。”这种校园文化群体，对于提高学生的综合素质和整体认知水平有着非常大的促进作用，所以对于像体育欣赏这样的课程开设或者方法的应用，就是在基于学生对体育有一定认识的基础上才能更好地开展。

而重视或加强校园体育文化的建设，通过开展多样的体育活动、体育知识的宣讲、校园体育赛事等，不仅能够深入地使学生了解体育的基本知识，而且能够提高他们参与体育运动的兴趣。通过这样的兴趣带动，自然就会有更多的学生慢慢地参与到其中。

除了因为以上的原因之外，还因为校园体育文化是广大师生通过学校各层面的创造活动及创造成果表现出来的。体育文化是学生在体育活动中的各种具体形式的自我创造，并从中找到自己的价值取向。校园体育文化作为一种有特定意义的内涵指向的客观精神，总要通过某种载体表现出来，如从教育的目的来说，体现出体育文化在学校教育中的深刻内涵。而这种个人价值取向和学校教育的内涵，恰恰是学生在参与或者欣赏体育的过程中，从最初的一种身体感受、视觉感受到情感的体验和思想上的升华，才慢慢体悟出的一种道理。

二、加强体育教师的进修培训，提高其体育欣赏的理论水平和思想认识

体育教师作为体育教学中不可或缺的关键“角色”，其所起的作用是关乎学生所学体育知识正确与否、质量高低的最基本保障，也是学生终身体育观念培养的主要领路人。因此，体育教师面对这样的价值意义，自然而然对自身所拥有的人格魅力、体育素养、专业技能、理论水平以及思想认识等等方面都会提出更高的要求。所以，在高校体育教学中体育教师除了需要在满足基本教学的需求之外，还需要不断地进行新知识的学习和充电。只有如此，才能保证高质量地完成体育教学的基本任务和要求。

而体育教师进行再学习的过程就是要强化他们进行再进修或者再培训，当然，这其中涉及得内容比较多，学习的内容、模式、方法等也都多种多样，但总体而言都处在不断完善的过程中。基于本研究的体育欣赏教学，对广大高校教师而言并不是完全能够游刃有余地利用到课堂之上。所以，在此种培训的过程中，对专业体育教师提出了更高的要求，那就是首先要知道“什么是体育欣赏？如何将这个方法有效地运用于课堂教学之中？”当然，这其中还有最主要的一点就是对体育欣赏认识的问题。因此，我们便不得不提到传统体育教学中很多长期存在的弊端和问题，“模式固定、方法单一、内容陈旧”等导致学生“喜欢体育但不喜欢体育课的”尴尬现状。

因此，面对这样的问题，在高校体育教学中进行体育欣赏时，从体育教师

层面来说应从以下两个方面进行改善：

第一，教师不能死板地把理论知识搬到课堂上，而是通过这门课程激发学生对体育运动的兴趣，使学生既能从中学到体育运动的专业知识，又能在学习中感受到体育文化的魅力以及体育运动所带来的乐趣。教师可以通过最直观的精彩视频、经典赛事以及体育比赛中的集锦或是经典的战术视频作为教学内容来进行教学，教师通过这些赛事及镜头来讲解运动员之间的配合、教练员临场指挥的成功经验、各项运动的特点、各国家的不同文化以及体育的常用术语等等。让学生们看懂体育运动，使学生从一个外行变成一个内行，达到此门课程的教学目的。

第二，在完成以上基本教学的任务之外，要加强对高校体育教师在体育欣赏方面的培训，理论知识的掌握是体育教师更好地完成教学的基本前提和保障，所以通过定期的学习和教学实践的结合，避免体育教师出现认识上的误区（学术讲座型、影像替代型），就要加强对他们思想认识的强化，正确理解和掌握体育欣赏应用的方法、途径和意义。只有这样，才能针对师资队伍的建设做出一定程度的改善，进而使体育教学取得一定的成效。

三、科学合理地引入体育欣赏课程，配合并改善传统体育教学模式

在对体育欣赏的相关研究中，笔者发现，有的学者将其作为一种教学方法应用在课堂当中，也有学者把体育欣赏作为体育教学中的一门课程单独提出来，无论是作为一种教学方法还是一门独立的课程，对体育欣赏的正确认识和科学合理的利用至关重要。要提高和改进现阶段高校体育教学状况，可以尝试引入体育欣赏课程，使其与体育健康课程同步开展，而在实际教学过程中所占的课时比例，应以体育健康课为主，体育欣赏课程只是作为体育教学的一种辅助，是为了更全面地帮助学生学习体育技能、掌握体育知识。科学合理地引入体育欣赏课程的目的主要有两方面：第一，为了配合传统体育教学模式，使体育的“教”与“学”更加立体、多元；第二，为了改善当前体育教学中一些墨

守成规的教条，使体育欣赏教学更科学的、避免盲目错误地应用到实际教学中。第二点就如部分学者提到的："现在的体育与健康课中，还有相当数量的教师仍然在沿用旧时的体育模式，一味教授体育技术，即使是上体育欣赏课，也不应该一味地回放精彩的赛事，以电视为代表的传播媒介是大学生从外界获取有关体育信息的重要手段，这种优势是体育与健康课难以替代的。体育欣赏的学校教学不应是对传播媒介简单的重复，而是要在传播媒介的基础上引导大学生怎样理性地欣赏体育。"只有这样，教师在开展体育欣赏课程时，学生才能更好地通过这样的途径更全面地认识体育运动。

因此，为了确保更科学合理地引入体育欣赏课程，使体育欣赏在体育教学中应用的效果更加显著，教师可以通过多媒体对快速、连续复杂的体育项目动作进行反复示范，对重点和难点进行详细讲解，使学生熟悉和掌握体育项目动作；在体育实践课教学中，体育运动的技术配合教学更难，学生难以通过教师的讲解领会技术配合的目的以及发生的环境。而通过体育欣赏课教学，不但使学生更熟悉了技术配合的全部过程，而且使学生掌握到了技术配合的目的和环境。通过体育欣赏课与实践教学的有机结合强化巩固了学生的体育运动项目知识，而理论与实践的有机结合，则提高了教学效果。

四、引导学生正确地欣赏体育，避免体育欣赏应用的负面效应

大学阶段的体育教学不单单是体育技能和知识的学习，还有健康内容的了解与掌握。因此，对于健康知识的讲解和教育就可以很好地利用体育欣赏课程来完成。很多学校或者许多体育教师在大一阶段的体育与健康课程教学中忽略了此部分内容，原因有二：一是大学阶段学生的生理和心理敏感期；二是体育教师不好意思开口。所以，这也就从一定程度上使得体育教学所应有的成效大打折扣。

因此，在大学体育教学中引入体育欣赏课程，恰好可以解决此方面的问题，但前提是教师要正确的引导学生进行体育欣赏，尽量避免体育欣赏所产生的负面效应。现代体育比赛场面激烈而紧张，战术机智而灵活，让欣赏者情绪亢奋。

此时，欣赏者的情绪完全被比赛的节奏所控制，如果此时无法控制自己的情绪，也许会发生连自己都意想不到的事情。

第三节 高校体育欣赏教学模式的构建

一、欣赏型体育教学模式的构建目标

欣赏型体育教学既是一种教育理念，也是一种教学活动实施策略，它是一种基于系统观、整体观、联系观、历史观、均衡观下的教育，是一种充分体现和不断运用欣赏智慧的教学模式。就性质来说，欣赏型体育模式中学生的参与主要是一种互动的、创造性的参与，学生是体育活动中的主角；就方式来说，欣赏型体育教学模式中学生的参与是全身心、全方位的参与，它包括运动觉、听觉、感觉、视觉、直觉等各个方面的参与；就结果来说，欣赏型体育教学模式中学生的参与本身就能使学生获得健康、愉悦的体验。因此可以说，参与、体验本身就是欣赏型体育教学的目的之一。通过体育参与引导人追求卓越的精神品质，使其超越自身和世界，体验健康、运动的乐趣，实现个人真正的精神成长。欣赏型体育教学模式是按照美的规律和人的审美心理特点和审美法则，把人们引入审美境界，使教学过程中各环节都具有较为丰富的审美性，并通过挖掘体育中的审美因子，发展人的体质结构、挖掘身体的潜能，实现人的生命价值。以身心体验为核心，着力培养学生的体育兴趣、人文素养、审美情趣、创新精神以及实践能力，自觉体验体育活动带来的乐趣，实现一种精神的超越，这就是欣赏型体育教学模式构建所追求的价值和目标。

二、欣赏型体育教学模式的构建原则

（一）体验性原则

由于欣赏型体育教学首先依赖于一种特殊的教学方式——审美体验，因而体验原则对于欣赏型体育教学来说，具有特殊的重要性。一般来说，知识教育所运用的是理性的逻辑推理，技能教育所凭借的是动作的训练，审美教育所依

赖的是审美体验。体育教学中的审美体验可以使学生充分调动自己的感知、想象、情感、理解等各种心理功能，观察、感受、评价审美对象，从而形成陶冶心灵、情感的过程，它是学生对审美对象全身心地投入，全身心地感悟，从而达到主客体的真正沟通和交融。体育教学过程主要就是利用学生的参与体验完成的，因此，只有通过审美体验，学生才能与审美对象建立起严格意义上的审美关系，客体也才会成为真正意义上的审美客体。由于学生的审美体验所形成的审美意象，它自然要依托于一定的审美客体，但它又不可能是客体一成不变的复现，必然带有个体鲜明的感情色彩，具有鲜明的个性化特征，这是因为审美客体经过了学生心灵化与再创造。学生的审美经验就是以大量的审美意象方式储存的，这种审美意象是学生审美体验的产物。经过审美体验产生的审美意象具有重要的作用，它是学生审美体验的结晶，可以引起学生的审美欣赏和感悟；同时，它又作为审美经验储存下来，将为以后的审美欣赏与审美创造活动提供一种审美参照系，被重新激活后又可供主体再体验、再创造，并汇合而组成新的审美意象。正如在游泳中学会游泳一样，因为要获得审美感就必须亲自去参与审美活动，审美本身就具有很强的直接性、直觉性，欣赏者必须亲自去感受、品味审美对象的美。只有在这种反复的感受、体验、感悟中，学生才能学会怎样进行审美体验。因为审美体验是一种个性化的具体体验，任何其他人都不能取代。因此，教师要引导学生直接参与各类审美活动，让他们亲自感受、体验各种领域各种形态的美。

审美体验作为欣赏型体育教学的基本原则，必须注意以下几个方面问题：第一，要为学生多提供直接参与各种体育审美活动的机会，让他们在体育锻炼中学会审美体验；第二，在引导学生直接参与审美活动时，教师不能放任自流、撒手不管，还需要做适当的引导与指导。例如，给学生营造一定的审美氛围，把审美对象尽可能地呈现于学生面前，鼓励他们想象与创造、鼓励他们将锻炼的感受表述出来，与他人进行交流；第三，要注意选择符合学生的年龄、心理、身体、知识范围的审美对象等。

（二）交流性原则

教学过程既是师生间的认知过程，也是师生间的情感接触和交流过程。师生之间的交往，不论是正式交往还是非正式交往，情感交流是其交汇点。情感交流作为师生间的一种纽带，是教育的灵魂。梁启超指出：“古来大宗教育家，都最注意情感的陶养，是把情感教育放在第一位的。”但传统教学模式的构建偏重理性，忽略情感交流，因而使教师与学生之间、学生与教材之间、学生与学生之间产生距离与隔阂。这种“距离感”使学生难以形成热烈的情绪，难以主动地投入到教学过程之中。在我国占主导地位的教学模式仍然是“灌输式的教学”“机械式的训练”。在此种模式下，学生更多的是进行人与物的交往，而缺少人与人之间心灵的沟通。其实，真正的情感不应是被别人给予的，而需要自己去体验、去感受。卢梭说过：“自然景色的生命，是存在于人的心中的，要理解它，就需要对它有所感受。”欣赏型体育教学模式需要让学生“找回遗失了的情感”，进而激发情感，升华与重塑学生的情感。同时，还要将生动形象的情景、教师优美的语言、富有情感化的教学内容以及课堂氛围的重要性凸显出来，并将这些内容融入到模式的构建之中，使教师真正深入学生的生活，深切体会学生的内在情感，理解学生的切实需要，以这种真实的情感状态投身到教学之中，才会有师生之间、生生之间的互动，实现知识、情感、艺术的多向交流。所以说，高超的体育课堂教学艺术，不仅要传授知识、技能、培养能力，而且还要有师生间情感交流。只有这样，体育课堂才会变成身体、行为、思想的艺术享受场所。

（三）创造性原则

欣赏是对意象的情感体验，也就是说，主体在对审美客体感知观察的基础上发挥想象，引发对意象的审美感受和体验，达到情感的愉悦，从而产生对审美客体再造或重构的欲望。就人们的欣赏活动而论，也可证明主体的反复体验的创造性是引起审美快感的动力。无论是艺术美的欣赏还是自然美的欣赏，如果不能创造性地发现客体所蕴含的美感价值，就无法获得那种陶醉感，那再

“美”的东西也毫无意义。也就是说，审美客体内化为审美经验并不是一成不变的，审美意象的产生本身就是一种创造过程。

“教无定法，只要得法”，教学过程就是一种体验的过程、创造性过程，尤其是审美化体育课堂教学具有丰富的教学资源和广阔的教学空间，更给教学设计提供了许多灵活多变的创造机会。教育学家陶行知在《创造宣言》中说过：“先生最大的快乐是创造出值得自己崇拜的学生”，因此，“教育者也要创造值得自己崇拜的创造理论和创造技术。”我们应该从不同的角度去开发教学资源、创设审美化的教学情景、独辟蹊径地设计新的教学方案和学习策略；我们应该艺术地运用不同的教学方法去教育和感化每个个性不同的学生；我们应该不受空间的束缚，学会欣赏体育中的美，使教学各个环节都具有审美性。《学会生存》中提出：“今天的教育家面临着一件使人着迷的任务，发现如何在理性训练与感情奔放之间求得和谐平衡。”这里所谓和谐平衡就是一种美的状态，它的出现离不开教师在教学中的审美创造。

（四）个性化原则

个性化教学原则在此有两层意思：一是要尊重学生的个性特征，二是要设计个性化的审美活动。尊重学生的个性特征，根据学生的需要、兴趣及审美发展水平等设计教学过程，这也是因材施教这一基本教育原则的要求。个性化审美活动的设计包括教学目标、安排教学内容、评价教学效果等方面要制定相应的多样化标准，否则就无法满足不同水平、不同层次、不同类型学生审美学习的需要，也无法达到审美化教学的效果。

（五）和谐性原则

欣赏型体育教学模式以人的各个方面和谐发展，提升学生的生命体验为最高目标。审美、立美、创美的特质决定了它必然追求和谐统一性。和谐统一性是指教学以“人的全面发展”为纽带、审美为基础，整合体育教学系统中多种因素、多个侧面、多种矛盾对立的内容，使之成为完美统一的整体。无论是教学形式、教学内容、教学内容与教学形式，还是审美对象与审美主体之间、审美主体与审美主体之间的和谐等，都是欣赏型体育教学模式的基本特质或内在需求。

三、欣赏型体育教学模式的构建程序

（一）创境——生命体验和审美感知的基础

教学过程必须精心构思、完美组织、巧妙安排，才会富有生命活力，才会唤起学生学习的欲望。现代情境学习理论认为：学生的学习实质是借助学习情境，实现学习者对知识的主动构建。活动中情境的创设非常重要，学生在审美情境中很容易受到情境氛围的感染，从而产生情感投入和审美体验。同时，还能够起到一种渲染、唤起、激发的作用，使审美主体在心理上产生共鸣，从而吸引审美主体去追求、去创造。引发学生美好的想象，有身临其境之感，使学生在美的情趣中持续地激发学习动力，在体验审美过程中学习体育知识、掌握健身的技能，在参与创造过程中拓宽体育情趣，直至达到“设境悟情”，产生求知欲望的目的。要创设合理的教学情景必须了解学生、研究学生，把课前准备的着眼点始终放在学生身上，根据学生的身心特征、生活经验、感知思维方式和已达到的体育知识、技能水平对体育教学过程进行精心的审美设计。“美是到处都有的，对于我们的眼睛不是缺少美，而是缺少发现。”挖掘体育素材的内涵美，寻找和设计与教学主题相关的审美活动，以此营造一种生动可感的互动氛围，从而唤起学生的审美情感，轻松地把学生引进预设教学情境，把学生带入到美的境界之中，更有效地激发学生学习的兴趣。情景的创设包括教学过程中美的创造、教学形式美的创造、教学场地美的创造、教学评价美的创造、教师的语言艺术以及情绪的变化等。目的在于吸引学生全身心地投入到教学活动的场景中，使其与活动融为一体，进入美的境界，此时的教学活动便成为学生审美享受的过程。

（二）入境——引起学习兴趣，激发审美感知

入境即教学过程的审美导入，引导学生进入预设的教学情境中。美的价值在于可以愉悦身心、陶冶性情，给人以清新、向上、愉悦的感受，在一定程度

上满足人的精神需要。同时，还因为这种优美的教学情境能使学生产生愉悦感、新鲜感和好奇心，学生情绪亢奋，求知欲强烈，精力专注，思维活跃。学生具有轻松愉快、积极向上的良好心态，自然进入学习状态。课的导入手段和方法比较多，如实物、图片、卡片、录音、录像、音乐、游戏、直观形象的语言均可作为导入手段，要根据学生的身心特征、生活经验、感知思维方式和已达到的体育知识、技能水平，采用开门见山、承前启后、生活化情境、热点问题、精彩比赛欣赏等方法把学生引进预设的学习情境之中，从而唤起学生的审美情感，激发学生的兴趣。

引导学生进入预设审美情境之中，超越了传统的经验描述的层次，它并非纯自然情境的利用，而是从学生的审美需要出发，由教师自觉设计的，因而对学生来说并不是强行给予的。它所具有的各种审美因素，可以通过多种渠道，对学生施以综合的、整体的审美影响，使学生情怀激荡，心驰神往，借助情绪体验的移情作用，在本来不感兴趣的活动中体验到盎然的趣味。

（三）体验——呈现生命课堂，焕发生命的活力

“体验是生命存在的一种方式，体验不是一种外在的、形式性的东西，它是指一种内在的、独有的、发自内心的和生命、生存相联系着的行为，是对生命、对人生、对生活的感悟。”美的教学使人能够获得美的享受过程，是给人以美感的教学，是审美化的教学。师生之所以能够对教学产生美感，必然是他们在教学活动过程中进入了审美状态。这种审美状态即是审美体验的状态，也就是说，教师和学生在教学活动中体验到知识的学习带给他们以美感，体验到教学活动给他们以美的享受，他们全身心投入到活动之中，感受着教学活动的勃勃生机和生命韵律，体验着知识所蕴涵的生命情感，他们在审美的体验中，不仅能学到知识而且还能陶冶性情，培育精神，提升生命品质。

只有体验才能把师生带入审美王国，才能使教学进入美的境界，认识不能够完成这一任务。因为审美体验不仅是一种与其它体验相并列的体验，而且代表了一般体验的本质类型。审美体验与其他类型的体验有所不同，它除了具备一般体验所具有的直接性、整体性等特征外，还具有与审美特征相连的无功利性、超知识、超道德而又自然合知识、合道德性以及意境等特征。由此可见，体验与认识是完全不同的两种把握世界的方式，在这两种活动中，人与世界的关系完全不同。由于美是主客合一的，是人的生命以主客交融的方式而存在，因此，美感的产生只能通过体验而不能运用认识的方式。也就是说，师生不是通过认识，而是通过体验才能在知识的学习中，在整个教学活动中感受到教学的生命活力，领悟到生命态的知识所蕴涵的意义并赋予人以精神力量，从而产生美感，获得精神享受。因而，欣赏型体育教学应以审美体验为基本方法，并在审美体验过程中进行。只有当师生在教学活动中进入了审美体验的状态时，他们才能全身心地融入到教学情境当中，他们不把知识当成一个对象来看待，而是与知识融为一体，在知识中畅游，与其中的人物、事件、情景“同声”“共振”，用自己的生命去碰撞知识的“生命”，以自己的生命去“经历”对象的“生命历程”，将自己投入到对象之中，也将对象融入自己的生命之中，此即庄子所说的“物化”“忘我”的境界。此时的教学活动已经变成了人的自身需要，成为人的生命自由创造的需要，师生就是在这种教学活动中体验着自由创造的精神愉悦，获得生命的享受。师生间的一切对立关系也全都不复存在，甚至他们却忘了自己的主体地位，而与知识、整个教学活动完美融合在一起，师生角色会瞬间消失，他们沉迷于生命创造的幸福与快乐之中，这是师生关系的升华，是教学境界的整体提升。

（四）感悟——获得审美享受，领悟到生命的真谛

“知识不能是由自认为有知识的人‘普及到’或‘灌输到’自认为没有知识的人，知识是通过人与宇宙的关系，通过充满变化的关系建立起来的，在这种关系中批判地解决问题，又继续促使知识发展。”这里的“关系”就是“体验”。体验的过程不是以思维为主要特征的认识过程，也不是物质性的实践过程，而是表现和升华情感、激发个体的生命活力、发展创造性、开启心智、陶冶审美情趣的过程，是人本质力量的表现、是审美的最高境界、是生命的感悟。

感悟不是对认知的全部否定和排斥，而只是对认知的升华。当主体的单一认知功能转换为全部身心特性参与的审美状态时，认知就达到了极致。认知的极致就是对象和自我合一的审美，它既不是主体性湮灭的困顿，亦非主体性张扬的突兀，而是一种超主体性的境界。

感悟是知、情、意融于一体的人的生命活动，作为一个完整生命体的直观与感悟，是审美主体对审美对象形式所包含的深层意味的心领意会，是审美主体对审美意象和意境的一种较细致的体验活动。但是，在欣赏型体育教学过程中又不能没有认知，认知是让审美主体知道客体“是什么”。所以，审美活动只有从认知上升到感悟，通过审美主体的审美体验，“是什么”才能真正对审美主体产生生命论意义上的价值。如果过分强调学习中的认知方面，那么将会带来教与学中机械式的训练。因为认知强调的是知道“是什么”，而“是什么”可以重复和持续再现。虽然说运动技术的学习需要反复训练，但真正的体育学习的核心不是训练，而是通过训练掌握体育知识、健身的方法、享受运动的乐趣、感悟体育的生命意义。这实际上就是一种创造过程，即融入了审美主体自身情感的创造过程，从而使创新潜能得到释放，精神生命得到升华。

第八章 新时期高校体育网络教学模式

第一节 概述

一、相关概念

（一）网络教学

网络教学是利用计算机设备和互联网技术，在此基础上实行信息化教育的教学模式。借助互联网平台实现异地、实时的教学和学习，平台将多媒体视频、音频、图像、动画等资源融合在一起。网络教学的主体是教师和学生，教师制作多媒体课件或开发网络课程时参考教学大纲、学生学习特征和学生认知水平，有针对性地调整课程、课件内容，将制作好的多媒体课件或网络课程与相关资源、扩展信息发布到网络教学平台。学生则通过网络设备接入到网络学习平台，可按教学要求选择课程或针对自身特点进行学习，同时师生双方可通过平台的交流模块针对学习问题及时进行交流。

（二）教学管理

教学管理是学校正常教学秩序的保障，教学管理者通过一定的管理手段，使学生按照学校既定的培养方案进行学习，包括教学大纲、教学计划、教学运行、教学质量评估、学籍的异动审批以及学科、专业、教室、考场等管理。在确保正常教学秩序的前提下，同时对教师及学生在校期间开展的各类活动的辅助与监管。

（三）网络教学管理平台

网络教学平台是建立在以互联网为基础的现代远程教育的支撑平台，为在网络上进行学习的学习者和教育者提供交流的平台，可以方便教育者进行授课、答疑、谈论以及作业的批注。它是支持共享和交互的平台，为学生学习质量提供了一定的保障，且符合统一的标准，它是现代网络教学必备的教学支撑平台。

网络教学管理平台建立在网络教学平台的基础上，教师可以在这个教学平台上开设教学课程，方便学习者自主选择要学习的课程并进行自主学习内容的挑选。不同学习者之间根据教学内容来进行交流互动，教学活动围绕着教师的教和学生的学来开展，方便教师和学生进行讨论和交流。它是支撑教学活动最重要的应用管理系统，为教师和学生提供了强大的施教和网上学习的环境。同时，将学校教务管理平台的内容进行融合，教师可以在平台上对学生的作业进行批注，可以编辑教学课件，可以在线对学生进行考试等。平台可根据教学的课程需要，定制个性化的学习工具。同时，学生也可以在这个平台上选修课程，安排学习计划，查看选修课程的内容，向教师提交作业，汇报协作学习的情况等。

二、理论基础

（一）教育传播理论

教育传播理论是教学技术的重要理论基础，现代远程教育的教与学活动，是一种以教与学的异地分离为特征，以媒体传播信息为特点，以学习者的自主学习为主的获取知识量的新的学习形式。由教育者按照一定的教育目的和要求，选定教育内容，并借助媒体通道，将知识、技能及思想等传输到特定的教育对象的过程。著名学者拉斯韦尔认为，一次典型的传播包含了五个方面的内容：分别为发送者、信息、渠道、接收站和效果。而我国教育技术学者也对教学过程中信息的传播进行了深入的研究，他们把教学传播过程分为六个阶段：确定信息、选择媒体、通道传送、接收解释、评价反馈和调整再传送。

教育传播理论六阶段的动态传播过程也为网络教学提供了有力的理论支撑，网络教学平台在教学信息传播过程中也需遵守以上六个阶段。尤其是评价反馈阶段，网络教学平台的互动性、便利性更加有利于师生相互交流，有利于教师及时反馈评价意见。

（二）人本主义理论

人本主义心理学主要体现在培养“完整的人”或“自我实现”为目标，强调人的认知发展和情意发展的统一，强调人的情意发展和认知发展的统一；同时罗杰斯认为人的学习倾向和内在潜力是天生的，保持学生的好奇心将会推动终身学习的发展。好奇心可以帮助学生解决学习中的困难，而且可以不断激发学生自主学习的潜力。从这个意义上说，网络教学管理平台的个性化学习有利于学生“自我”目标的实现，以兴趣为引导点，推动学生学习，提高学习效率与品质。

（三）混合学习理论

混合学习理论的主要特点是将现代教学与传统教学融合在一起，通过综合运用不同的教学手段来满足不同的教学需求。在传统的教学中，只要存在不同教学手段的结合，就可以称为混合式。例如，在课堂中播放录音、录像等。需要教师对“混合”的内涵有充分认识，才能将教学活动有效地体现出混合式学习，并将混合式学习的思想融入到教学活动之中。

在网络教学平台的教学活动中，将传统学习与网络学习结合起来。根据学习者自身的特点和教学内容要求，针对实际的教学环境和教学条件来选择多种传递通道进行知识传输，不局限于任何一种教学方法、教学手段和教学设施，同时通过教师有效的引导和规划，学习者根据自己的能力去进行自定步调的学习，以取得更好、更有效益的学习效果。

（四）绩效评价理论

绩效评价理论是组织依照预先确定的量化指标及评价标准，运用科学的评价方法，对评价对象的工作能力、工作业绩进行定期和不定期的考核与评价。而在网络教学管理平台中，师生双方均可互相评价，互相监管。同时，引入第三方监管机制即教务部门对师生同时监管，既可以考核评价教师日常教学活动的开展、课件资源的上传、师生日常的交流情况，又能够对学生完成课程进度、日常考试、教师评议、学业完成情况进行考核评价，在一定程度上督促师生双方有序地进行教学活动，保证教学顺利开展。

第二节 网络环境下高校体育教学的改革

一、高校体育教学的困惑

一切为了学生的身心健康，这是学校体育教学的出发点和归宿。《国家中长期教育改革和发展规划纲要》再次明确了“健康第一”的学校教育指导思想，也首次提出要建设开放灵活的教育资源公共服务平台。然而，现在的大学体育课过分强调“统一性”，忽略了学生生理、心理诸方面的差异，“吃不饱”和“吃不了”的现象普遍存在。自主选课、主附项兼修、体育俱乐部教学对教学模式的改革发挥了积极的作用。但不可否认，在教学内容、方法、手段上与中、小学重复较多，大同小异。此外，期望每周一二次的体育课教学来增强学生体质，培养他们的自学、自练能力，使之成为具有健身意识的自觉个体是不现实的，也与未来社会对人才的要求脱节，知识、技术、技能的传授与时代对发展大学生个性，激发潜在能力还有一定距离。

二、网络信息技术在体育

（一）资源丰富，方式、手段更具吸引力

学生在较短时间内，对相关信息资源进行收集、加工、处理，一方面为其搭建展示自我处理信息能力的平台，另一方面为其在有限的课时内保证重、难点的突破打下基础。此外，多角度、多方位的比赛场面以及先进的运动技术方法通过交互式的个体化教学资料，会吸引学生投入地观看、模仿与学习，并可以把自我技术及特点进行电脑分析、比较，查找症结，有针对性地进行改进。

（二）有助于改变体育教师的劳动结构

体育教师劳动的特殊性随着一些民间体育项目、休闲运动以及新兴运动项目逐步进入高校课堂而日益凸显，每位教师能够准确、优美地示范难度比较大，尤其对于年长者难度更大。存在一定危险性动作，特别是对一些整体动作分解教学、集体配合项目的战术教学以及部分在空中完成动作地示范，学生在观察

学习过程中缺乏感性、直观的感受与认识。而通过由教师整理汇编放置在网络上的资料及其他相关的网络资料作为支撑的教学辅助手段，不仅弥补了缺点或解决了限制，而且可以增加教学容量和练习强度，提高课堂教学效率。同时，也能够督促体育教师无论在理论课还是在实践课教学中，合理有效地开发、编制程序（课件），实现信息的共享，从而节约时间和精力，以更好的状态投入到教学改革与科研工作之中。

（三）促进学生学习方式的变革

目前，国内高校的校园网建设已经趋于完善，既为学生提供了网络接入支撑服务，也为网络体育教学提供了可能性和可靠保障。网络学习强调感知、操作、交流，是直接经验和间接经验的融合统一。通过信息技术与学科知识的整合，在学习过程中与他人合作、讨论，在学中做，在做中学，将探究活动贯穿始终，有利于将信息活动转移到其他学习之中，培养和发展学生的信息素养。多向地沟通，使学生更善于发现问题，提出问题，培养人际交往和解决问题的能力。

三、“互动式”体育课堂教学实施

（一）在运动技能教学中的运用

传统的教学，学生在课前对所要学习的内容了解甚少，缺少明确目标。预先的网络学习，使学生对知识技能目标、方法策略目标、态度体验目标都有较好的理解。尤其是形、声、图结合紧密的视频使学生预先建立了运动技术的表象，对于球类的战术项目中需要同伴协调、默契配合的教学内容的作用更为明显。传统教学中，学生通过教师的讲解示范，进而模仿性地同步练习，层次性、自主性、针对性较差。而根据预先建立的动作影像，学生可以有选择地模仿，教师根据不同水准的学生，区别对待，进行异步教学，增加了有效练习时间，满足学生个体发展需要。

（二）在体育理论教学中的运用

体育理论课对于提高学生的积极性、针对性十分必要，然而有研究表明，无论是在教学时间的安排、教学内容的选择、教学方法和手段的运用，还是学生的体育态度等方面都存在着严重的问题。这可能与教学设施及环境条件恶劣有关，也可能与部分任课教师的理论水平有关。采用课内理论课与课外健康网络课堂教学为延伸和补充的模式，学生可以自主选择学习时间和空间、学习内容，有助于培养终身体育意识，提高生活情趣和娱乐品位。

由专人负责网页内容的制作，以体育健康知识百科、课余锻炼导航、运动损伤预防与处理、阳光体育运动以及《国家体质健康标准》相关知识、项目规则、组织及裁判法为主。通过电子邮件、QQ、微信、微博等，使理论课内容更加丰富，时间更加灵活。促进锻炼的热情和科学性，针对提出的学习问题，并对锻炼过程中的问题进行个别咨询。

（三）把握课堂教学、网络教学的互补与互动性

互联网为体育教学提供了崭新的空间，它的优越性确实能够给课堂教学带来质的飞跃。但作为虚拟空间，不能替代教师的主导作用。教什么、怎么教、学什么、怎么学均取决于教师。而且因为它缺乏亲切感，在教育效果方面和课堂教学相比存在较大差距，网络教学作为一种先进的辅助手段，与课堂教学是相互促进、相互补充、相互完善的关系。两者的结合，不仅是技术问题，更是观念问题。课件的制作除力求内容清晰、形象生动外，还要针对学生的接受程度及学习过程中可能出现的问题，发挥教师的能动性。通过全面的交流互动，开阔视野，促进逻辑性、创造性思维的发展，与课件的表现力完善结合在一起，并充分认识引入网络教学的风险，加强监督与引导。

（四）精心组织，系统规划

网络课堂教学如果设计不当，那么将导致学习活动的低效和无序。因此，在学习目标的设计上应结合具体教学内容，使其表述明确，符合实际。对学生知识技能、学习态度、协作能力的分析是教学设计的基础环节，问题的设计具有趣味性、实用性、迁徙性，注重情境的工具支撑作用。推荐小组讨论、搜索分析、师生互动等研究方法，使教、学、做融为一体，使得学习过程的相关设计和指导必要而不过分，具有较好的适应性和选择性，实现资源有效共享，促进“自主、合作、探究”学习。评价设计应在课前提出期望，更多地基于过程中的实际表现并贯穿始终，实现评价方式的多元化。

第三节 网络教学模式在高校体育教学中的应用

一、网络技术在高校体育教学中的应用发展现状与特点

（一）网络技术在高校体育教学中的应用的现状

网络技术应用于高校体育教学中的过程伴随着高校计算机网络硬件的普及与更新以及多媒体网络体育教学资源的丰富，特别是随着网络技术的发展，我国越来越多的高校开始运行或已经准备运行自己的校园网体育网络教学平台。高校校园网中的体育网是开展体育网络教学平台建设的网络技术平台，体育网是在校园网站的基础上建立的，平台的建设情况直接决定了该校是否具备建设体育教学网络平台的基础。早在 1999 年教育部就提出了相应的要求，国内的高校纷纷建立了自己的高校校园教学网络，随即在校园网中建立有关体育教学的网络，为高校体育教学网络化的发展提供了基础保障。目前，我国高校校园网中体育网的建立已经得到了全面的普及，其中我国高校校园网的体育网的网页数量较多，但已开通体育教学主页的内容相对过于单一，体育教学信息的更新速度普遍较慢，体育教学栏目的建设也不够完善。此外，部分高校体育网的主页仅仅局限于运用简单的文字和图片进行概况简述，无法应对自身高校所开设的体育教学的有关专业进行多层分类的网络进行建设，其中能够利用高校体育网络平台进行开发教学功能的高校比较少。未来高校体育网中，建设网络教学平台的数量和质量都有很大的改进空间，且高校对体育网络教学平台功能的开发是当今我国高校深化体育教学、运用网络技术的核心关键。

目前我国高校体育教学中运用网络技术的应用形式，多数是校园网的体育网模块、共享体育教学的素材等辅助式的教学形式。国家体育教学的教育部门以及高校体育教学的专家学者对于网络技术应用于高校体育教学的研究时间

较短，从技术角度分析网络技术应用于高校体育教学中的可行性比较欠缺。如今我国体育教学技术的研究在体育网络教学软件的开发上取得了一定的成果，大量软件开发商对高校体育网络教学软件的开发给予了有力的支持，使高校体育教学的网络技术环境不断得到改善，也使得高校传统模式下的体育教学得到了改进，优化了高校体育教学的教学环境与学习过程。目前，我国高校体育教学网络平台的建设已经初具规模，特别是在重点院校以及一些高等体育类高校，在网络技术应用于高校体育教学中得到了快速的发展。

（二）网络技术在高校体育教学中的应用发展的特点

网络技术应用于高校教学的快速发展和变化，是以网络技术为核心，通过运用网络平台实现高校师生之间教学辅助功能的过程。与传统模式下的高校体育教学相比，高校体育教学的信息化、智能化是计算机网络技术、信息技术高速发展的必然结果。学校开展体育网络化教学，需要建立一个完善的体育教学管理系统，包含体育教学管理系统和体育教学资源管理系统以及体育课堂教学的网络管理系统，从而营造基于互联网的信息化、智能化的体育教学环境。丰富的体育教学信息资源提高了网络技术的应用效率，能够有效地整合各个方面的体育教学资源，实现高校体育教学信息资源的及时整合与分享。通过网络技术可以及时对高校体育教学资源进行更新，及时满足体育教学知识更新的需求。为高校体育教师和学生提供丰富的体育教学资源，提高学生自主学习的积极性。在高校体育教学中，使学生突破传统体育教学模式下被动“灌输式”的教育方式，学生可以根据自身需求设定符合自己特点的学习目标，从而极大地提高体育教学过程中学生自身的积极性。在这种新的体育教学环境中，体育教师不再仅仅是传统体育教学中知识的教授者，也是学生自主学习过程中学习的引导者，丰富了师生之间的交流渠道，方便了学生学习过程中教师的指导。此种，这种模式极大地丰富了传统模式下的体育教学形式，拓展了学生在体育课堂之外的学习环境，营造了不受时空限制的体育教学环境。总之，对传统模式下的高校体育教学模式进行改进，有利于高校体育教学质量和效益的提高，而传统模式下的体育教学也能够得到开放性的发展。网络技术在体育教学中的应用使得体育教学形式日趋多元化，高校体育教学过程中环境更加自由，为学生提供了更加方便接受体育教育的教学形式。

网络技术应用于高校体育教学，使得高校体育教学更加适应时代发展的需求，这也是现代信息化社会发展对于高校教学发展的现实需求。网络技术应用于高校体育教学提高了高校体育教学的学习效率，这也是网络时代背景下学生接受的学习知识的方式之一。体育知识的更新频率高、时效性快等特点，使得传统模式下的体育教学方式很难适应网络时代发展的要求，而通过将网络技术运用到高校体育教学之中，可以及时地让学生接受到最新的体育科学知识信息。

网络时代的到来使得网络技术得以飞速的发展，各大高校越来越多地采用网络技术进行网上选课以及教学管理。高校体育教学管理工作的智能化发展离不开网络技术的支持，运用网络技术开发的教学网络管理系统为高校体育教学繁重的管理工作带来了巨大帮助和改善。通过体育教学网络管理系统的运用、建设，及时掌握学生体育课程的选课情况信息，方便高校教师结合所教授的体育专业课程及时地进行教学计划的调整，更加有效地应对高校体育教学的需要，全面详细地掌握本校体育类学科教学过程中教学资源的分配情况，并对本校体育教学的相关数据信息做出更加准确的统计。体育教学网络系统可以根据管理员以及教师和学生操作人员的身份以及功能需求的不同，来进行不同功能使用权限的分配，保障体育教学网络管理系统的正常运行。管理员掌握整个系统数据库的安全操作权限，其中学生拥有查询自己考试成绩以及管理选课等权限，体育教师则可以通过使用网络教学管理系统，及时了解体育教学所需的有关信息，并对所教授学生的学习进度与成果进行了解，从而方便教学计划的顺利实施。

当前，高校体育教师传统的体育教学理念急需转变，而高校体育教师对体育教学未来信息化发展的认识也亟待提高。特别是面对未来网络时代知识信息化的开放性和跨时空性的突出特点，这对高校体育教学的发展是一个全新的挑战，高校体育教师只有不断学习新的知识，充实自己的知识储备，才能站在网络时代发展的前沿，把握网络时代高校体育教学的发展方向，迎接网络时代现代化体育教学改革的挑战。高校体育教师教学理念的转变对体育教学中学生体育运动兴趣的培养，高校体育教学的发展起着至关重要的作用。高校体育教师通过正确、合理、高效地利用网络技术和互联网资源，不仅可以提高自身获取体育知识与更新体育教学的能力，而且可以通过网络技术的强大功能探索出未来新的体育教学模式，培养出适应当前网络时代下信息化社会所需要的新型人才。网络技术在体育教学的应用传统模式下弥补体育教学的不足，优化了传统模式下体育教学的效率。结合互联网的特性和优点，使高校传统体育教学的价值更加倾向于当前现代化教学的趋势。只有提高高校体育的教学质量与教学效率，才能适应未来知识信息化的迅速更新和发展趋势。新的网络时代背景下的体育教学环境更加致力于发展学生个性、培养学生终身体育学习能力、促进学生综合素质的发展，从而最大限度地发挥网络技术对体育教学资源的作用，构建良好的体育教学环境，为实现终身体育做贡献，对实现全面育人和终身体育的目标有着重要意义。

（三）网络技术应用在体育教学的相关师资队伍建设现状

当前高校体育教师在教学中应用网络技术已经有了许多具体实例，高校体育教师多数倾向于在体育理论课上应用网络技术手段，而在大多数的体育实践课上，体育教师由于受到一些客观条件的制约，在教学过程中应用网络技术的情况相对较少，甚至有的体育教师在体育教学过程中从未使用网络技术，这些因素制约了高校体育教学信息化的发展。高校体育教师在体育教学中运用网络技术进行教学，需要高校体育教师对网络技术以及计算机多媒体网络运用都能够全面掌握。目前，国内高校的体育教学中都已经配备网络平台的多媒体教室，高校计算机的数量以及校园互联网的全面覆盖已经得到了较好的保障，所以高校体育教师对体育网络多媒体教学平台以及计算机网络技术的运用有着良好的环境支持。通过网络技术应用于体育教学的相关师资队伍的建设现状，可以看出影响高校体育教师在体育教学中应用网络技术的主要因素包括：第一，体育网络教学资源平台与高校网络化教学硬件设备的建设情况；第二，高校体育教师自己运用网络技术相关软件的能力；第三，相关高校体育教学的网络应用软件较少，与高校有关的政策扶持力度不足。目前，高校体育教学的网络技术环境，主要是指在体育教学的教学实践活动中所涉及的标准化和系统化的网络技术硬件教学设施与环境。高校网络技术平台硬件建设的资金投入和管理中，网络技术相关的教学硬件基础设施和师资力量还严重缺乏。在高校体育教学中开展网络技术应用辅助体育教学的首要条件，就是要在标准化的网络硬件设备环境下进行相关体育教学活动，搭建一个能够实施应用网络技术于体育教学硬件环境的平台，也就是建立一个与互联网相连接的多媒体教学的基础平台。这些硬件环境的开发建设对高校多媒体计算机设备和网络设备提出了更高的要求，正因为如此，才使得实施建设过程中经常会遇到设备以及资金缺乏的问题。目前，国内高校校园网络基础建设还存在着很多问题，例如互联网信息宽带拥挤，少数高校计算机设备普及还不全面，网络数据传输的兼容性、宽带多媒体服务商的选择等数据传输信息的安全性和稳定性都有待提高。目前，高校校园网中体育网的建立已初具规模，但由于国内大部分高校校园网中体育网的建设开通时间相对比较短，因此在高校体育网络教学平台的建设中还面临许多技术问题。高校校园网中体育网建设的体育教学内容的页面数量比较少，体育教学中所需教学素材以及相关体育教学的课件不够丰富。高校体育教学师资力量的强弱，同样是直接影响体育网络教学平台建设的重要因素。网络技术在高校体育教学中的应用推动着新型高校体育教学模式的产生，对高校体育教师网络技术相关的知识技能都提出了更高的要求。网络技术在到高校体育教学中的应用，最终还是需要通过高校体育教师在高校的体育教学过程中予以实施与贯彻。信息时代网络技术的飞速发展和不断更新，使得网络技术在应用于高校体育教学之中，需要一批能够参与相关体育教学网络素材以及网络课件开发的体育教师发挥带头作用。在这种新环境形式下的高校体育教学，对高校体育教师以及学生启发和指导的教学理念意义十分重大，高校体育教师自身对网络技术的理解和掌握程度都将直接影响并决定高校体育教学的效果。目前高校体育教师对网络技术辅助体育教学功能的认识还不全面，存在许多教学理念较为落后的问题。高校体育教师运用现代信息网络技术的能力普遍较差，这些因素都极大地制约了网络技术在高校体育教学中的应用和发展。

网络技术在高校体育教学中的应用，为我国高等体育教育的现代化发展提供了有力的技术保障，推动了我国高校体育教学现代化的发展进程，促进了国内高校体育教学的信息化发展，并将有效地提高国内高校体育教学的质量，为我国全面地实现终身体育事业的发展奠定了基础。目前，我国高校在体育课程建设过程中还存在一些问题，单一地注重网络硬件方面的投资，同时对体育教学中网络技术实践的应用不够重视，高校体育教学的相关软件以及体育教学网络信息资源的建设还不完善。高校体育教学过程中运用网络技术的同时，忽略了与传统体育教学模式的结合运用。因此，高校可合理地进行体育教学网络硬件和软件的建设，加强体育教学网络资源库的建设，加强高校体育教师有关网络技术的教学培训，有效地利用高校已经建设完备的网络技术资源设备。此外，还要不断深化对快速发展的现代网络前沿技术的学习，加强网络技术应用与高校体育教学运行机制和相关规章制度的建设，加强运用网络技术辅助体育教学相关技能的培训等。

二、网络时代在高校体育教学中的应用策略

（一）体育信息化背景下高校体育教学改革的需要

高校体育教育是高等教育的重要组成部分，而高校现代化体育教学又是高等教育现代化发展重要组成中的关键环节。同时，高校体育教学在大学生接受高等教育的过程中肩负着全面提高高校学生身体素质的重要使命，为现代化素质教育发挥着重要的作用。网络技术在高校体育教学中的应用为改变传统模式下高校体育教学提供了技术上的支持和保障，同时也为高校体育教育工作者未

来信息化教学的发展带来了难得的机遇。网络技术应用在体育教学中，并与其他学科进行多学科教学辅助整合后的教学方式得到了迅速发展，并且受到了学术界许多专家学者以及高校体育教师和学生的认同，在网络技术运用于高校体育教学的过程中展现出其特有优势。与此同时，高校体育教学工作者在体育教学过程中，通过将网络技术融入传统体育教学过程中来设计新的教学模式，使网络技术更好地服务于高校体育教学的需求，为高校体育教学的现代化发展起到良好的辅助作用。运用网络技术在高校体育教学管理的工作中，可以有效地促进高校体育教学管理效率的提升，为高校体育教师与学生间提供了良好的教学科研环境以及更加便捷的交流途径。未来一段时期，网络将从根本上改变原有的高校体育教学模式，并更加有效地整合高校体育教学资源，极大地推动高校体育教学的现代化发展。

建立和完善高校体育教学网络技术应用平台的环境，需要加大高校计算机硬件设施的投入，加强高校校园网中体育网的建设。良好的高校体育教学网络技术平台环境是建设现代化高校体育教学的基础，其中包含了标准化的网络技术设施和系统化的教学软件。随着网络时代背景下网络技术的快速发展以及高校已经基本普及的网络多媒体教室和大量的体育教学网络应用软件，高校体育教学网络技术平台的应用环境得到较好的硬件保障，具备良好的教学环境可以促使高校体育教师在体育教学中更好地应用网络技术来完善高校体育教学。但是根据相关调查，国内大多数高校目前仍面临网络设备以及多媒体网络教学硬件数量不足，高校校园网中体育网建设的功能不够齐全，相关体育教学软件开发较少等诸多问题。高校所面临的上述问题如果得不到及时解决，必将严重阻碍高校体育教学现代化教学模式的发展。因此，为保障未来高校体育教学水平的持续提升，必须采取必要的执行措施。

随着当前网络时代背景下网络技术的发展与广泛应用，网络技术给高校体育教学带来的影响越来越深刻，应用网络技术的体育教学网络平台受到了广泛关注。在高校体育教学中应用网络技术，营造对软件和硬件建设的良性教学环境也有要求，如果不具备良好的体育教学软件和网络硬件教学环境的支持，那么在体育教学的过程中就发挥不出应有的教学效果。此外，目前我国高校体育教学的教学网络资源以及体育教学所需的教学软件严重不足，这些都严重影响了高校体育教学现代化发展的进度。为此，高校应加大对高校体育教学软件开发的力度，使之可以更好地为高校体育教学提高优质的服务。高校体育教学中运用多媒体网络教学离不开体育教学网络资源的支持，丰富的体育教学课件和教学素材是未来高校体育教学的保障，高校应及时对体育教学所需的网络教学资源库进行更新，增加体育教学所需的相关课件，对体育教学所需数据信息资料进行教学共享。高校体育教学网络资源库的建立为高校体育课程提供了充足的体育教学课件，为体育教学课件的自主设计提供了丰富的体育教学素材，而且体育教学网络资源库的建立也拓展了学生的学习途径。高校体育多媒体教学网络资源库的建立和完善离不开高校体育教师对体育教学资源的制作和搜集，需要多方面的支持，及时建立有效的激励机制提高积极性，使广大师生积极地加入体育多媒体教学网络资源库的建设中来。高校之间应加强相互合作，实现体育教学资源库的共享，及时对优秀的体育教学资源进行收录，并建立长期稳定的教学合作和共享关系，进而加强高校体育教学网络资源库的建设。

（二）改进传统体育教育模式提高教学管理的质量和效率

在高校体育传统的教学模式中，多数是体育教师课堂讲述的形式，其中大多依赖于体育教师的板书以及静态投影图等单项式教学。这种传统的教学模式形式和方法都比较单一，教学过程中运用的教学技术相对落后，使得高校体育课程的教学效果受到了局限，没有得到充分的发挥。网络多媒体技术是集各种网络信息载体平台于一体的技术，通过网络技术把图文以及视频动画等影像进行体育教学信息的整合，是网络技术应用于高校体育教学的重要表现方式之一。网络多媒体技术在体育教学中的应用，从而辅助高校体育教学，已经得到了高校体育教师的广泛认可。在高校体育教学中应用网络多媒体技术，可以针对高校体育教学的特点发挥其特有的优势，结合不同体育教学中实际教学网络软硬件设施的具体情况，应采用相对多样的体育教学课件制作软件进行网络多媒体课件的制作。这些方法的运用有利于节约教学成本，提高高校体育教师工作效率，改进高校体育教学的质量。其中，在高校体育教学中，体育理论课程教授的各项运动技术的理论与方法以及动作理论分析，还包括运动技能的教学步骤与方法和影响成绩因素的分析都需要有与之相应的图像解析和相应的视频教学，这样不仅能极大地提高学生课堂学习的积极性，还能提高课堂上体育教学的效果。网络技术的运用可以使体育教学中，及时选取最新的优秀赛事中运动员的数据材料和视频做教学示范，这将能够较好地调动学生学习过程中的积极性。在体育教学过程中运用情境式的教学使得体育教学的效果成倍增加，利用网络多媒体技术对体育教学进行科学处理是高校体育教学现代化发展的重要表现。体育教学智能化的管理涉及到高校体育教学的方方面面，体育教学网络信息化管理可以加快体育教学工作的进度，提高高校体育教学工作效率。高校体育教学管理还包括高校体育教学资料和文档的智能化管理，当前高校体育工作中存在着一些单调、繁琐、重复的细碎工作，如高校举行校园运动会，从校园运动会的报名准备、赛程编排，到各项赛事的成绩记录以及对应的统计分析。随着现代网络信息技术的快速发展，基于高校体育教学的实际需要，对高校体育教学管理所需要的软件加强开发和运用，从而推动高校体育教学智能化管理的发展。现代化的高校体育教学不应仅仅局限于传统模式的体育教学方式，尤其在这个网络技术飞速发展的时代，网络技术应用于高校体育教学已经成为未来高等体育教育发展的必然趋势。网络技术在体育教学中的运用有效地突破了时间与空间的限制，弥补了传统体育教学中所使用的纸质教材的不足，极大地拓宽了学生体育学习的知识面，拓展了新的体育学习方式，丰富了高校体育教学内容，强化了高校体育教学效果，增强了学生在体育教学中自主学习的积极性，提高了高校体育教学的教学效率。

高校体育教学有其独有的特性，由于体育教学中体育运动项目的种类比较多，不同的运动项目其运动技术相应也有所不同，在不同运动项目和运动技术的教学中都需要体育教师进行相应动作的示范。高校体育教师由于自身随着年龄增长等原因，对于体育教学中一些体育运动技能的动作示范能力有所减退，不能保证每个动作都能做得符合标准。网络技术在体育教学中的运用，有利于克服体育教师自身因素的限制，引用与相关体育课程所需的体育运动项目的标准进行示范，并整合运用到教学之中。这样不但不会因为体育教师自身年龄增长、身体技能的退化而受到影响，反而可以更好地利用体育教师本人对该运动项目多年的体育教学实践经验，以达到更高标准的体育教学水平。网络多媒体技术能够将不同运动项目的技术动作全方位地展现在体育教学课堂之上，同时还可以对相应的体育运动项目中的细节动作进行细致地分解教学。通过视频动画的视角转移，每个时间点的定格等，给学生在运动项目每个时间段多个视角的视觉呈现，保障学生对所学的体育运动项目每个细节的学习都有科学直观的认识，激发学生进行体育学习的兴趣，提高高校体育教学的效率。网络信息技术作为体育教学技术的一种，其被广泛地应用到高校体育教学的课程之中，以促进高校学生对体育知识的学习。在当前高校体育教学过程中，不能一味地只对单一体育学科的相关的体育知识、运动技能进行教学。在如今知识信息迅速更新的时代背景下，为了更好地提高高校的体育教学的效率，应该考虑将体育教学的课程与其他学科的课程进行整合。

由于计算机网络技术与网络多媒体技术的迅速发展，新的网络信息技术不断被运用到高校体育教学的课堂之中，与体育教学的课程相结合，出现了许多新的现代化的体育教学模式和学习方式。多学科间的课程整合就是把与课程相关的交集部分进行教学内容的辅助融合，在体育教学过程中运用教学技术融为一体的体育教学理念。这些对高校体育教学有很大的帮助，在体育理论课程的教学中，通过集合网络多媒体技术进行课程的设计，能使体育理论的教学过程变得形象生动，同时能够提高学生在体育课堂上的学习积极性和课堂学习效率。网络技术的运用可以使体育教学中各项体育运动技术的分析更加细致准确，在高校体育教学中运动训练过程中对学生的体能监测十分重要，网络技术的运用促进了高校学生体能监测的科学化，通过网络技术及时反馈出每个学生在运动训练中的负荷等相关数据并加以合理系统的分析，从而达到体育教学过程中科学化的训练效果。体能监测借助于先进的网络信息技术可以使体能监测标准化，对于体育教学过程中运动训练及时进行科学数据分析，并对相关的数据进行准确的保存，有助于历史数据的统计和分析研究。使高校体育教学中运动训练计划更加合理化，从而对体育教学中运动训练的全过程进行跟踪，包括对训练的目标和制定的训练计划以及实施训练的目标实现等。使高校体育教学在保障学生在掌握一定的运动技能的基础上，发挥学生自主练习的积极性，使训练的过程更加科学有效。

（三）加强网络技术在体育教学中的普及与相关师资队伍建设

高校体育教师是高校体育教学过程中的指引者和实践者，高校体育教师是否具备现代化的教学技术运用理念，直接影响到高校体育教师自身的教学行为。高校体育教学中网络技术的应用使传统模式下的体育教学理念和方式上都发生了转变，有效地促进未来高校体育教学的改革和推动高校体育教学现代化的发展。高校体育教师在高校体育教学中运用网络技术辅助教学，需要突破传统体育教学理念的束缚，不断促进高校体育教师体育教学理念的提升，这有利于高校体育教师在网络教学技术等专业技能方面的提高，有效地建立现代化的体育教学教育理念，使高校体育教师对网络技术应用于体育教学过程中，对体育教学的效果以及教学模式和方法的提高有准确积极的思想指导。因此，高校体育教学中体育教师对网络技术在高校体育教学中所发挥的具体作用，要用准确的高校体育教学理念进行指导，才能在高校体育教学中提高高校体育教学效率，有效保障高校体育教学质量和高校体育实现现代化教学。网络技术全面应用于对高校体育教学中对体育教学智能化的发展，高校体育教师工作效率的提高和学生学习效率的提高方面产生了极大的推动作用。网络技术在高校体育教学中的应用，可以有效地发挥其特性来提升高校体育教学的效果，使高校体育教学发展符合当前信息化社会现代化发展的需要，为高校的体育教学效率提高提供保障。目前，多数高校体育教师对网络技术应用在体育教学实践中的作用没有全面、深刻的认识，在体育教学实践中还局限于传统的教学形式。由于部分高校体育教师对网络技术应用于高校体育教学中的教学理念陈旧，使得高校体育教师依然采用传统的体育教学模式。对网络技术在体育教学中的应用价值认识不够，从而导致许多已经具备很好运用网络技术条件的高校在体育教学中得不到好的运用，严重浪费了教学资源和限制了高校现代化体育教学的发展。学生通过网络技术的运用可以及时获取学习所需的信息，同时提高自身的学习能力，学会借助网络环境进行主动学习对学生创新能力的提高有非常大的帮助，对养成良好的学习自主性也会起到重要作用。在传统模式下的体育教学中，通过课堂传递体育知识信息的教学方式过于单一，而运用网络技术的体育教学环境更加形象、直观、多样，有效地提高了学生体育学习的积极性。整合网络技术与体育学科课程融合的教学过程，突出了学生自主学习方式的加强，真正把信息技术和信息资源作为学生学习的认知工具，促进了学生体育学习能力的发展。

目前大多数的高校体育教师需要加强现代化网络教学技术知识的培训和学习，从而使网络技术可以在未来高校体育教学中得到广泛的应用和发展。未来高校应增加开设有关网络教学技术类的培训课程，增强学生在体育学习过程中对网络技术运用的意识。加强网络教学技术相关理论知识的学习和实际运用，从而提高学生网络技术相关知识的基础和运用能力，使学生在体育学习过程中具备积极应用网络技术的态度，为在高校体育教学中广泛应用网络技术提供良好的学习环境，最终促进高校现代化体育教学的实现。

网络技术应用于高校体育教学，使得高校体育教师的教育职责不仅仅停留在体育课堂教学之上，网络技术的运用拓宽了体育教师在课堂之外与学生交流的渠道，使得高校体育教师在课堂之外的时间可以方便快捷地解答学生在体育课程学习中遇到的问题。高校体育教师应及时对高校体育教学的网络素材库进行完善建设，为高校体育教学提供一个良好的网络支持平台和体育教学环境，这些都需要体育教师彻底转变传统模式下的体育教学理念，从而促使高校体育教师熟练掌握运用网络技术于体育教学之中的特性。现代化的体育教学技术对高校体育教学中学生的学习有积极的促进作用，能够更好地提高未来高校体育教学效果。实现这些，需要高校体育教师把现代化的体育教学技术合理地应用到体育教学实践中，为网络时代下高校体育教学建立一个体育教学多媒体网络平台，为高校大学生自主学习和合作交流提供良好的学习环境，从而更好地培养高校大学生的创新能力和合作精神。

高校应及时建立完善的体育教学网络技术管理激励制度，为高校体育教学更好地应用网络技术提高完善的保障体系。高校体育教学管理制度应跟随网络教学技术的不断发展进步，及时更新有关新网络技术应用的管理规定，从而不断完善高校体育教学管理体系。高校为保障现代化体育教学技术的运用，需要重视高校的教学网络管理系统，及时采取应对措施，完善体育教学网络管理系统。要及时建立高校体育教学现代化教学技术运用的有效激励制度，如设立行之有效的奖励措施，并纳入高校评定考核体系之中，积极利用借助网络多媒体技术制作的体育教学课件开展教研活动。对优秀的体育教学课件及时给予相应的奖励，充分调动高校体育教师在体育教学中运用网络技术的积极性，使高校体育教师及时掌握最新的现代网络教学技术，从而积极促进高校体育教学现代化的发展。

第九章 新时期高校体育教学评价改革与发展

第一节 概述

一、体育教学评价的功能

（一）信息反馈功能

高校体育教学评价是对教师教和学生学的情况以及对教学过程要素的评价，对无论教学哪一方面的评价，都必然要提供一定的信息，信息量的大小、质的优劣、效果的好差、效率的高低等等都会在评价上反映出来，差别就是信息。这些信息返回给评价的对象，就可以作为调整或改进的依据。评价结果可以使教师认识到自己的不足，改变教学方法，提高教学质量，还可以让学生知道自己的学习情况，认识自己的优缺点。更重要的是，评价结果可以及时反馈给教学主管部门，为下一步工作提供决策依据，不断调整自己的教学工作方向，更好地实现高校体育教学目标。

（二）体育教学评价的动机强化功能

所谓教学评价的动机强化功能，就是指由于教学评价而激发被评价者的积极地、自觉地改进教学的活动。在高校体育教学中，通过教师和学生的自我评价可以了解自己的优势和不足，增强内部动机，更好地改进教学方法和学习态度。在他人评价中，正确的、公正的评价，特别是肯定的评价会对被评价者产生积极的作用；不正确的、不合理的或者否定的评价，会严重影响教师和学生的工作、学习积极性。不过也有这种情况：有时否定的评价会激起“不甘落后，奋起直追”的意向。因此，教学评价的动机强化功能，最重要的是要充分考虑到肯定或否定的评价所产生的心理效果。

（三）高校体育教学评价的鉴赏功能

教学评价除了对教师的教和学生的学产生促进作用外，还具有对教学质量和水平、优点、缺点以及问题的考察、鉴定作用。通过教学评价，我们可以对教师教和学的基本情况有一定的了解，对教师教和学的学习能力、学业状况和发展水平进行判定和鉴别，并将鉴定结果反馈给学校的决策部门，为评定教师职称、晋级和学生的体育学习成绩提供决策依据。

二、高校体育教学评价存在的问题

（一）教学质量评价中“以人为本”理念的缺乏

长期以来，高校体育教学工作普遍受到“冷落”，体育教学没有引起学校领导的足够重视，常常遭到低估。体育教学评价处于一种“边缘化”的尴尬局面，成为一个容易忽视的孤岛。教学质量评价观念缺乏“以人为本”的思想，主要表现为：一是教学质量评价结果的工具性；二是评价标准的统一性和程式化，教学评价标准统一性和教学评价单一性。“以人为本”理念的缺失，使得整个评价形式化、机械化，最终流于形式。

（二）评价主体缺乏广泛性

评价主体是指具备一定评价技能，能够实际参加评价活动的人。一个良好的体育教学评价体系，必须建立在广泛的支持和参与之上。评价主体的多元化，使得评价结果可以相互印证，结合使用，减少误差，从而使评价结果具有权威性。在体育教学评价当中，评价的主体不仅是学校的领导、教师和督导组成员，学生也是教学评价的主体之一，只有从他们的评价需要出发，激发他们的学习动机，调动他们的学习积极性，才能进一步做好体育教学评价。

（三）评价指标过于追求全面性，个性不足

目前，我们在制定评价指标体系时过于追求通用性，讲究面面俱到，非常具体，看起来好像很全面，操作性强，其负面影响也恰恰表现在它的“全面性”上：评价指标具有导向作用，每一个评价因素都将对评价的结果产生影响，因而每一个因素都是不容被评价者忽视的，他们必须全力以赴按照指标体系去进行全面的准备。这时的评价体系就成为了一个固定的教学框架，使教师必须按照统一的模式去实施教学工作，这样既不利于发挥教师的创造性，也不利于学生个性的培养。因此，评价指标体系不宜片面求全，而是要鼓励在有利于实现

体育教学目标的前提下，突出个性，做到全面性与个性相结合，基础性与创造性相协调。

三、体育教学评价发展的未来走向

（一）体育教学评价理念不断更新

建立科学的评价机制，首先要研究素质教育的内涵，抓住素质教育全面性、基础性、个体性、主体性等特点，确立学校体育在素质教育中的地位、作用，明确学校体育的具体培养目标，使评价目标与教育目标相一致，并以此为依据来设计体育教育评价的指标体系，并力求评价指标科学化、评价办法可操作化，进而发挥评价体系的正确导向作用。因此，要从根本上建立全新的体育教育评价指导思想，从单一的评价视角转向多角度、多方法的综合质量评价。既要评教学效果、教学过程、体育知识和技能的学习成果，还要关注学生的身体发展和体育能力的培养。

（二）体育教学评价内容不断拓展

教育评价是为教育目标来服务，在明确了教育目标之后，评价的内容自然也就确定了。目前，学校体育教学目标是多种多样的，这已为整个学术界和教育界所认同。新《纲要》把学生学习目标划分为五个领域：运动参与、运动技能、身体发展、心理健康、社会适应。因此，体育教学评价的内容将越来越注重多元评价，包括认知、技术技能和情感三方面内容，而不是单一的技术技能考评或健康测验，其中情感态度的评价将会受到普遍重视。

（三）诊断性评价、总结性评价与过程性评价

在以往的体育教育评价活动中，比较注重总结性评价。它是一种有效的评价方法，但在单独使用时，局限性比较大。因此，应改变单纯采用总结性评价的方式，采取诊断性、形成性和终结性评价相结合的评价方法：诊断性评价是为了夯实学生学习的基础和查明制约学生学习进步的原因，而进行检测和评判；形成性评价，就是在体育教学工作中及时发现和诊断问题，及时获取反馈信息，改进体育教学工作；总结性评价是指对某一阶段的教学工作进行综合全

面的评价，以确定教学的最终水平，对上一阶段所进行的终结性评价又可作为下一阶段进行诊断性评价的依据。

第二节　高校体育教学评价的改革

一、高校体育教学评价的现状

（一）高校体育教学评价无法全面地体现体育教育目标

高校体育教学目标是体育教学评价的重要依据，而体育教学评价既是对体育教育目标实现情况的检查、鉴定及总结，也能为体育教育目标的调整和改进提供一定的反馈信息。当前，体育教学的重要目标是增进健康，但在进行体育教学评价时主要以体能指标评价体育成绩，因而无法全面地体现体育教育目标。

（二）高校体育教学评价的标准和内容缺乏科学性

当前，高校体育教学评价的主要实现形式是考核，而考核的主要对象是学生。而且，当前的教育教学评价仅仅针对各个分开的学科课程，而忽视了各个学科课程之间的有效整合。此外，当前的体育教学评价只注重结果，而忽视了过程；只注重学生身体素质、知识技能的发展，而忽视了学生个性、意志及情感的发展。因此，高校体育教学评价的标准和内容还缺乏科学性，需要进一步予以完善。

（三）高校体育教学评价的方法过于单一

高校体育教学评价的方法主要包括量化评价和质性评价：量化评价关注的是“是什么”“有多少”，而质性评价关注的是“什么方式”“什么样”“多大程度”。但当前的高校体育教学评价大多只是运用量化评价，而忽视质性评价。

高校体育教学评价的方法还包括形成性评价和终结性评价，形成性评价关注的是体育教学过程，而终结性评价关注的是体育教学结果。但当前的高校体育教学评价重终结性评价而轻形成性评价，因而无法对体育教学的过程进行有效评价。

（四）高校体育教学评价的主体不全面

当前，高校体育教学评价的主体是教师，学生自评以及学生间的互相评价还未被纳入到教学评价体系之中。学校、家庭以及社会更是很少会参与到体育教学评价中，从而导致评价的结果过于片面。

二、高校体育教学评价的特征

（一）评价内容的全面性

高校体育活动的效果是对各种体育活动进行综合后的效应，因此在进行体育教学评价时，要对教学的内容进行全面性的评价。

（二）评价目标的发展性

高校体育教学目标是一切体育教学活动的出发点和落脚点，集中体现了体育教学主体的价值观念，是开展体育教学活动成效评价的重要依据。而伴随着社会经济的发展以及思想观念的变化，体育教学目标也会有所发展。因此，在对体育教学进行评价时，要针对正在或已经发展的体育教学目标进行评价。

（三）评价主体的多元性

在高校体育教学评价中，教师和学生作为评价主体已基本摆脱了以前那种消极的被评价状态，开始主动参与到体育教学评价之中。而且，体育教学评价不再只是教师和学生间的互动，学校、家长以及社会也应该参与到这个评价过程中来，使评价成为多方主体共同参与的活动。

（四）评价方法的过程性

在高校体育教学评价中，评价方法不再将体育教学结果作为唯一依据，而是将重心放在对学生体育学习过程的全程跟踪与考查上。教师开始注重学生学习的全过程，对其学习过程中的进步与发展给予更多关注，并及时予以评价。

三、高校体育教学评价的内容

（一）高校体育教师对体育教学过程的评价

在高校体育教学评价中，教师对体育教学过程的评价是通过一定的理论与实际方法的运用，来实现对体育教学过程与教学结果的评价，主要包括“教师对自己教学情况的自我评价”和“教师之间的相互评教活动”两种形式。

（二）高校体育教师对体育学习过程的评价

在高校体育教学评价中，教师对体育学习过程的评价在体育教学评价体系中处于主体地位，主要的评价对象是参与其中的学生，主要包括“教师在学习过程中对学生的激励评价”和“教师对学生体育学习结果的成绩评定”两种形式。

（三）学生对体育教学过程的评价

在高校体育教学评价中，学生对体育教学过程的评价越来越受到人们的重视，主要包括“学生在学习过程中对教师教授内容的随时反馈”和“有学生参与评教活动”两种形式。

（四）学生对体育学习过程的评价

在高校体育教学评价中，学生对体育学习过程的评价在新的《体育与健康课程标准》中得到了高度重视和提倡，主要包括“学生的自我评价”和“学生之间的相互评价”两种形式。

（五）其他评价

在高校体育教学评价中，其他评价主要是指除教师和学生以外的其他人员对体育教学作出的评价。

四、高校体育教学评价改革的趋势

（一）高校体育教学评价由单一向多元化方向发展

高校体育教学与其它学科教学相比，在课程体系结构、授课方式以及实践等方面都存在着很大的不同。而且，学生个体在体育素质方面也有着非常明显的差异，这就使得单一的体育教学评价无法确保评价结果的真实性以及准确性。因此，只有将多种体育教学评价方法综合起来进行运用，才能使体育教学评价的效度和信度都得到较大提高。

（二）高校体育教学评价由重视评价结果转向重视评价过程

从当前高校教学改革的趋势来看，对教学和学习过程以及学生实践能力和创新精神的重视成为人们的共识。而且，随着体育教育观念发生的深刻变化，不仅仅重视传授体育知识和技能，而且更加关注学生的个性发展、创造精神和能力；更加注重对体育理论和技能的贯通以及对体育学科知识和其他学科知识的融会；更加注重体育知识的运用。因此，体育教学的评价需要与这种转变相结合，从重视评价结果向重视评价过程转变。

第三节 高校体育教学评价体系的构建

一、构建高校体育教学评价体系的基本理念

（一）评价是与教学过程并行的同等重要的过程

评价不是完成某种任务，而是一种持续的过程。评价被用来辅助教育，它是教与学主要的、本质的、综合的一个组成部分，贯穿于教学活动的每一个环节。

（二）评价提供的是强有力的信息、洞察力和指导，旨在促进发展

评价的基本目标是为了教育，并促进学生的表现，而不仅仅是为了检查学生的表现。评价是为学习而服务，其目的在于提高学习效率，是学习的动力和源泉。

（三）评价应体现以人为本的思想，建构个体的发展

评价要关注个体的处境和需要，尊重和体现个体的差异，激发个体的主体精神，以帮助每个个体最大限度地实现自身价值。

二、学生体育学习评价体系的建立

（一）明确评价标准和内容

评价工作的第一步是明确对学生体育学习的评价内容和评价标准。为了便于实际使用，学校对学生体育学习的要求应该用清楚、简练、可测量的目标术

语表述出来。《全国普通高等学校体育课程教学指导纲要》强调改变体育课程过于注重知识传授的倾向，强调形成积极主动的学习态度，使获得基础知识和基本技能的过程同时成为学会学习和形成正确价值观的过程。因此，对学生体育学习的评价不仅要关注学生的身心健康、体能状况、体育能力、运动成绩，而且要注重发现和发展学生多方面的体育潜能，了解学生体育发展中的需求。

1．体育学习评价标准

（1）体育学习评价由单一评价标准向多元化评价标准转变

社会的发展不仅要求学生具有强健的体魄和一定水平的运动技能，还要求学生具有健康的心理和良好的社会适应力，而这一要求是传统的一元化体育学习评价标准所不能满足的。因此，体育学习评价标准必然要走向多元化。体育学习评价标准的多元化不但在很大程度上能提高评价结果的信度和效度，而且能最大限度地发挥评价的激励功能。依据体育课程教学指导纲要的要求，可将体育学习成绩评定标准分为绝对性标准、相对性标准、个体内差标准。

（2）体育学习评价允许体育教师根据教学实际制订相应的评价标准

由于不同性别、年龄以及不同地区、学校学生的体能和运动技能存在着诸多差异，即便是同一地区、同一学校、同一年龄和性别的学生，在不同时期的体能和运动技能水平上也会有所不同。如果简单地用统一的、一成不变的评价标准来要求所有的学生，显然是不公平的，也是不合理的。因此，体育教师在体育教学活动中，不能局限于使用统一的、一成不变的评价标准，要在尊重学生个体差异的基础上，选择合适的评价标准，从多种角度去评价学生，以便发现学生的优点和长处，让每个学生都能在自尊、自信中快乐地学习体育。

由体育教师根据体育教学的实际情况选择评价内容，制定相应的评价标准。这不仅有利于使体育教师对学生的评价更客观、更全面、更准确，提高体育教学质量，而且有利于发挥体育教师的主人翁精神，激发其参与体育教学改革的主动性和积极性，使得体育教学改革更灵活、更彻底地得到落实。

2．体育学习评价内容

（1）体育基础理论知识评定

体育基础理论知识是指导学生科学地进行体育锻炼、学习体育文化、提高体育文化素养不可缺少的教学内容。

（2）体能和运动技能评定

发展体能既是体育课程重要的学习内容之一，也是体育课程的重要目标。依据我国高校体育要贯彻“健康第一”的指导思想，并考虑到目前我国大学生的健康现状，将体能作为学生体育学习成绩的评定内容十分必要。运动技能是指按一定的技术要求完成动作能力，项目设置应给学生留有选择余地。目的是鼓励学生个性发展，培养体育锻炼习惯，掌握体育运动技能，成绩评定依据事先制定的体能和运动技能考核内容和评分标准进行考试评分。

（3）体能和运动技能进步情况

体能和运动技能进步情况是指反映学生原有身体素质、运动技能与现场测身体素质、运动技能相比较变化程度状况如何。原有身体素质和运动技能为上学期或初学期所测得的成绩，我们称之为原始成绩。现场测身体素质和运动技能则为经过一学期或一学年的学习与锻炼所测得的当前成绩，原始成绩与现测成绩项目应一致。很显然，体能和技能进步情况是个动态指标，它既能充分体现不同身体素质和运动技能的学生起点不一样，承认学生个体差异，又能避免身体条件好的学生因受本年级最高成绩值的限制，不用学习锻炼就可取得优秀，而身体条件差的学生无论多么努力都无法达到及格的弊端。

（4）学习态度评定

从终身体育的角度来看，高校体育课程的重要目标就是要树立学生对体育和健康的正确认识，使学生树立正确的体育与健康态度。所以，学生对待体育课程学习与练习的态度，应是体育学习评价的重要内容。

（5）情意表现与合作精神评定

情意表现与合作精神，是指学生参加体育课程学习与锻炼过程中产生的态度和合作状况，提高学生的心理健康和社会适应水平是高校体育课程的重要目标之一。

（二）设计评价工具和方法

1．体育基础理论知识评价方法

对学生体育基础理论知识的评价可采取口试、笔试、知识竞赛等形式进行，根据考核成绩换算成学生体育学习体育基础理论知识得分。

2．体能和运动技能评价表

第一，体能评价：为了简化考试程序和工作量，学生体能测试和评分可结合学校每年实施的“学生体质健康标准”来进行，并参考学生体质健康标准三项身体素质得分，将其换算成学生体育学习体能得分。

第二，运动技能评价表：依据考核运动技能项目的性质和特点选择考核内容，采取定量或定性的方法制定相应的成绩评价表。

3．体能和运动技能进步情况评价方法和评价表

体能和运动技能进步情况评价方法，首先根据学生体能和运动技能原始成绩和现测成绩，以现测成绩减去原始成绩之差为进步分；然后以进步分对照编制的体能和运动技能进步幅度评价表，进行体能和运动技能进步情况的成绩评定。

4．学习态度评价办法和评价表

可采用等级制对学生进行学习态度评定。为了更好地激发学生体育学习的积极性，从而改进自己的学习，应尽可能收集学生在体育学习过程中的发展、变化、进步资料。采取“自评—组评—师评”相结合的形式，其中学生自评占20%，小组评议占30%，教师评定占50%，对学生进行评语式评定。目的是让学生成为评价的主人，并将评价过程转换成学生自我教育过程，促进学生自我能力的提高，也为每个学生提供自主学习和创造更多的锻炼机会。同时，也摆脱了传统考核评价时，教师“一锤定音”的束缚，减轻学生心理压力。编制学生学习态度评价表，评价时把评价表发给学生，第一步由学生完成自评和组评

部分，最后由教师完成师评和学年总评部分。

5．情意表现与合作精神评价办法和评价表

采取“自评—组评—师评”相结合的形式，其中学生自评占20%，小组评议占30%，教师评定占50%，对学生进行评语式评定。编制学生学习态度评价表，评价时把评价表发给学生。第一步由学生完成自评和组评部分，最后由教师完成师评和学年总评部分。

（三）搜集和分析反映体育学习情况的数据和证据

1．搜集反映学生体育学习情况的数据和证据

采用不同的评价和测量方法，可以搜集不同类型的数据和证据。常用的方法如下：标准化考试，标准参照测验，以成绩为基础的评价，学生工作样例，对学生表现的观察、调查和访谈等。

2．分析反映学生体育学习情况的数据和证据

教师需要对搜集到的数据和证据进行分析，形成一个对学生体育学习情况的分析结果，客观地描述学生当前的学习情况。

在分析中要注意以下问题：

第一，应对在恰当的小组内搜集到的数据进行分析；

第二，应对来自各种测评手段的数据进行综合性的分析，以全面描述学生的发展状况；

第三，如果有纵向的数据，则应包括纵向分析；

第四，如果可以获得其他组的对比数据，则应通过横向比较来分析学生的发展情况。

三、体育教师课堂教学评价体系的建立

（一）明确评价标准和内容

1．体育教师教学评价标准

（1）“中评不中用”的课不是好课

传统上，对一堂体育课的评价首先是看教学目标是否明确、内容安排是否

合理、教学组织是否严密、声音是否洪亮有力、哨音吹得是否富有节奏感、讲解是否清楚、动作示范是否准确，这样的课实际上是为迎合评委的口味而精心设计的。在所有人的眼里，学生此时学到什么并不重要，重要的是体育教师的表现能力。这种现象在优质课的评比中比较常见，并带来了不小的负面效应。因为这样的课堂其目的是为了获优、评奖，并不是围绕学生的学习来开展。

（2）“教师唱主角”的课不是好课

平时的体育课上，特别是在体育公开课上，教师为充分显示自己的教学能力和教学技巧，往往充当“主角”，学生仅是“配角”。然而，教学的目的是为了学生的发展，不是满足教师的表现欲望。因此，根据现代教育教学的理念，即使体育教师在一堂课中表演得再充分、再出色，这堂课也不能称之为好课。

（3）“只达到体能和运动技能目标”的课不是好课

传统的体育课教学中，教师十分关注学生的体能和运动技能目标是否达成，且这一目标似乎成了体育课的惟一目标。体育课程的教学追求的是对学生的完整教育，而不仅仅是传授运动知识和技能。

（4）学生主动参与的课是好课

学生是体育教学的主体，教师应努力激发学生对体育学习的兴趣，促使学生积极参与体育活动，让学生充分体验体育学习和体育活动的乐趣，并在愉快的学习中获得进步和发展。总之，只有学生主动参与课才能算是好课。

（5）促进学生全面发展的课是好课

体育课虽然离不开运动技能的教学，但它不等于技能教学，体育教学目的是促进学生通过学习和活动得到全面的发展，其真正意义不仅仅局限于教给学生某些运动知识和技能，更重要的是培养学生的集体主义情感，培养学生奋发向上的精神，形成乐观开朗的生活态度。好的课堂教学甚至能使学生受益终生，这才是一堂好课的真正价值所在。

2．体育教师教学评价内容

（1）学生喜欢体育课和参与体育活动的程度

在以往的体育教学中，教师大多关注的是自己教学的表演能力，扮演的角色是主角。至于如何激发学生的体育学习兴趣和积极性，促进学生坚持参与体育活动等方面，则很少考虑。体育教学的最终目的是促进学生自觉地、主动地参与体育活动，并养成锻炼身体的习惯。只有这样，体育教学的目标才能实现，学生的健康发展才能得到保证。

（2）体育教师教学道德的评价

体育教师的教学道德主要包括体育教师的价值观、人生观、社会意识、教育观念、师德素养以及对学生的态度等。一个人的行为准则、职业道德受限于世界观、价值观的取向，并最终成为行动指南。在对体育教师进行评价时，应把教学道德评价放在首位，以引导体育教师认识到教师不仅是“传道、授业、解惑”者，应是具有道德准则的人。

（3）体育教师教学理解能力的评价

体育教师的理解能力主要是指体育教师的专业基础知识以及对体育课程目标、内容的认识与理解。因此，对体育教师的评价应看他在课程设计、教学方案和计划的制定、教学内容的选取、教学评价等方面是否充分体现“健康第一”的指导思想，是否在教学过程中贯彻、落实这一指导思想，是否促进了学生身心的健康发展。

（4）体育教师教学实践能力的评价

体育教师教学实践能力主要包括：体育教师对于现代教育理论、教育方法的掌握以及实际运用的情况；掌握从事体育教学所需的基本技能的情况，如教学设计、讲解、示范、观察、组织教学和评价等能力；创造性教学的能力，如运用现代化的教育技术的能力、开发和运用体育课程资源的能力等，它主要体现在“教学生学会体育”和“教学生会学体育”两个方面。在信息化社会背景下，“教学生学会体育”已无法适应社会的发展需求，“教学生会学体育”才是体育教学的终极目标。所以，体育教师能力评价应突出“教会学生终身体育学习”的能力。

（二）搜集和分析反映体育教师教学的数据和证据

在对体育教师的优势和不足的基本情况有了解的基础上，利用体育课堂教学质量评价表搜集与体育教师教学有关的数据和证据非常重要。搜集和分析体育教学数据的目的是找出体育教师的优势和不足，并确定体育教师如何能最有效地利用其优势，并在进一步的改进计划中改善其不足，用清楚、简练、可测量的目标术语来描述体育教师需要改进的要点，确定改进的指标，描述评价体育教师达到改进目标的具体方法。

第十章 新时期高校体育教学的优化

第一节 高校体育教学方法的优化

一、新时期高校体育教学方法优化的认识

（一）重要性

有助于促进高校体育教学实现最优化，从而提高高校体育教学的质量和效果；有助于高校学生更好地获得知识与技能，从而提高其获取知识与技能的能力；有助于推动整个高校教学优化，甚至加快全国高等教育的优化进程。

（二）必要性

1．社会经济发展需要

伴随着经济科技的迅速发展以及国际间联系、交流的日益密切，人们已逐渐进入到信息社会和知识社会，在这样的社会中，劳动者的素质及其各类人才的质量和数量，在很大程度上决定着一个国家的国力和国际竞争力，因而非常有必要培养出更多的高技能的人才。而在我国，培养更多高技能人才的重任主要是由高校承担，高校需要不断对其自身的教学观念、教学模式、教学方法等进行优化和创新，以更好地与社会的发展要求相适应。

2．人才发展需要

对于现在的高校学生来说，学习知识固然非常重要，但在学习知识的基础上获得相应的能力，来适应社会的需要对他们而言则更加重要。这时，就需要高校不断地在教学方法上进行探究和优化，以使其能够实现这一目标。

二、高校体育教学方法的优化现状

（一）教学模式以教材为主进行“灌输式”教学

目前，高校都在积极优化体育教学方法，各种教学方法（如发现式、情景式、分层式、自主式、健康式等教学法）得到推广应用，并取得了一定的成果。

但是，许多高校和体育教师的教学模式依然以教材为主进行“灌输式”教学，经常应用的教学方法包括讲解示范法、重复练习法等，没有根据学生的生理和心理特点进行教学方法创新，这样既不利于学生积极主动地学习，也不利于学生学习的创新和独立。

（二）过于注重教授运动技能知识

当前，许多高校体育教学过程中，教学方法的应用过于呆板，过于注重运动技能知识的讲授。知识和技能的传授局限于单向、固定程序，而对关联体育学科的其他知识（如体育科学原理、社会人文学、运动人体学、养生保健等）的讲授则不太重视。这样既不利于学生对体育活动和教学的参与兴趣以及积极性的形成，也不利于学生的全面成长和长远发展。

（三）强调教师的主导地位

目前，由于传统教学观念和思想的根深蒂固，许多高校体育教学过分倚重教师的主导作用，而忽视学生参与教学的主动性发挥。许多高校体育教师在教学过程中过于注重自身主导式的教学，课堂上过分控制学生，教学目标仅限于促进学生对所学规定的运动技能的掌握，造成教学过程中没有或缺少学生的积极互动。如此，学生可能会产生厌学现象，学习积极性和主动性难以正常发挥，学习过程中独立思考能力无法有效培养，体育教学效率大幅降低。

三、新时期高校体育教学方法的优化

（一）注意问题

1．依赖性

对于任何一种教学方法来说，一定的教学思想是其赖以存在的基础。但在当前的高校体育教学方法优化中，人们普遍注意于对教学方法的操作模式或是具体程序，而对教学方法得以建立的教学思想很少关注。长此以往，必将导致舍本逐末，导致高校体育教学方法优化无法进一步深入进行。

2．局限性

任何一种高校体育教学方法都产生于特定的环境之中，有其特定的价值取向，并且与某些特定教学目标的实现相联系，因而不可避免地具有一定的局限性。

3．相对性

一般来说，高校体育教学方法优劣的评判需要依据其所要达到的教学目标。故而，高校体育教学方法的优化要深刻意识和认识到这一点，以使其在优化过程中避免机械化和绝对化倾向。

4．互补性

通常情况下，高校体育教学的每一种方法都与其他的教学方法存在着一定的互补结合的可能性和现实性。如果能够对各种体育教学方法间的互补性进行合理利用，必将获得更好的教学效果。因此，在进行高校体育教学方法优化时，要注意加强对各种教学方法之间相关性和互补性的探究，以实现各种体育教学方法的有机融合，进而使高校体育教学方法不断得到创新与优化。

（二）优化对策

1．积极转变教师教学观念

不可否认，当前只有积极地对高校体育教学方法进行优化，使其与社会的发展需要和高校学生的身心发展特点相适应，高校才能根据新时期要求将学生培养成高技能人才，同时搞好自身的体育教学并使其良性发展。优化高校体育教学方法，包含了优化教学策略、组织、手段等，同时也包含了教师优化自身的教学意识和观念。因此，高职院校在优化体育教学方法时，应注重教师教学观念的转变和创新，充分调动教师在教学过程中钻研业务、积极创新和应用好的教学方法的主观能动性。

2．学生的智商和情商同步发展

新时期，体育教师在教学过程中应该讲究灵活策略，更加注重学生的反应，多鼓励和指导学生。新时期的体育教学应让学生学到更多的实际知识，并能熟练应用学到的知识，感受到真正快乐的学习，促进学生智商和情商的共同进步，这些应该成为新时期体育教师的职责所在。虽然这些实施起来会给教师教学带来一定困难，但是立足于长远，教师如此做将能推动学生能力的增长和个性的发展，成为社会有用之才。

3．强化教与学结合

教师作为传统教育的主角，教授内容和学生学习内容一致，学生只能被动吸收与消化所学知识，教学过程中学生与教师缺少必要的互动，学生学习效果不是非常理想。因此，体育教师要想取得良好的教学效果，就应该在教学过程中激发学生参与教学的积极性，依据学生的学习特点和要求打造教学特色，使体育教学过程达到教师和学生积极互动、教与学完美融合的境界。

4．高校体育教学方法优化要科学合理

时代变迁，物是人非。高校的教学也应与时俱进，体育教学亦概莫能外。传统体育教学已经无法适应时代的发展要求，我们就应积极去改变、去优化，特别是教学方法更要大胆尝试优化。因为传统的体育教学方法曾经与社会的发展相适应，也曾培养出大量高素质的人才，因而肯定有许多积极的因素值得学习和借鉴。因此，高校体育教学方法改革，要在对传统体育教学方法的精华进行积极吸收和运用的基础上进行，要注意在继承的基础上进行。

5．重视培养学生的创新思想

在优化高校体育教学方法的过程中，培养学生的创新思考能力至关重要，其能够促进体育教学方法的进一步创新。注重培养学生自主学习能力，有利于提高学生学习的主观能动性，激发学生参与体育活动的兴趣和爱好，更加积极地参与到体育教学之中，培养学生的创新思考能力。

第二节 高校体育教学内容的优化

一、面向广大普通学生，改变教材中过浓的竞技色彩和落后的思想观念

（一）技术教学方面

掌握一定的运动技术是高校体育教学的目的与任务之一，也是贯彻“终身

体育”教育思想所必须的。但是我们应清楚地认识到，每项竞技运动都是经过多年的实践才总结出来，这是最合理的、最优先的（针对当前），也是不容置疑的。有的教学项目从小学到大学都是用这种技术标准，这十分不合理。例如，篮球教学中的运球技术，小学生也这样要求，中学生这样要求，大学生这样要求，三者同时学习，谁掌握得更好。笔者坚信大学生肯定最好，小学生肯定最差。即使是“专业待训”的选手，也不能过早进行“成人化”技术训练，何况普通学生，更何况教学只是几节课的时间。显然用这样的要求来对待学生十分不合适。体育教师在教学过程中，要把握好“尺度”。如果不这样，用“走场式”的技术教学，只会造成“四不象”或“一无所长”，久而久之厌学情绪就会油然而生。笔者始终认为，对普通学生进行技术教学开始可以“模糊些”，后来“细致些”，使其不断提高。

（二）考核方面

由于教学内容主要来自竞技体育项目，所以很多考核要求也是同出一辙。以跳远为例，如果一个学生三次犯规，成绩只能是 0 分。世界上一些著名的选手在经过多年的训练后参加比赛，犯规现象屡见不鲜，何况学生是在经过短暂的学习后进行考核。考核是检查教学效果的一种途径，不是最终的目的，但是在实际中有很多项目是随考核的结束而终止。比如，上文所说的跳远、踏板能不能增宽一些，宽到 30～50 ㎝，只要在这个区域内起跳都算成功，而且从哪儿跳就从那量起。

（三）应试教育

目前应试教育对体育教育的负面影响很大，学校办学指导思想不够合理。学校体育受“重竞技成绩、轻学生体质”的误导，重竞技轻普及、重课内轻课外、重尖子轻全体学生的现象普遍存在。高校体育教育总是片面强调以传统体育知识和技能的课堂教学与教师为中心，限制了学生独立性活动，不利于培养学生的体育兴趣。大部分学生体质的增强、健身意识的形成、健身能力的培养、健身文化的陶冶、健身习惯的养成大多被忽略，更影响了个性、人格、尊严、价值以及社会生存和适应能力的健康成长、发展和完善，如此就造成了人才培养的片面性。

二、树立“求知创新”和“健康第一”的思想，贯穿终身体育这条主线

“健康第一”的思想强调了体育和健康教育结合的内容和方法，使“健康第一”的思想与体育学科的建设有了紧密的连接点，也使维护和增进健康延伸到了终身体育的空间，从而使体育为素质教育服务的特殊作用得以明确。高校体育要全面推进素质教育，树立“求知创新”“健康第一”的体育教学指导思想，使学生掌握基本的运动技能，把教育作为目标的思维定势，对体育的目标、功能内容、手段和方法等方面要重新认识，构建高校体育教学新体系。

我国高校体育经历了几十年的发展，特别是在改革开放以后，多种教育思想渗入到该领域，给学校体育的发展带来了蓬勃生机。但是，我们必须要清楚地认识到，高校体育教育是有终止的，而人的体育活动却无止境。如果伴随学校体育教育的终结，人的体育生活也随之终结，那么终身体育就会成为一句空话。

三、教学内容体系创新

（一）重视体育和健康教育相结合

“健康第一”的指导思想，是在我国深化体育改革、全面推进素质教育的形势下，确定了学校体育卫生工作在素质教育中的重要地位和独立作用而提出的。发展素质就是提高学生的思想品德素质、科学文化素质和身体心理素质，这三者之间构成相辅相成、不可分割的一个整体，其中身体心理素质处于基础地位，是硬件。没有健康的身体，人的道德、认识、理想、情操、信息等软件就会失去依靠的载体。提高素质必须把改善学生体质健康状况，大力提高学生的身体心理素质放在首位。高校体育应该重视引导学生真正懂得身心健康对社会发展和个人生活的重要性，从而激发学生积极参加体育锻炼，以磨炼意志、

培养自己的拼搏进取精神和公平竞争意识。通过体育实践，师生能够体验到尊重、理解、宽容、合作、责任等积极健康的情感，使学生更加自尊、自信、自强。通过体育教育手段，使学生对运动锻炼的效果产生价值认同，并形成稳定而健康的生活形式。高校体育要构造以人的全面、健康发展为核心的综合教育体系，以体现高校体育“以人为本”、生活化、多样化、人文化、知识化和终身化的特征。

（二）加强高校体育内容体系的现代化、综合化、个性化

为适应市场经济和社会发展的需要，高等学校培养出来的学生必须基础厚、知识宽、能力强，而要达到这一目标就必须改变过去单一的高校体育教育模式。高校体育教育应把学生由单纯的“受教育者”转向“培养者”，强调“自我概念”“自我教育”，教学过程中更加注重“自我”的重要性。体育内容要综合多样化，要增加大量课外运动，如网球、羽毛球、乒乓球、保龄球等项目。尤其是终身体育的内容要大大增加，使学生体会到运动的价值不仅在于提高运动技术水平，还要掌握运动健身方法，为维持和增进健康而服务。

（三）竞技运动的“教材化”和健身运动项目的开发

教材的选择具有多样性，这种多样性不仅来自于学生身心需求的多样性，也源于身体联系的多样性。高校体育应从学校体育目标出发，实现竞技项目的“教材化”，以发展学生的身体，满足学生的心理需要。竞技运动项目是体育课程的主要内容，很多情况下不能直接把竞技运动拿到课堂上，需要对它进行加工改制。竞技运动在高校体育中，通过“教材化”“健身型”“娱乐型”“职业型”为主要模式展现在大学校园中。有不少大学生喜爱的竞技运动项目在高校体育中仍占重要地位，随之成为健身运动的新体系，健身运动项目开发必将导致一个新的内容体系的诞生。健身运动项目不排斥竞技运动项目，一些学生感兴趣，负荷适当，便于连续开展的竞技项目完全可以保留在健身运动项目体系之内。因此，高校体育应正确处理竞技运动和发展身体素质的关系，强调其可选择性和参与性。

（四）增加有助于培养学生体育能力的教学内容

从人才成长的一般规律来看，一般都有“求学期”和“创造期”两个阶段，而大学教育正是人才从学习期转向创造活动转变的过渡期和转折期。过去高校体育以运动技术教学为中心，注重运动型教育，忽略了体育方法教学，这对于培养学生的终身体育能力，增进健康十分不利。大学生在校期间除了教给他们最基本的理论、知识、技能外，主要是发展学生的创造能力，特别是学习能力，要让学生在探索新知识的过程中进行创造性的学习。要十分重视体育方法教学，重视学习方法的训练，开展创造性教育，培养学生终身体育能力。

体育教学内容的多样化，必须遵循学生生理、心理发展变化的规律和知识、技能的认识特点，必须满足不同年级、不同性别学生的不同需要和学生个性发展的需要，必须通盘研究大、中、小学体育内容的相互衔接问题。

第三节 高校体育教学环境的优化

一、高校体育教学环境对教学活动开展的重要影响

（一）高校体育教学的外部环境对教学活动的开展具有保障作用

外部环境是高校体育教学的必要条件，是教学活动得以顺利开展的重要基础。在高校体育教学的过程中，不同的外部环境对于教学效果会产生不同的影响。其中，良好的外部环境对于体育教学具有重要的增效作用。例如，先进与完善的体育场馆设施、充足与标准的体育教学器材、清新的空气、明媚的阳光、优美的自然环境，都会对教学效果起到积极的提升作用。学生置身于此种良好的教学环境中，有利于发现适合于自身发展需求的物质条件，使其学习行为得到有效的保障。而恶劣的外部环境则会对高校体育教学效果产生严重的制约性影响，如破旧的场地设施、陈旧的教学器材以及恶劣的气候条件，不仅会阻碍教学活动的正常开展，而且会导致学生产生厌恶情绪与抵触心理，影响其学习兴趣的保持与发展，进而降低其学习效率，最终导致学习效果低下。因此，相对于高校体育教学来说，构建良好的外部环境，是提高教学效果、推动教学活

动健康发展的重要保障。

（二）高校体育教学的内在环境对于教学活动的开展具有推动作用

高校体育教学的内部环境是由教学主体间的彼此互动而形成的，以教学氛围的形式得以体现。教学的行为主体主要由教师与学生两大类别所构成，其中教师是教学活动的组织者，其教学思想与价值观念，决定着教学活动的进程、成效和发展取向。而学生是教学活动的主体，在教学活动中承担着“受益群体”的角色，其学习行为的方式、动机以及效果，决定着整体教学目标的实现。因此，教与学这两大行为主体在教学活动中所建立的互动关系，对教学活动的开展具有十分重要的影响作用。其中，建立在彼此信任、相互尊重和理解基础上的互动关系，能够产生积极的正能量，对于教学活动的开展具有十分重要的推动作用。而建立在相互抵触、缺乏信任基础上的互动关系，则会产生严重的负面影响，对于教学活动的开展具有阻碍和制约作用。因此，在全面普及素质教育的新形势下，促进师生间良好人际关系的形成，达成彼此间的良性互动，建立起通达的情感互动与信息交流的渠道，是构建良好教学氛围，推动教学活动健康持久发展的重要基础。

二、优化高校体育教学环境的重要意义

（一）适应素质教育的发展理念，满足社会发展的需求

实施素质教育的目的在于切实提高教育的社会价值，以满足社会发展的需求。受此影响，高校体育教学在发展理念以及价值取向等方面已经发生了全新的变革。尤其是在培养目标的确定上，由单一的技能型向着全面发展的综合型方向转变。而为了实现这一新型的培养目标，需要对教学活动的各相关环节与因素进行有机地整合、调动与优化。教学环境作为高校体育教学的必要条件，能否凸显出有效的适应性与维护性，将对教学目标的实现产生重要的影响。因此，为了适应素质教育的全新理念，就必须对高校体育教学环境进行有效的优化，确保其重要功能的充分发挥，进而促进学生体育综合素质能力的发展，以满足社会发展的需求。

（二）提高学生体育学习的兴趣，推动其自主学习意识的有机生成

优化体育教学环境的目的在于消除负面因素的影响，唤醒并激发积极因素的作用和功能，进而凸显教学环境的适应性，为学生创设良好的学习条件。在素质教育理念的引导下，自主学习已成为高校学生体育学习的主要行为方式，因而对于教学环境提出了更高的要求。其原因在于，首先，良好的教学环境是学生对体育学习产生兴趣的主要诱因，是心无旁骛地从事学习活动的重要基础；其次，良好的教学环境有利于学生自主意识的生成，使其个性得到有效的培养，自身的发展需求得到切实的满足；最后，良好的教学环境有利于改善人际关系，使得学生的学习行为能够得到来自于教师与同学的相互帮衬，实现共同发展。

（三）构建良好的教学环境，全面提高教学的整体效果

在传统的高校体育教学中，由于长时期受到应试教育思想的影响，致使教学环境中充斥着消极、陈旧与腐朽的因素，对教学活动的开展形成严重的制约与阻碍，造成了高校体育教学效率极为低下的严重后果。因此，在素质教育理念的感召下，通过有效的优化手段推陈出新形势，实现对高校体育教学环境的净化，使之成为新形势下高校体育教学发展的重要基础，为高校体育教学活动的开展提供维护与保障，进而凸显教学活动的实效性。这对于高校体育教学整体效果提升，具有极其重要的促进作用。

（四）促进校园体育文化体系的完善，推动和谐校园的建设

教学环境是校园体育文化体系的构成要素，其自身的优化与发展对于校园体育文化的建设，具有重要的促进作用。优化的实质在于彰显适应、实现和谐，相对于高校体育教学环境来说，实现有机的优化是营造和谐教学氛围的必要条件。传统的高校体育教学环境，由于在教学思想、教学方法以及发展取向等诸多方面凸显出一定的强制性，致使学生成为教学活动的弱势群体，其自主意识与个性发展受到限制，只能进行被动的接受式学习。在此状况下所构成的教学氛围，存有明显的不和谐因素。而实现高校体育教学环境的优化，能够凸显学

生的主体地位，对不和谐因素进行有机的修正与摒弃，使得教学环境趋于健康、和谐与完善。这对于和谐校园建设的发展，也具有重要的充实与推动作用。

三、高校体育教学环境的优化原则与优化策略

（一）优化原则

1．教育性原则

高校的作用就是传授知识和培养学生品格。所以，在设计体育教学环境时，要注意教育性原则，陶冶他们的体育情操、强化他们的体育学习动机。

2．人文性原则

人文性原则就是在设计体育教学环境时，要始终以学生为本。既要充分考虑学生的生命安全、卫生等，又要营造和谐、民主平等的氛围。

3．科学性原则

科学性原则就是在设计体育教学环境时，尽量满足开展体育教学活动的需要，符合学校美学、建筑美学等的基本要求。还要考虑不同学生的差异性需求，满足他们身心发展的基本规律。

4．实用性原则

实用性原则就是在设计体育教学环境时，充分考虑各个高校的实际需求和经济状况，形成具有自己特色的高校体育教学环境。

（二）优化策略

1．优化体育教学设施

优化高校的体育教学设施主要包括两方面的内容：一是购买齐全的体育器材；二是体育器材的合理利用、整体协调。首先，各个高校要根据自身的实际经济条件，加大经费的投入，同时争取国家的政策支持。购买各种必需的体育教学设备和体育器材，建设良好的体育场地，确保体育场地和体育器材满足高校教学的需要，创造良好的体育教学环境。其次，在购买体育器材之后，要对其进行合理布局，保证体育器材的整体协调。同时，合理安排体育课堂时间，提高它们的课堂利用率。在建设体育场馆时，一定要合理规划，使其采光充足，

保证空气流通性良好。体育场馆的建设和体育器材的购买都要根据学生的需要和体育教学的需求进行，这样才能保证体育教学质量的提高。

2．优化时空环境

时空环境因素主要是指空间因素和时间因素：从空间的角度来说，学校根据自身的体育设施情况，做到课上及业余时间充分利用体育场地和体育器材，最大限度提高学生的身体素质；从时间的角度来说，要根据学生的差异性，如心理承受能力的不同、年龄的不同等制定学习内容，安排教学计划，充分利用学生自身的优势，让其身心得到最大程度的发展。

3．优化人际环境

学生对教师的感情和情绪直接影响着课堂的教学效果。如果学生很喜爱这位教师，那么在课上就会积极地参与课堂活动，从而提高学习效果。对于体育教师来说，和同学处好人际关系，保证关系融洽，课堂氛围才会和谐，教学活动的开展才会便利。所以，体育教师要注重自身的品德修养和自己专业素质的提高，在课堂上展现自己的人格魅力，得到学生的喜爱，那么学生在学习过程中才会充分发挥他们的主观能动性。

第四节 高校体育教学模式的整体优化

一、体育教学模式整体优化的概念

体育教学模式的整体优化是指体育教师运用综合性观点，对体育教学模式在分析和综合的基础上，通过优选体育教学模式和科学地组织体育教学，在已有的物质基础条件下用最少的时间和精力获取最佳的体育教学效果。

二、体育教学模式整体优化的理论依据

（一）系统科学整体优化原理

按照系统科学理论的思想和观点，任何事物、过程并不是各自孤立和杂乱无章的随意堆砌，而是一个由各个部分组成的合乎规律的有机整体，而且它的

整体功能要大于各部分功能之和。系统科学理论同时认为，任何系统只有通过要素和结构的优化，才能实现其整体功能的优化。根据系统科学原理和体育教学模式的概念特征，优化体育教学模式应优化理论要素、体育教学目标和教学内容，改造主客观因素，优化教学条件，改进教学组织形式与方法，优化教学过程结构、建立科学的课程标准评价体系等，才能实现体育教学整体功能的优化。

（二）巴班斯基的教学优化理论

巴班斯基的教学优化理论，不是着眼于教学活动的各个变量和推演，而是着眼于教学过程整体最优的效果和效率。他给教学最优化所下的定义是：“教学最优化可以说是从解决教学任务的有效性和师生时间消费的合理性出发，有科学根据地选择和实施该条件下最好的教学方案。”他把教学最优化的理论和方法看作是科学地组织教育活动的一般理论的一个要素。科学地组织教育活动的一般理论认为按照科学理论依据来拟定教学目标，明确教学任务，创造必要条件，选择优化的方案，并随时进行调整、检查和考核。巴班斯基认为，如果不选择最优教学方案，实际上是不可能科学地组织教学活动。选择整体优化的教学模式是教学优化的前提。巴班斯基强调，辩证唯物主义的系统方法是选择优化教育决策的方法论基础，在作出决定时，只有考虑系统各个成分之间的一切规律的联系，才有可能选择出优化的教学方案。巴班斯基教学过程最优化理论在教学论上被认为：“有助于教师最优地制定教学方案和组织教学过程以获得最佳效果”的一种教学理论。

三、体育教学模式整体优化的原则

（一）整体性原则

用整体的观点考察体育教学模式，有助于我们在教学实践中科学地把握体育教学模式的结构和活动环节。将体育教学模式看作是一个系统，它由纵横两个轴向构成，纵向是由学段、学年、学期、单元和课时等教学过程组成；横向是由不同的体育教学模式组成。用这种整体的观点才能更好地认识体育教学模式，才能对体育教学的大环境做一个具体的、整体的判断和分析。在此基础上才会实现全面优化教学目标、教学内容、教学方法、教学手段、教学组织形式以及教学评价等。因此，在体育教学模式中必须整体而有序地考虑教学模式构成要素及相互联系，力求使体育教学模式发挥最大程度的整体效益。

（二）关联性原则

用联系的观点分析体育教学模式的结构和功能，可以发现体育教学模式存在着多种多样的内在和外在联系。其中主要有因果联系、发展联系以及控制联系：因果联系是指体育教学模式中设计和操作与效果之间存在着一定的相互依存关系，因此，在体育教学模式实施中及其结束之后，要不断地分析和研究各种现象之间的因果联系，寻求体育教学模式中的某些因素之间存在的本质的必然联系，并用这种联系达到体育教学效果优化的目的。发展联系是指体育教学模式本身就是一个发展过程，而学生在教师影响下所产生的对掌握一定知识、技能、技巧的需求和满足这种需求的实际可能性之间的矛盾，是体育教学模式内部发展所固有的矛盾，这是推动体育教学模式不断向前发展的动力。因此，体育教学模式要充分发挥教师的主导作用，充分考虑学生的主体地位，精心选择教学内容、方法、形式和手段，以推动学生的身心发展。控制联系是指实施体育教学模式是一个控制和自我控制学习认识活动的过程，表现在教师对学生学习活动的计划、组织和检查工作方面，反映在体育教师教学的主导作用之上。对体育教学模式操作控制太严，会压抑学生学习的主动性、独立性、创造性以及学生自我控制能力的发挥；对体育教学模式控制太松，则会降低教师在教学中的主导作用，不利于学生主体地位的体现，影响学习效果。因此，把握合适的尺度，寻求教与学控制之间的优化结合点才是关键。

（三）综合性原则

体育教学内容的执行和体育教学目标的实现只有建立在优选的体育教学模式基础之上方可完成，体育教学是一个复杂的系统，涉及的因素比较多，如教材的难度、场馆的设施、教师的亲和力、学生的基础、天气的变化以及环境的清洁等，而这些因素都可能成为选择体育教学模式的关键点。所以，在体育教学模式制定中要以综合的观点处理这些问题，优选体育教学模式和方案，优化评价标准，综合考虑体育教学模式的优化问题。

四、体育教学模式整体优化的标准

（一）效果标准——体育教学效果优化

体育教学效果优化表现在教学所要完成的任务或所要达到的预期目标方面。在体育教学中要根据体育教学目标、教学任务和要求，按照每个学生的体育基础和身体能力及特点，使每个学生都能得到充分的发展。体育教学模式目标，在采用不同的体育教学模式时，虽然有不同的侧重点，但不外乎运动参与目标、运动技能目标、身体健康目标、社会适应目标和心理健康目标。但无论是侧重哪一方面，只有全体学生都达到预期的任务或目标，才能算是效果最优化。

（二）效率标准——体育教学效率优化

体育教学效率优化表现在达成教学任务或目标所耗费的时间、精力和费用的合理性方面，它表明了教学投入和产出比例的合理性。不论采用哪一种教学模式，都必须讲求教学效率，只有省时、省力的体育教学才算是效率优化的体育教学。

五、体育教学模式整体优化的内容

（一）根据不同教学思想优化体育教学模式

体育教学思想是制定体育教学模式的灵魂，不同的体育教学思想赋予了具体教学模式以生命力，使教学模式有了明确的方向盘，并时刻把握正确航线，最终去完成它预期的目标。为了达成某种特定的教学思想，需要精选教材内容，但由于教学思想的多元化，教学内容的选用也具备了多样性、复杂性的特点。为使教学思想条理化、明确化，使之从整体上符合学校体育指导思想的大方向。根据教材内容的不同性质，把它分类为精细教学型内容（主要是指新大纲中规定的难度较大的必修教材、与终身体育相联系的选项教材等）、介绍型内容（主要指选修内容、尝试性内容、难度较小的内容等）。以上两种不同类型的教材所隐含的教学思想和要达到的教学目标存在一定差异。

（二）根据单元教学不同阶段优化体育教学模式

在精细教学类内容中，大纲规定了各个项目的学时，以确保各个运动项目单元教学任务的完成，并使学生能熟练掌握几项运动技能。因而“大单元教学”是一个非常重要的概念，它是指根据项目中的不同环节、重点主次安排不同的教学任务、教学步骤、教学方法，以确保各环节的衔接，并顺利完成完整动作的教学。由于在单元教学中，存在着掌握技能的不同阶段，因而在教学的不同课次，不同阶段应有主次之分，有了主次，在教学模式选择上也就有了差别。

（三）根据不同的外部教学条件优化体育教学模式

体育教学的条件分为两类：第一类是指固定的一些硬件，如不同地区、各种体育器材、设备场馆；第二类是指不固定的硬软件，如各地区、各学校的传统体育项目、教具、幻灯、模型、多媒体等。优化的方法是指各硬件的不同组合形式，也即针对具体的教学目标、教学内容和传统体育项目，合理地选择多种体育场地和器材。同时，对场地进行合理的布置，并且运用多种教学辅助手段，如挂图、教具、幻灯、模型、多媒体课件等来实现不同的教学目标。

由于体育教师运用体育教学手段和条件的能力有所不同，同一教学手段和教学条件，不同的人使用和组合，也会产生不同的效果。从教学模式角度来说，不同的体育教学模式，相应所选用的体育教学条件也有所不同。但同一体育教学模式，由于选择的体育教学条件和组合形式不同，势必会产生迥异的效果。因而，体育教师应根据具体的体育教学目标、模式要求，有创造性地、合理地、科学地运用和组合体育教学条件，使其产生最佳的体育教学效果。

六、体育教学模式整体优化的策略

（一）优化体育教学目标，使之具有明确性

体育教学目标是体育教学过程的起点和归宿，是首要解决的问题。因为在整个体育教学过程中，它对教学内容的组织、教学方法的实施、教学结构的建构和教学手段的运用起着指导和统领作用。体育教学目标的确定有一定的依据，它受到教育目的、学校教学目标、学科整体目标等因素的制约。确定体育教学目标时要明确、科学和可操作，各种目标之间要有鲜明的差异性和连贯性。体育教学目标的确定要有利于教学设计，有利于监控教学过程，有利于教学评价等。

（二）体育教学内容是体育教学过程中最基本、最主要的组成部分，是教学目标的载体

体育教学内容是教师和学生直接接触的材料，它是否受到学生的欢迎，学生是否对学习内容感兴趣都会影响到体育教学目标的完成情况。因此，一定要精选体育教学内容，使之更加具有可学习性，能受到学生的欢迎。为了优化教学模式，教师必须选择那些学生喜闻乐见，锻炼形式活跃的内容，也可以对竞技项目进行必要的改造，使之更加具有教材性。

（三）优化体育的课堂教学结构，使之具有合理性

课堂结构是体育教学模式的主要表现形式，课堂结构不仅是在规定的时间空间内教学活动的各个环节、步骤的具体安排，更是教学目标、教学内容和教学方法等的具体体现。课堂结构是一个复杂的系统，根据系统论整体大于各要素部分之和的观点，在优化体育教学课堂结构时不能只重视局部优化，而要着眼于整体，使课堂教学结构的各个组成部分相互协调、彼此促进。

（四）优化体育教学方法，使之具有实效性

体育教学方法是指在体育教学过程中，教师和学生为了实现体育课堂教学目标所采取的行为方式的总称，其包括教师在课堂教学过程中的行为活动方式，学生在教师指导下学习体育知识和技能的行为方式。优化体育教学方法要使方法的选择适应教学内容、适应学生的基础水平，使学生在尽量短的时间内掌握较多的知识和技能，并受到全面的思想道德教育，得到全面发展。体育教学方法的选用要做到科学合理、高效突出、力求创新。

（五）优化体育教学评价，使之具有激励性

体育教学评价是体育教学模式中十分重要的一个环节，是指运用科学的手段，依据教学目标，对教学（教师和学生）活动进行全面的、全方位的定量或定性的分析，做出客观公正、准确的价值判断。优化体育教学评价要注意评价的全面性、民主性和发展性，最重要的是要突出评价的激励作用，使评价成为学生学习的动力。

第十一章 新时期高校体育教学的创新

第一节 高校体育教学创新原则及路径

一、高校体育教学创新应遵循的原则

（一）主体性与超越性原则

体育教学创新的实质是把个体的地位、潜能、利益、发展置于核心地位，发扬人的主体性，其职能是最大限度地激发学生的积极性、主动性和创造性。摒弃教学方法单一、教学模式固定、管理方式死板的“一统化”的教育方式，使学生在教育教学活动中表现出高度的自主性、主动性和创造性。体育课堂的主导活动是以学生为主，教师的教只作为一种辅助形式，融于学生的各项活动之中。而且在发挥主体性作用当中，还应摒弃传统教育机械单向的“适应论”，而走向“超越论”。创造出不以“重复过去”为己任，而是在人文本质上真正超越前人的一代“新人”。换言之，就是在教师的引导下主动参与体育课堂教学，使之由过去体育课堂单纯听口令的被动接受者变为主动受益者，成为体育课堂教学的主体。

（二）民主性与独创性原则

教师和学生对于知识、价值及其评价有着平等的发言权，因而在教学活动中是一种平等关系，这一平等关系又必须建立在一种民主宽松的教学氛围（如师生关系、教学环境、学生自由发展度等）基础之上。这样不仅能充分发挥学生的创造性思维和想象力，也有利于学生个性的发展。因为，个人作为教育主体不仅具有主体共同的特性，还具有独特性和差异性。而民主平等的师生关系和生生关系，民主和谐的教学氛围使得师生间能够互相接受、互相适应、互相理解、互相尊重。

（三）全面性与发展性原则

创新教育是综合素质的教育，它涉及人格、智能、知识技能培养等诸多方

面，其实质是培养人的自由全面发展。相对于应试教育而言，创新教育是一种注重完善学生健全人格的教育。作为体育教学来讲，一方面不仅要注重德、智、体、美、育在学生身心发展中的有机渗透，培养其崇高坚定的人生信念、坚忍不拔的奋斗志向、纯洁优秀的道德品质、超凡脱俗的审美理想、宽广渊博的文化素养和敏捷灵巧的生活技能；另一方面更要注重培养学生从事未来创造工作所必备的独特精神品质，如坚持探索、不随大流的独立人格，标新立异、破除陈规的批判精神，不拘陈见、富于变通的灵活态度、博采众长、吸纳百川而又独树一帜的宽广胸襟等。因而，体育教学创新更是全面性和发展性特征的完美体现，其宗旨就是实现学生认知和个性的全面协调发展。

（四）启发性与互动性原则

体育教学中学生创造性思维的激发和培养是建筑“创新”大厦的基础之一。通过体育教学，对学生施以积极的教育和影响，为使他们最终作为一个独立的个体能够学会并善于发现和认识有意义的新知识、新事物、新方法，掌握其中蕴含的基本规律并具备相应的能力打下稳固的基础。但创造性活动并不是单方面的，而是师生间的一种互动，只有这样才能相互启发、相互激励、相互帮助，才能激发思维，形成创造性想象。而互动性在体育课堂中表现得最为明显，只有师生积极配合，才能发挥最佳的体育教学效果，才能使学生在互动过程中形成自己的知识结构、能力结构和人格结构，展示自己的独特性和创造性，培养积极参与的能力和态度。

二、高校体育教学创新的路径

（一）转变教育观念，更新教育思想是体育教学创新的前提

要从传授、继承已有知识为中心的传统教育，转变为以学习者为中心，着重培养学生创新精神的现代教育。教师要认识到“授人以鱼，不如授人以渔”的道理，努力形成以主动参与、积极探索、主动思考、主动创造为基本学习方式的新型教学过程。要坚持教育的成功导向和正面鼓励，鼓励冒尖，允许“落后”，不求全责备，充分发挥学生的个性。认清创新教育的核心是教为主导，

学为主体，整个教学过程是在教师的引导下，充分发挥学生的主体性，引导学生主动学习、创造性学习。在创新教育中，教师应重视调动学生的主动性和创造性，开发学生的智力，促使学生由“要我学”转变为“我要学”，从而迸发出极大的学习热情，并能够处于主动学习的最佳状态，从而为培养学生的创新能力打下基础。

（二）建立民主师生关系，创设学生创造性思维的氛围是体育教学创新的基础

斯坦福大学校长卡斯帕尔教授在谈到硅谷和斯坦福大学成功时，认为宽松、自主的学习环境是培养学生创新能力的一个重要条件。德国海纳特教授提出：“教师凡欲促进他学生的创新力，就必须在他们班上倡导一种合作、社会一体的作风，这也有利于集体创新力的发挥。”实践证明，在专断的师生关系中，教学氛围沉闷，学生精神抑郁，学习非常被动。而在民主的师生关系中，学生会对教师产生信赖感、亲切感，从而形成有益于课堂教学的亲和力。教学氛围活跃，学生精神振奋，心情愉快，学习积极主动，有利于激发学生的创造性思维。因此，在体育教学中，教师要尊重学生的人格和权利，与学生建立民主平等的师生关系，形成健康、美好、愉快的气氛与情调。使学生在和谐、融洽、宽松的环境下学习锻炼，并不失时机地对学生在教学过程中显现出来的审美意向和创造性进行形成性和激励性评价，加以鼓励赞扬，使学生获得心理满足，激发学习的积极主动性。总之，体育教育必须走“民主化”的道路，师生之间应该建立合作、开放、真诚、平等、共融的密切关系。

（三）创建以学生为主体的新型教学模式和教学方法是体育教学创新的主要内容

第一，在教学模式中，应把体育教学和创造活动有机地结合起来，切实做到以下几点：一是摒弃传统的教师教、学生练的模式，引导学生积极地介入到教学活动之中，鼓励学生提出新方法、创造新游戏。坚持标准的统一性和运动项目及运动方法的灵活性和多样性，充分发挥学生的潜能、特质和独特性。二是教师和学生都以研究的态度对待体育锻炼方法的学与练，针对学生身体素质的特点，选择合适的锻炼项目、方法和评价标准。鼓励学生提出新见解、创造新练法、形成新游戏。三是在竞赛活动中，鼓励学生自己提出训练方案和比赛策略。四是在体育游戏中不仅注重学生的身体素质培养，还要注重学生智力因素、情感因素和创新精神的培养。

第二，在教学方法上，教师应针对学生身体素质的特点，选择合适的锻炼项目、方法和评价标准，鼓励学生提出新理解、创造新练法、形成新游戏。例如，在竞赛活动中，鼓励学生自己提出训练方案和比赛策略。在体育游戏中不仅注重学生的身体素质培养，还要注重学生智力因素、情感因素和创新精神的培养。要随时诱导学生进行独立思考，鼓励学生提问题，即使提一些“奇离古怪”的问题也无妨。应鼓励学生大胆发言，对老师的某些观点提出质疑。老师的确有不如学生的地方，只因“闻道在先”才多了许多经验和方法。回答不出学生的提问，老师要敢于说让我“想一想”“查一查”，要敢于正视自己的不足，努力防错和纠错。

（四）提高体育教师的综合素质是体育教学创新的关键

创新教育在教师要求上，不再满足于转道、授业、解惑的传统功能和作用，而要求教师能在学生创新教育的过程中发挥引导和示范作用，即教育者能以自身的创新意识、思维以及能力等因素去感染、带动受教育者创新力的形成和发展。在某种意义上可以说，只有创新型的教师才能实施创新教育，才能培养出创新型的学生。因此，教师自身必须具备较强的创新意识和较强的创新能力，只有这样，教师才能从自己的创新实践中发现创新能力形成发展的规律，为创新教育提供最直接、最深刻的体验。最终在教学过程中，自觉地将知识传授与创新思维结合起来，发现学生的创新潜能，捕捉学生创新思维的闪光点，多层次、多角度地培养学生的创新精神和创新能力。因此，要实现体育教学的创新，教师必须具备以下几个方面的能力：

第一，具备深厚的文化功底和扎实的教学基本功。创新教育中要求有丰富多彩的体育课程项目，学生可自行选择适合自己的学习项目，这对于教师来讲无疑是一种无形的压力。因为教学内容的不同必然会带来教学方法、教学方式的变化，这就要求教师不仅要具备深厚的文化知识、艺术素养和丰富的综合运用知识的能力，还要具备扎实的专业教学基本功。要能够将其他学科知识、日常生活技能有机地结合在体育教学中，起到触类旁通的作用。通过教学艺术的积极引导，培养学生学会自主学习和综合运用知识的能力。

第二，具备驾驭教学情境发展走向、调控教学进程的能力。教师在创设情境教学时，首先要把握好主题与学生情感产生的临界点，找出重要的情境适合于相应年龄学生情感的最近域，这样就能在较短的时间内激发起学生的情感；其次应具备较强的教学组织调控能力，也即在课堂教学中起到组织、引导、控制以及解答作用，要改变“一言堂”“满堂灌”的弊病，形成以学生为中心的生动活泼的学习局面，这样容易激发学生的创新激情。这就要求教师一方面在组织教学中要有敏锐的观察判断和处理问题的能力。这是由于体育教学空间范围大、学生的兴奋程度较高，因此准确地预见和判断教学走向，对于控制好主题式情境教学有着极其关键的作用；另一方面要有较强的语言表达能力。教师的语言表达艺术既能激发学生情感的产生，又能在公正、公平、富有激励性的评价下，推动学生积极锻炼。

第三，具备积极的创新意识和创新能力。体育教学的创新要求教师必须突破传统教学模式条条框框的束缚，不断地运用创造性思维进行探索，善于吸收其他学科的新思想、新方法，通过自己的认识—实践—再认识—再实践，形成具有自身特色的现代体育教学方法。因此，这就要求教师必须具备积极的创新意识和创新能力：一是敏感性。即指容易接受新事物，发现新问题。二是灵活性。即指具有较强的应变能力和适应性，具有灵活改变方向的能力。三是独创性。即指产生新的非凡思想的能力。四是洞察力。即指能够通过事物表面现象把握其内在含义和本质特性。

第二节 高校体育教学中学生创新意识与能力的培养

一、高校体育教学的目标及学生创新意识的培养

（一）全面实施素质教育，为学生创造意识的培养奠定坚实的基础

素质教育与传统教育最根本的区别就在于它的全面性、全体性和自主性：全面性是要使学生得到全面发展；全体性是指教育要针对所有学生；自主性是教学过程中要使学生主动地学习。结合高校体育教学的特点，利用有限的时间开展多种体育活动，使学生能够按自我兴趣、爱好和社会需要来选项，充分调动学生学习的能动性，从而给创新教育做好准备是学校教学的重要目标。

（二）改革教材内容，重构教材体系

体育教材内容的选择直接影响到学生体育意识的培养，所以高校体育教材的编写应根据学生体育锻炼的需要，其体系应从健身、娱乐、休闲等方面予以考虑，多选择一些难度小、易展开、趣味性强，融健康、娱乐、休闲为一体的项目。

（三）营造创新环境，培养学生的创新意识

高校体育教学要培养学生的创新意识就必须营造一种适宜的环境。例如，田径、武术、体操等项目，经过长期的演练已经形成了固定的格式，所以在这些项目的教学中主要是进行模仿学习，而各种各样的游戏和对抗性的比赛也能给学生创造性的发挥提供广阔的空间。此外，意识是行动的先导，在体育教学中培养学生的创新意识也是创新教学的一个重要环节。

（四）强化课外体育，扩大锻炼领域

从事课外体育活动不仅能对体育课起到互补和延伸作用，而且还能使学生在课内学到的体育知识、技术、技能得到消化、巩固。由于课外体育是学生自己担任主角，它不仅可以培养学生的一般能力，而且还能培养其组织能力、管理能力和创造能力，对提高学生的综合素质，培养学生多方面的体育能力能够起到重要作用。

（五）开展丰富的校园文化活动，积极营造良好的校园文化氛围

校园文化对于高校学生陶冶性情、磨炼意志、塑造自我有着重要作用。校园文化是大学生成长和发展的直接环境，要大力开展丰富多彩的校园文化活动，积极支持和指导学生，共同营造生动活泼、健康向上的校园文化，使学生从中受到文化氛围的熏陶。同时，还要重视校园环境建设，建设一些优美的自然景观、人文景观，形成良好的学习和文化氛围，促进创新教育的发展。

（六）调整考试和评价方式，促使学生创新意识的提高

对学生学习效果的考核和评价一直是影响学生学习方向的重要因素，过分重视考试的结果和固定的考试形式一直是传统“应试教育”的最大弊端。改革传统考核与评价的方法，根据学生的实际情况，灵活掌握考试方法，不硬性规定考试项目则是解决此类问题的主要措施之一。

二、体育教学中的创新意识的培养方法

（一）思想的创新

发展娱乐性体育和健身性体育是转变学校体育教育观念的体现，也是当前学校体育的重要特征。

（二）教学方法和组织形式的创新

可以采用启发式教学，以达到在教学过程中“学”的中心地位，引导学生自己解决问题，促使学生积极参与教学活动。在掌握运动技能的过程中，发展创新意识，去创造更合理、更完善的技术动作。可以用发现教学法来不断刺激学生发现问题和创造活动的兴趣，用学导式的教学法将学生主体和教师主导地位统一起来，使学生自学和教师引导相结合，从而培养学生自觉锻炼的热情，养成自我锻炼、终身锻炼的习惯。应改变以往的组织形式，使学生成为体育教学的主人。教师可以只说明活动的目的、要求，安排一些小型比赛，由学生自定规则，相互裁判等等，以此来提高学生的参与热情，掌握裁判技巧，培养组织能力和创新能力。

（三）重视创新方法的传授和体育理论课的作用

发散思维和创造个性是学生创新意识构成的两个主要方面，创新意识的其他因素在体育教学中的作用也不容忽视。对体育知识和体育项目的充分了解是体育教学中学生创新能力培养的基础，理论课可以利用自身独特的优势，以图片、幻灯片、录像、电脑软件等高科技教学手段形象而生动地阐述体育基本知识、专项理论和体育娱乐欣赏等内容；也可以利用多媒体视频、电脑软件等手段对一些社会上比较流行而学校没有条件开展的，如网球、保龄球、高尔夫球等体育项目进行介绍、学习和模拟；还可以根据社会需要、男女学生对体育文化需要的差别，灵活地进行教学，给男生讲解 NBA、国内足球联赛、欧洲联赛等。给女生讲解健身、美容、减肥、形体训练等方面的知识。这样可以充分挖掘学生的主观能动性，促进个性的发展，使创造能力迅速得到提高。

第三节 构建高校体育教学创新体系

一、教学思想创新

建立面向未来的“求知创新”和“健康第一”的教学思想，主要体现在两个方面：一是掌握过去和现在的体育知识技能是为了更好地探索未知的体育；二是掌握未来终身的体育和健康的知识与技能。长期以来，高校体育教学存在的最大弊端就是为了过去而教而考，其重心过于局限。如果掌握过去的知识仅仅是为了解决过去和眼前的问题，而不是面向学生未来终身体育的需求。那么，这样学习的体育知识和技能将失去应有的意义，这显然对学生解决未来体育的新问题十分不利。实践证明，大学生已经具备了一定的创新能力，如果把精力大多用在单纯记忆过去的知识上，那么就会影响学生的创新积极性，这不仅是一种精力浪费，也会使我国高校体育教学长期不能融入世界发达国家高等教育的行列。传统的重过去、重眼前的功利主义教学是限制民族创新素质发展的症结，也是制约高校体育教学改革的桎梏。在功利主义教学中，学生学到的旧知识，除部分有用以外，其余的不是他们不想学，或是学而忘之。这样的教学，不能促进学生习旧创新，这与全国教育工作会议提出的高等教育改革要重视培养学生创新能力的精神严重背离。当然，学生掌握过去的体育知识技能，有利于求新。但目前高校体育教学，存在最突出的问题就是为了习旧而不是为了创新，没有把更多的具有创新性的体育教学内容纳入课堂之中，更缺少引导学生创新的教学方法。更确切地说，教师“求知创新”的教学意识极为不强。其实，“求知创新”的教学思想在中国早已有之。从古代孔子的“温故知新”，到现代教育家陶行知“发古人未所发，明今人未所明”的教育思想，皆是习旧求新的教育思想，遗憾的是我们没有将其弘扬光大。因此，为培养学生的体育创新能力，贯彻素质教育和终身体育思想，建立为增进学生现实与未来的健康而教的“求知创新”和“健康第一”的体育教学思想，把体育与健康教育的知识与技能的过去、现代和未来融为一体，并使其重心向未来转移显得十分必要。同时，这也是高等教育面向未来的改革思想与学校体育“坚持健康第一”思想的统一。其中，高校体育从以增强体质为中心向以健身为中心转移，这其实是把健康教育与身体教育（体育）有机结合在一起的表现，也是增强体质与增进健康的统一。

二、教学内容体系创新

（一）重视体育与健康教育相结合

现代体育教学已从传统的以运动技术为中心的传习式转向以增强体质为中心的新方式。体育从生物学角度增强体质，在劳动力密集的重体力劳动时代是十分可取的。但是，在未来劳动强度日趋降低的知识经济时代，它对于全面增进健康却极为有限。世界卫生组织认为，健康是人的生物、心理、社会三者达到圆满的状态。因此，体育与健康教育结合系统地从生物、心理、社会三个层面增进。大学生的健康是未来社会发展的需要，这也符合全国教育工作会议提出的“学校教育要树立健康第一的指导思想”。这就需要我们把身体教育与健康教育结合起来，构建新的体育教学体系。在这个新的体系中，身体教育是以增强体质和增进健康为目的的体育。体育未来是指人们根据未来社会和教育发展的变化，在体育理论教学和实践教学中，不断积极地探索体育自身发展与未来社会需求相统一的未知领域。在健康教育体系中，人的生理、心理和社会三维的健康是一个不可分割的统一体。传统的健康教育和过去的身体教育样，偏重于从生物学角度研究人的生理健康或生物体能的提高，现在二者又转向从生物学和心理学两个方位研究增进人的身心健康。二者都有“社会的适应能力”的内涵，有人认为这一内涵就是个体在群众中为了生存与发展而进行的、正常的互助、协作、交往和理解生存与发展的能力。这种能力，可以促进个体主动适应社会，并与社会协调发展，这就是“社会健康”的基本内容之一。“社会健康”有广义和狭义之分，广义的社会健康是指采取科技与人文措施，抵制世界“公害”（自然与社会）的增加、促进人类社会健康地生存与发展；狭义的社会健康是指人类个体或群体能够具备关心理解、宽宏大量、互助与利他、团结协作的适应社会的能力。

（二）增加有助于培养学生体育能力的教学内容

过去，高校体育以运动技术教学为中心，注重运动型教育，忽略了体育方法教学，这对于培养学生终身体育能力、增进健康十分不利。未来，重视培养学生体育能力的新型体育教学，在不忽视运动技术（体育手段）教学的同时，要十分重视体育方法教学（体育与健康相结合的方法）。体育方法教学，对学生而言，它包括学法、练法和健康养护法等。健康养护法是配合身体锻炼需要、合理的饮食、睡眠、卫生、心理调节等保健方法。加强体育方法教学，要求体育教师在教学中不仅要传授运动技术，而且要把运动技术的健身原理学法、练法和健康养护法等终身体育知识技能传授给他们。

（三）增加面向未来的教学内容

长期以来，高校体育教学内容以解决过去和现实体育问题为重点。未来高校体育教学内容改革，应在探索中解决学生未来健身急需解决的问题。例如，体育理论课不但要传授现实体育锻炼、养护和观赏的知识，而且要积极探索传授未来社会所需的相关内容，找到高校体育与社会体育的连接点。其中，理论教学可以比实践教学稍微超前，这样能预测未来社会发展对体育的新需求，真正使体育教学更加富有前瞻性。

第四节 高校体育教学模式的创新改革

一、目前高校体育教学模式存在的问题

（一）教学理念较为落后

我国高校体育教学依然保持着传统教学的特点，发展至今并没有改变多少。在日常的高校体育教学中，教学方式较为单一，授课方式都比较传统，主要是教师讲课，学生被动地接受知识。教师首先做一些示范，然后由学生进行模范练习。这种方式已经严重阻碍了新课程理念下教学模式的创新，我们只要改进教学方式，注重教学方式的多元化，努力适应新形势下高校体育的教学理念，力求高校体育教学取得创新性效果。

（二）体育教学内容深度不够

众所周知，如果教学内容只是浮于表面，只做表面文章，那么教学内容就无法得到深入。目前很多体育教材存在只注重表面技术的问题，只注重大容量，而忽视了教材内容的深度。一些体育教材只是简单介绍体育运动的形式，而不能充分体现体育精神、民族精神，不注重培养学生的终身体育意识。教材内容的深度不够，就无法达到学生学习体育的真正目的，也就很难培养学生的创新精神。

二、高校体育教学模式创新改革策略

（一）明确教学目标，突破传统教学思想束缚

我们都知道，我们只有在学习的过程中确定明确的目标，才能向着目标努力前行。同样，教师在教学过程中也必须树立明确的教学目标，抓住教学难点和重点，注重教学技巧。教师在向目标前进的过程中一定要冲破传统教学思想的束缚，摒弃一些旧的教学理念，大胆创新教学理念，勇于创新教学模式，将

现代化元素引入课堂，使得体育课堂集娱乐、健身等于一体，遵循学生的发展个性，使学生在轻松愉快的氛围中取得进步。教师的教学目标不仅仅是培养学生的运动技巧和专业知识，更重要的是培养学生终身体育意识，提高学生的体育能力，帮助学生增强体质，提高学生的综合素质，推动高校体育教学向着积极方向的发展。

（二）注重高校体育课程结构的优化

对我国高校体育教学进行研究，我们不难发现，其教学内容大同小异，几乎千篇一律。各个高校大多按照统一的教育计划来制定教学目标，其教学目标也十分相似，通过此种方式的教学，严重束缚了学生创新精神的培养。而通过对国外发达国家体育教学的分析，我们可以找到很大的差距。例如，美国大学教育部门就没有制定统一的体育教学计划，而是给予各个高校高度的自由性，让各高校根据自身情况，来制定各自的教学目标。调整各自的教学内容，利用自身的优势来培养学生的创新意识，提高学生主动参与体育活动的积极性。因此，我们不难看出，要想实现高校体育教学的创新，必须实现高校体育课程结构的优化，在课程结构优化的过程中，我们要注重信息知识和技能技巧的创新。同时，也要将素质教育创新作为核心内容，努力做到使学生在提高自身身体素质的同时，提高自身的综合素质，促进学生的全面发展。

（三）注重教师素质水平的提升

要想实现高校体育教学的创新，在注重课程优化和教学目标制定的基础上，提升教师的业务素质水平也非常重要。因此，相关部门和领导要注重教师师资队伍的建设，要大力引入具有创新性思维，授课方式较为个性的教师，鼓励教师积极参与体育教学科研项目，培养教师的科研精神。在科研过程中激发教师的创新能力，这样教师才能更好地在教学过程中培养学生的创新思维，实现高校体育教学模式的创新与改革。

（四）更新教育观念，树立创新意识

开展创新教育，不仅需要一定数量的教师，而且需要素质过硬的创造型教师。也就是说，没有一支具有良好素质的教师队伍，创新教育就不可能顺利进行。具有创造精神的教师，能够利用一切机会和条件激发学生的创造欲望，满足学生的心理需要，并能够不失时机、随时随地进行创造素质培养。

现代心理学对创造心理的研究表明，创造力可以表现在人类的各种社会实践活动中，诸如身体运动、语言等方面，人们都可以有出色的发展和表现。因此，要真正承认学生有创造力，就要去发现学生的创造力，认识学生的创造力。传统教育观念以传授知识为核心，以培养熟练掌握书本知识的人才为目标，因此必然导致学生以教师、课堂、书本为中心，这不利于学生创造心理素质的培养。现代教育观以培养创新能力为目标，倡导以学生为主，积极引导学生勇于探索、积极思考，直至领悟知识的形成和发展规律，并在探究中培养学生的创新能力。以实践操作为主要手段的体育教学，要做到体育知识与运动实践的有机结合，教师应科学地设计教法，合理地选择学法，设计学生参与学和练的整个过程，努力创设贴近学生生活实际、适应社会需求的体育锻炼环境和运动训练项目，重应用、重实践，在应用和实践中培养学生的创新意识、创新精神和实践能力。

第十二章 高校体育课程模式的系统设计与开发

第一节 高校体育课程模式设计的理论依据

一、世界课程改革的趋势

现阶段我国教育存在两个根本问题：一是“精英主义”，二是“生产模式”。“精英主义”教育以少数所谓“优等生”为核心，大多数学生退居边缘以至成为教育的牺牲品；“生产模式”则追求整齐划一，追求所谓的“规模效益”，从而培养出了机械、苍白、无个性的“标准件”。以个性发展为目标的素质教育必须走出“精英主义”价值观和“生产模式”，面向每一个人、每一个独特的心灵。这既是素质教育课程体系的内在性格，也是我们理解我国和世界课程改革的立足点。

当今世界的课程改革在基本的价值取向上主要受到五对张力的拉动：第一，平等与高质量之间的张力，由此产生教育民主与教育公平的理念；第二，民族性与国际性之间的张力，由此产生多元主义教育价值观；第三，科学世界与生活世界之间的张力，由此产生主体教育观；第四，人与自然之间的张力，由此产生生态伦理观；第五，个人与社会之间的张力，由此产生个性发展观。教育民主与教育公平的理念、多元主义教育价值观、主体教育观、生态伦理观、个性发展观既是世界课程改革的基本价值取向，也是我国课程改革的基本理念。

二、我国高校体育课程的现状

我国高校体育课程作为高校教育的一部分，同基础体育即中小学体育教育一样，有教育部制定的《全国普通高等学校体育课程教学指导纲要》和公认的课程标准，是统一下的灵活。我国高校体育统一性和灵活性的结合模式，主要是指在制度上，陆续确定了基础体育课、选项体育课、专项提育课和保健体育课等若干种课程模式：基础体育课一般在大学一年级或一年级的第一学期开设，内容包括基础体育理论、身体素质以及球类和田径项目等。其目的是增强体质，提高身体素质，掌握体育的基本理论知识和技术，为大学后期的体育学习打下基础；选项体育课和专项提高课目的是通过选项和提高，使学生掌握某一体育项目的基本知识、技术、技能和锻炼身体的方法与手段，同时学会一些基本的裁判规则和方法，使学生在体育方面拥有一技之长，为将来走上社会进行体育活动和锻炼做准备；专项提育课是为高年级学生开设；保健体育课是针对那些生理上有缺陷，身体有先天或后天导致的疾病，无法参加剧烈运动的大学生专门开设的保健锻炼课。

从我国高校确定的体育课程模式不难看出，学校体育课程虽然有所变化，但体育教育的思想观念仍大体保持不变，继续接受传统体育中教师向学生传授知识、技术和技能的再生产教育模式。

三、中外体育课程模式比较的启示

（一）竞技体育课程模式

竞技体育教育首先由美国俄亥俄州立大学的西登托普提出，它在美国、澳大利亚和欧洲有着广泛的市场。竞技体育课程模式主要是教竞技体育活动，而且是用相对较长的时间来教授某一项竞技活动。在这种模式中，不仅教学生某项技术活动方面的内容，还教有关这项活动的知识、背景。体育活动的项目虽然比较少，但各项活动技术水平较高，不仅评价学生的技术水平，而且评价学生对这项活动的知识、态度、裁判水平等，并且这种评价都是在学生进行这项活动时当场进行。

西登托普有一个非常有名的理论，认为娱乐是发自内心的，为了娱乐身心，我们首先要做我们自己愿意做的事情。竞技体育教育的目标非常明确：第一，教学生运动技术以及发展学生完成这些技术所需要的身体素质；第二，使学生能够欣赏和运用战术；第三，能积极参与体育活动；第四，让学生能够计划和管理这项竞技体育活动；第五，使学生能够作为领导，具备领导的才能；第六，能与伙伴合作；第七，尊重传统，即了解这个项目的来龙去脉和传统习惯，并让学生尊重这一传统；第八，使学生必须具备组织、竞赛、安排这项活动的能力；第九，让学生进行实际裁判和教练方面的工作；第十，具备能够教育学生参与课外体育活动的能力。这种竞技体育课程模式在欧洲、澳大利亚和美国都进行过实践并取得了巨大的成功。

（二）健身体育课程模式

由汤姆•迈肯兹提出的健身体育课程模式不仅重视使学生当前参加体育活动，而且还重视培养学生终生参加体育活动。通过体育活动不仅要促进学生身体健康，而且要培养学生对体育活动的积极态度。这种模式也可称为SPARK模式，S指Sports竞技体育，P指Play玩，A表示Active积极的，R指Recreation娱乐，K就是Kids学生们，是一个玩和积极娱乐的模式。这种模式选择了各式各样有益于健康的体育活动，包括与竞技体育活动有关的内容，并且能够帮助学生提高自我控制的能力，让学生学会自我调节。

（三）开发运动行为课程模式

目前欧洲流行的“新体育”，澳大利亚流行的“澳式体育”均是力图通过修正原有运动项目的规则和条件，使运动项目的技术难度和负荷强度降低，以便适应学生的个体特征与兴趣爱好。改造原有项目和开发新项目并不是为翻新花样，而是为了使运动项目适应学生，吸引学生积极参加，从而最终开发学生的体育行为。在课程组织方面，在促使学生积极参与的同时，注重理论与实践的结合，强调学校体育、社会体育、家庭体育的联系，使学生在实践中提高才能。

（四）体验与参与课程模式

这是强调学生参与体育实践的观点，不仅要求在体育课中积极参与，而且要求积极参与课外体育活动；不仅体验体育的乐趣，而且要体验社会和人生。当然这种体验与参与的学校体育思想强调学生的身心完善和社会实践与交际能力的提高。这种模式对学生的参与更为重视，并且在教和学的关系上重视学生主导地位的发挥。

第二节 高校体育课程模式的系统设计思路

一、思想观念方面

思想观念是构成高校体育课程系统的最高层次，教学指导思想和教学观念决定着高校体育课程的现实状态和发展方向。近年来提出的“体质与健康教育”“素质教育”“终身体育”等教育模式，无不是以先进的教学思想、观念为理论基础。

首先，高校体育课程指导思想要有大的转变，这就是突出强调体育的学力形成。“学力”是由学习动机、学习方法、可持续独立学习的态度三个要素组成，也可称之为“自我教育力”。现代教育十分注重“学力形成”的培养，强调“自我概念”“自我形成”和“自我教育力”的重要性。大学时代是学生形成人格和个体社会化的重要时期，注重自我健康能力与自我体育能力的高校体育，对于学生“终身体育与终身健康”的能力培养和行为形成十分重要。

其次，高校体育课程要有新的内涵，这个内涵就是基于大社会健康观和社会体育观的思想而形成新的体育教育观。现代科学技术文化的发展，揭示了社会条件在人的生命活动中的重要作用，人们对于“健康”与“非健康”这一系列有关生命质量与生存价值意义的基本概念，在认识上发生了根本性的变化。从传统的“生物学模式”到新型的“生物—心理—社会模式”的转变，人们把人的生物学特征与社会特征相结合，把人的心理活动与生理活动相结合。体育作为提高生活质量的组成部分，走进人们的生活是未来生活结构和生活方式的必然趋势。因此，未来高校体育课程必将把握健康与体育的本质联系，提高学生全面素质，通过体育教育培养学生的终身体育和终身健康意识、能力及行为。

二、课程与教学方面

根据辩证唯物主义观点和古今中外无可争辩的事实，在教学中，学是主体，教是为学而服务。高校体育课程教学从“教师主体”向“学生主体”的重心转移，意味着“体育技术、技能中心”向“体育方法、体育动机、体育活动、体育经验中心”的重点转移，但这种转移并不意味着完全否定体育技术和技能的必要性。从体育课程设计的角度而言，它意味着教学必须从“教师中心型”向旨在自我教育的“环境活用型”转变。支撑课程与教学的基本观点集中反映在“学力观”方面。

我国高校体育课程长期以来强调“三基”（基本知识、基本技能、基本技术）有其合理的内涵，但不够全面，需要作出修正与补充。因为它丢失了“学习”中最基本、最能动的要素——“态度”。现代学力由“显性学力”和“隐性学力”组成。前者以“知识、理解、技能”为代表，后者以“关心、动机、态度”为代表。动机、态度等是支撑显性学力的“隐性学力”的存在，后者在当代更加受到重视。这是因为“隐性学力”有可能使个人终身获得“显性学力”。高校“终身体育与终身健康”的素质教育，就是加强“隐性学力”，使高校体育成为一种完整性教育。

三、操作实施系统

高校体育课程教学向自主学习转化，现代教学技术与手段的广泛使用促使高校体育教育过程由权威式传递知识向指导学习者自主学习的方向转化。转化的主要特征是：第一，强调教师的主要职责是了解学习者的需要，发挥好指导作用，发挥学习者的自主性；第二，重视个性，增加学习内容的灵活性和选择性，指导不同程度的学生选择符合自己发展的教育方向；第三，指导学生以自学为主，掌握体育锻炼方法和学习方法，着重培养学生的体育自学能力，尤其是持续性的体育自学能力；第四，重视学生思想意识发展的指导，寓思想教育于整体体育教学之中，增强学生的社会责任意识。

第三节 高校体育课程模式的系统设计策略

一、高校体育课程模式设计分析

（一）设计的理论依据与实践意义

高校体育课程模式的设计，是出于对体育工作的各构成因素及其相互关系的本质认识，是达成学校体育教育目标的必然出路。通过对学生在校期间的体育活动进行系统的设计与管理，可以有效地提高学生参与体育运动的积极性，提高运动促进健康的科学性。把课内与课外、校内与校外有效地结合起来，充分利用现有的体育资源，调动学生积极主动地参与体育运动，让体育运动成为学生学习生活的一部分，营造一个良好的体育运动生态圈，使学生养成良好的体育锻炼习惯，实现“每天锻炼一小时，健康工作五十年，幸福生活一辈子”。

（二）高校课程模式的构建

高校体育课程的目的是“增强体质，增进健康，改善学生生活方式，提高生活质量，促进社会经济健康、文明发展”。以此为基点，根据对高校体育的理性探讨，我们构建了教学型、竞赛型、综合型三种基本课程模式：教学型的课程模式主要有课堂高校体育课、健身馆训练；竞赛型的课程模式主要有班级竞赛、校级比赛、社会竞技赛；综合型的课程模式主要有课外俱乐部、家庭与社区活动、假期体育运动（拓展训练、定向越野、野外生存训练等）。

（三）体育课程模式的特点

高校体育要以“增强体质，增进健康”为指导思想，打破传统简单的体育课程模式，树立现代高校体育的价值观，建立适应现代体育教育发展趋势的活动体系。其课程模式的系统设计必须以崭新的面貌出现，变平面教学为立体交叉的体育活动文化圈，使高校体育课堂教学具有面向全体、形式灵活、内外结合、循序渐进等特性。

高校体育活动虽然受到教学体制和场地设施的限制，但是体育运动本身具有丰富多样性。体育课程教学应使每一个学生积极主动地参与活动，对于高校体育课程而言，依然如此。所谓面向全体，就是指做到所有人都参与活动，人人都拥有健康的权利，这就要求针对不同的人群来设置不同的活动圈。形式灵活是指高校体育活动要打破程式化的组织方式和繁琐化的内容，在项目设置上对不同的群体实行区别对待，让具有不同爱好的人都能够自由地选择体育项目和活动方式。所谓内外结合，就是指学生参与体育运动不仅是课内作业，而要实现课内与课外相结合、校内与校外相结合。让学生掌握一到两项体育技能，以便更好地参与到课外以及校外的体育活动中去。循序渐进是指活动本身具有一定层次性、顺序性。完整的体育运动圈是一个由低向高渐进发展的过程，高层次的运动竞赛是由较低层次的体育活动效果决定的。其组织形式具有多样化特点，必须兼顾不同群体的需要。我国部分高等院校采用的单项协会制，以及学生自发组织的篮球、足球等联盟都反映了这一特点。

二、高校体育课程的系统设计

（一）操作实施

高校体育课程由教师主导转向学生自主参与、自行组织和师生共建。教师要了解学生的身体素质和运动需求，为学生提供必要的场地和设备便利，指导学生自主进行学习锻炼。教师要重视学生的个性，增加学习内容的选择性和灵活性，指导不同素质的学生做符合自身发展特点的运动项目，让学生掌握学习和锻炼方法，以便学生持续性地进行体育学习和锻炼。现代化教学手段的广泛使用，使课堂教学可以突破时间与空间的限制。教师可以将教学录像传到网上或者刻成光碟，以便学生可以自由选择时间和地点进行学习。此外，还应重视对学生运动组织能力的培养，提高学生体育管理能力，增强学生的社会责任意识。

（二）课程设置

在课程设置方面，要满足学生的多元化需求，即生活化、实用化、社会化、个性化以及终身化。目前所采用的选项体育课就是非常好的教学模式，高校应该不断扩大师资力量，改善体育教学条件，开设尽可能多的体育项目，以便学生可以根据自己的特长和兴趣爱好自由选课，让学生做自己喜欢的事情。还可以开设比较高端的体育项目，如瑜伽、健美操、保龄球、跆拳道，真正实现体育教学的“三自主”模式，即学生自主选择运动项目、自主选择任课教师、自主选择上课时间。

（三）教学管理

体育教学要真正发挥提高学生体能的作用，就需要提高教学质量，优化体育教学模式，而其关键则在于管理。同样的课程内容和模式，没有强有力的教学管理，必定很难让学生真正参与锻炼，从而提高学生的身体素质。体育教学是以实践为主的课程，要获得实效，必须突出其专业性，注重手段与方法的科学性，让学生掌握专业的运动技能，从而积极主动地参与体育锻炼。因此，体育教学管理应当结合自身的特点，适当借鉴其他学科的管理办法，对学生进行专项的身体素质和基本动作训练及考核，从而保证学生至少能够掌握一到两项运动技能。

第四节 高校体育活动课程的开发

一、我国高校体育活动课程开发的必要性和可行性

（一）高校体育活动课程开发的必要性

1. 有助于高校体育课程价值的实现

高校体育活动课程开发有利于实现高校体育学科课程和体育隐性课程价值，实现高校体育课程之目标，使广大大学生回归体育的“真我”，完成由“厌体”向“乐体”的转变。

（1）有助于实现高校体育学科课程的价值

第一，有助于大学生学习体育学科课程。高校体育活动课程最显著的特点就是其活动性中体现出来的实践性，在体育活动课程的实施中，通过师生共同的实践，既可验证课堂教学中所学的体育学科课程，又可广泛地应用体育学科课程知识，使学生所学的体育知识更加巩固。体育活动课程能够为学生提供平

等、民主的师生关系和各种实际操作、体验的机会，学生在体育活动中可以互相合作学习，在实际情境中探索和发现，有助于消化体育学科课程知识，尽快地理解体育学科的课程教学内容。体育活动课程的学习可使学生在体育活动中获得第一手的直接经验和即时信息，为体育学科课程教学提供一定的前提准备。

第二，在教学方式上，高校体育活动课程为体育学科课程的重要补充。体育活动课程既是课程，又是方法。谈课程，是由其本质特征而决定，谈方法，因为它体现出一种教学思想，即活动教学。体育学科课程教学方法比较多，实效也比较明显，但运用体育活动课程的活动教学方式，或部分引入活动教学方式来组织教学，较单纯采用学科课程教学方式，学生的体育兴趣会更浓，练习的积极性会更高，学习效果会更加显著。

第三，有助于体育课程自身的发展，帮助其实现价值转化。从体育学科课程化的历史进程来看，先前许多仅在课外体育活动中出现的一些竞技运动和民族传统体育项目，在教育工作中发掘出它的课程价值后，逐步被纳入到体育学科课程体系之中，成为其重要组成内容之一。体育活动课程同样可以作为这种演变的媒介，促进与体育学科课程的共同发展。

（2）有助于实现体育隐性课程的价值

第一，高校体育活动过程有助于体育隐性课程教育功能的进一步明确化、系统化。从整个高等教育的目标出发，可以将需要的体育隐性课程所蕴含的教育性经验寓于一定方式和内容具体化的体育活动中。通过体育活动课程内容、目标手段实现对体育隐性课程内容和目标的计划和控制。这样就可使体育隐性课程的教育功能通过体育活动课程的实施这一载体进一步显现出来，使之明确化、具体化。同时，体育隐性课程的教育影响通过系统的体育活动课程而间接地系统化，从而影响大学生体育健身、价值、审美等观念的建立，促进高校体育教学和谐学风的形成。

第二，高校体育活动课程有助于推动体育隐性课程功能的有效发挥。体育隐性课程对学生的教育影响并非总是有效，学生接受的影响很可能无效，甚至是负效。重视体育活动课程设计和实施过程中的积极指导，对提高体育隐性课程功能的有效性十分有益，它可以使负效变为正效，甚至高效。

2．有助于实现高校两种教育目的指向的隐性统一

一种观点认为：高校体育活动课程目标具有“散漫性”，因而在活动课程的组织与实施过程中无需编写大纲和教材，否则就违背了体育活动课程灵活性强、自主性大的本义，会束缚教师手脚，加重教师和学生的负担，使体育活动课程变成另一种形式的体育学科课程，因而无法发挥其“活动”作用。该观点在强调体育活动课程灵活性特点的同时，忽略了一个最基本的问题，即教育作为一种规范性的活动，其目的与目标是与之俱来的。

众所周知，教育是一种有指向的、有目的的事业。其指向与目的有两种：第一，以学生为中心的教育目的，教育工作者以增进学生的利益为教育目的，一方面增强学生的理解力，另一方面塑造学生的气质，使他们的行为按某种方式进行。教育是一个通向最终目的——“成长”（growth）的过程，或者说是一个“发展”的过程，这个最终目的与目标被不同地表述为“个性的培养”（Cultivation of individuality）、“自我实现”（Self-realization）或“人的潜能的充分发展”（the fullest development of one’s potentialities）。第二，以社会为指向的教育目的，社会经济、道德目的与学生利益相统一，把道德自律引入社会经济、政治目的。教育目的的实现除社会经济条件以外，主要依靠教育系统内部所需的条件，学校的组织必须选择科学的方式与合理的安排，因而“课程体系”就成为基本的教育概念。无论何种课程，其目标都是以学生为中心的教育目的与以社会为指向的教育目的的有机统一。需要说明的问题是，不同方式的课程，其目的的指向与融合方式相应有所不同。

3．有助于大学生个体素质的全面健康发展

（1）有助于知识领域的拓展

高校体育课程注重扩大学生的知识面，拓宽体育技能的领域，这是培养现代人才的重要措施。体育学科课程对学生知识、技能的拓展发挥着主要作用，但是从前人继承而来的健身健心的种族性经验具有相对的稳定性，加之我国部分高校体育课程的教学受教材、场地器材等限制，在一定程度上不利于大学生体育知识和技能的进一步拓展。相比之下，高校体育活动课程在此方面有着自身的优势。

（2）有利于多项能力的培养和训练

高校体育活动课程为大学生的积极思维创造了丰富的问题情境，能够激发学生积极思考和大胆想象，使学生努力发现、寻求、创造解决问题的新方式和新方法。体育活动课程向学生提供的问题情境较之体育学科课程更加富有变异性，因此，大学生不断地变换思维的角度和方式，有助于训练思维的广阔性和灵活性。无论是动作思维能力，还是形象思维能力都能得到培养和发展。体育活动课程为学生思维的心智操作提供了交流机会，学生与学生、学生与教师，甚至学生与外界人士之间平等的交流机会可随机产生，在一些社会性体育活动中，学生还可以同社会上参与该活动的有关人进行交流，这是体育学科课程所无法做到的。体育活动课程可有效地调节大脑机能，调剂学生脑力工作的负荷和节律，保持大脑充沛旺盛的精力，这对于活跃思维、培养各种思维品质有着巨大的推动作用。

（二）高校体育活动课程开发的可行性

1．高校体育活动课程开发的理论依据

（1）人本主义理论

人本主义理论为高校体育活动课程开发奠定了良好的基础。人本主义理论（Humanistic Theory）又称人性中心课程，主张使每个人都得到充分发展，使个体具有独立自主的人格。它认为，认知仅是教育目标的一个内容，智力的发展也仅仅是人的全面发展的一个方面，认知的发展本身还受其他许多因素的制约，特别是情感等非智力因素，每个人的认知行为都有着某种性质的情感行为与其相对应。人本主义理论同时还强调，人格的发展受社会因素制约，完善的人格应是一种适应社会的新人格，而每个人都具有个体我和社会我双重人格，塑造社会我便是教育的目的，重视个性的完善是现代教育的最大趋势。

（2）素质教育理论

素质教育（Quality Education）从本质来说，就是全面贯彻党和国家的教育方针，以提高全民族素质为根本宗旨的教育。素质教育着眼于受教育者和社会长远发展的要求，以面向全体学生，全面提高学生基本素质为根本目的，以培养学生的创新精神和实践能力为重点，承认学生的个体差异，注重因材施教，使每个学生都得到生动活泼、积极主动的发展。为学生获得终身学习和生存与发展的能力打好基础，使学生成为身心全面发展的人。

（3）多元智能理论

多元智能理论以其独特的智能诠释和极大的整合性，成为目前我国最具影响力的教育理论之一。1983 年，美国哈佛大学教育研究生院心理学教授加德纳基于多年来对人类智力潜能的研究，出版了《智力的结构：多元智能理论》（Frames of Mind：The Theory of Multiple Intelligences）一书。在书中，加德纳提出了一种有关人类智力的全新的理论，即智能多元论。加德纳认为，每个人至少有七种智能：语言智能、音乐智能、逻辑—数学智能、空间智能、身体—运动智能、自我认识智能、人际交往智能。除此之外，多元智能理论用发展的观点提出：可能还存在新的智能形式，例如，博物学家智能、存在智能等。人的智能既是生物学产物，又是以文化教育为依托的结果，因此每个人都拥有自己独特的智能领域和优势智能。多元智能理论突破了传统智能理论将智能简单定位于一种语言能力和逻辑—数理能力的局限性，认为智能是在特定的文化背景下或社会中，解决问题或制造产品的能力。智能不是单一的，只不过每个人的智能强项和弱项各不相同，不同的人在解决问题和制造产品的时候，组合运用这些智能的方式和特点不同。

2．高校体育活动课程开发的现实基础

（1）高校体育教育资源丰富

首先，高校是受教育者接受教育的最高学府，是科教兴国的龙头和核心。它云集了高学历、高职称的高层次体育专门人才，他们不但具有较高的体育理论知识水平，而且具有非常丰富的体育实践经验，能够有机地将体育理论与实践结合在一起。同时，高校体育教师与国内外和校内外工作、学术交流频繁，具有最畅通的信息交流系统。加之政府和学校体育教育资金不断地大量投入，高校体育办学基础和办学条件持续得到加强和改善，拥有最完备的体育教学器材、场地和各类体育设施。此外，不同地区、不同类型的高校均有其自身的优势，学生、学校和社会的现实生活蕴藏着丰富的体育素材和取之不尽、用之不竭的体育活动课程资源。

（2）高素质的体育活动课程开发团队

高校体育活动课程开发是指高校体育教师在领导和专家的指导下，从高等教育的培养目标出发，通过与学生、家长、社会相关人员等各有关方面共同合作。以学生体育兴趣和动机为基础，以学习者为中心确定课程目标，设计课程内容、实施方案及评价体系等一系列计划周密的活动。高校的行政领导、课程专家、体育教师以及学生、学生家长和社会相关人员等是课程开发的主体。他们整体素质高、合作意识强，容易形成高效率的体育活动课程开发团队。尤其是高校行政领导的管理水平和体育教师的素质高低以及大学生参与课程开发意识的强弱，在体育活动课程开发中起着举足轻重的作用。我国高校行政领导整体学历高、职称高、管理水平高，有的行政领导甚至是课程改革的专家或知名学者，他们在指导和管理活动课程开发方面具有较强的理论优势和丰富的实践经验。体育教师知识水平高，具备丰富的教育专业理论和精深的体育运动技术与技能，他们在体育活动课程实施中能够充分利用自己准确的语言进行讲评，同时还能以优美舒展的动作进行示范，满足大学生强烈的体育求知欲，激发他们锻炼身体、掌握运动知识和技巧的兴趣及积极性。处于青年阶段的大学生身体发育几近完成，在身体素质，运动技术技能和智能水平等方面较中小学时期有很大的进步和提高。他们头脑灵活，思维敏捷，知识的迁移性、融通性强，能较快地建立条件反射，在体育活动课程中能较好地掌握十分复杂的动作，并富有创新精神。他们整体素质高，直觉判断准确，容易理解和接受新鲜事物；他们朝气蓬勃，意气风发，愿意与人交往，具有较强的团结协作精神。

二、我国高校体育活动课程开发策略

（一）高校体育活动课程目标体系的建构

1．以健康教育为指导，促进大学生身心的和谐发展

健康拥有三个维度：无躯体疾病、无心理疾病、具有良好的社会适应力。体育活动课程的健康目标，具体来说，就是在躯体健康方面能测试和评价体质健康状况，并能根据自己实际需要合理选择、掌握有效提高身体素质、全面发展体能的体育知识与方法，树立终生体育的思想。同时，能养成良好的饮食行为习惯，形成健康的生活方式；在心理健康方面，能够运用适宜的体育方法调节自己的情绪，并能自觉通过体育活动改善心理状态、克服心理障碍，养成积极乐观的生活态度；在社会适应力方面，能够表现出良好的体育道德和合作精神，正确处理竞争与合作的关系。

2．以终身体育为目标，激发学生自主和自觉学习体育的兴趣

培养大学生对体育运动的兴趣和爱好、独立锻炼身体的能力，为终身体育奠定基础，这是各国高校体育课程改革的一个共同趋势。根据相关调查，各院校的领导对这类目标环节给予的重视和投入较为薄弱，甚至有空白点，这也在一定程度上影响着素质教育的进一步推进。因此我们认为，对 21 世纪我国高校体育活动课程目标的规划研究，必须把全面培养大学生的体育能力、综合能力以及对未来社会工作的适应能力，提高到一个更加紧迫、更为核心的位置，从而使我国高校体育课程目标更加旗帜鲜明地为新世纪人才战略提供服务。

3．以人文教育为基点，提高大学生体育认知水平

每一个人通过教育不仅能获得知识的增加和智力的发展，而且能获得整体的人生经历，整体的精神洗礼。体育活动课程并非不注重体育知识目标，但它更强调体育知识的综合性、及时性、创新性和广博性。因此，我们在高校体育活动课程目标的阐述中放弃了知识目标的称谓，选用“认知目标”这一提法。我们认为：“知识目标是体育学科课程在中小学时期的首要目标，高校体育活动课程则更强调直接经验和实践运动能力，‘认知’含有认识、感知之意，更符合活动课程的精神实质。”体育活动课程强调大学生掌握的知识不仅仅是体育教科书上规定的内容，也不是对书本知识的简单加深和拓宽，而是强调大学生把学到的体育学科知识加以综合并运用到实践之中，解决一些实际问题，让大学生对所学体育知识有更加深切的体验和感受。因此，这种认知目标取向有助于认知与情感、态度的整合。

（二）高校体育活动课程模式设计

1．课程体系

科学的体育活动课程体系是围绕体育活动课程目标而建立起来的涵盖教材内容、教学过程、教学组织、教学计划、教学方法、教学关系、教学内容安排、单元规模、考核办法以及教学评价等多个层面内容的教学体系。

2．课程设置

体育活动课程设置是指根据体育活动课程目标的要求，制定体育活动课程的形式、教学时数，注意教学内容的系统性，拓宽知识面，开设跨学科或交叉学科的理论课。高校体育活动课程纳入大学体育课程的教学大纲、教学计划，作为重要的培养模式，占体育课程总课时的20%左右。它面向全校学生开设，开设后学生可以继续体育学习，也可继续获得学分。课程的类型可分为基础课、专项课、必修课、选修课、体育俱乐部、高水平运动队训练课。时间安排在双休日或课余时间。学生每学期必须参加1～2项，每周2～3学时，第1学年开设必修活动课，第2～3学年开设选修活动课。可由学校具体体育部门定老师、

定班级、定内容向学生开课，也可让学生自选时间、自选内容、自选课程类型、自选体育教师参加。总之，各年级教学任务、教学重点与课时可灵活安排。

（三）高校体育活动课程开发实施方案

1．高校行政的领导和管理

（1）建立组织机构

第一，成立体育活动课程开发领导小组，由校长、主管课程开发的副校长以及教科研中心、教务处、学生处和体育部（组）的负责人组成。其主要任务是对体育活动课程的开发作出正确决策，予以全面部署，组织人力物力，协调各方关系。第二，成立体育活动课程开发指导小组，由本校教学科研中心的负责人和一些资深体育教师组成，必要时可聘请校内外课程专家参与。其主要任务是起草体育活动课程开发的总体方案，组织体育教师学习有关课程改革的重要文献和最新理论，帮助体育教师正确进行体育活动课程的设计，促进体育教师组同校内外专家的联系与合作，组织专题研讨与经验交流。第三，成立体育活动课程开发的体育教师小组，按照体育活动课程开发的不同运动项目来分别组建。其主要任务是学习课程改革的重要文献和最新理论，制订本运动项目的开发方案，编写《普通高校体育活动课程纲要》和《普通高校体育活动课程教学指导书》，为学生提供必要的参考资料。这三级组织机构应组成一个有机的整体，通过建立和贯彻合理的规章制度来形成快速高效的运行机制。

（2）分析学校现状

高校现状分析主要包括两方面的内容：一方面，对大学生体育需求的现状分析。深入调查各年级学生身心发展的特别需要，即他们在学习体育学科课程时未能得到满足的合理需要。可发动体育教师通过问卷和访谈的方式分别对各年级学生及学生家长进行调查研究，作出初步结论；另一方面，对本校及周边社区体育资源的现状进行分析。深入调查本校和周边体育资源的优势，包括体育教师的综合素质和特殊才能、校园文化生活、图书资料、信息技术设备、活动器材与场地、办学经费以及社区能够提供的体育课程资源。通过这两方面的调查研究，明确体育活动课程开发的必要性和可能性，从而初步确定本校体育活动课程开发的主要内容及体育项目。

（3）开展体育师资培训

高校体育教师是高校体育活动课程开发的主要执行者。只有开展以校为本、有的放矢、优质高效的师资培训，才有可能真正发挥体育教师在体育活动课程开发中的主体作用。培训拟解决的主要问题包括：第一，强化课程意识，树立明确的教育观、课程观和教学观，能辨别和抵制体育活动课程开发中出现的一些不正确的观点和行为；第二，明确体育活动课程开发的重大意义，了解体育活动课程的涵义及特点；第三，领会体育活动课程设计的基本理论和基本方法；第四，领会体育活动课程学与教的特点，开展生动活泼、优质高效的教学活动。

（4）加强体育活动课程试验管理

学校行政对体育活动课程试验的管理主要包括四个方面的内容：

第一，指导试验小组制定课程试验方案，编写活动课程的教学指导书（教师用书）；

第二，安排课程试验的教学时间，提供活动场地（运动场地）、试验器材与试验经费；

第三，检查试验进展情况，帮助试验小组解决试验中存在的突出问题；

第四，第四，部署课程试验的检测和总结。

2．高校体育教师小组的体育活动课程开发程序

（1）研究学生的特别需要

学生的特别需要是指学生在体育学科课程中没有得到充分满足的有关他们身心发展的那些合理需求。例如，一些学生对某一体育知识领域的浓厚兴趣，或对某些实践问题的特别关注以及对学科课程中某一内容的广度、深度不满足等等，都属于学生身心发展的特别需要。体育教师小组需通过学生、学生家长和有关社会人士深入调查和研究学生的特别需要。在调研时，不能只注意学生

的眼前需要，更要重视学生成人成才的长远需要，也不能只考虑学生对某一体育项目的特别兴趣，还要关注学生对体育综合性学习的需要。此外，对学生家长和社会人士的要求也必须采取分析的态度，只能择其正确意见而从之。

（2）设计体育活动课程纲要

《普通高校体育活动课程纲要》是由高校体育教师小组设计的关于体育活动课程的基本标准，它是编写教学指导书，是师生进行教学和有关方面进行教学评价的依据。《普通高校体育活动课程纲要》一般由“说明部分”和“本文部分”组成：“说明部分”主要说明体育活动课程的名称、开发的目的、适用年级和教学时数；“本文部分”规定体育活动课程的具体目标、具体内容、学习方式和实施建议。

（3）编写教学指导书

《普通高校体育活动课程教学指导书》由导言部分和本文部分组成：导言部分简要阐述高校体育活动课程的特点、开发的目的、活动方案设计的方法、指导工作的要求和方式方法。强调满足学生的特别需要，防止和反对按照高校领导层及体育教师的需要来进行“设计”。同时，要强调让学生在活动中进行学习的思路，防止和反对“学科化”；本文部分，根据《普通高校体育活动课程纲要》所列本课程的一个个主题或课题，设计一个个富有开放性、弹性的框架式学习活动方案。每一个框架式学习活动方案主要包括五项内容：第一，活动目标：即“多维”目标体系，以健康教育为指导，促进学生身心的和谐发展；以人文教育为基点，提高学生体育认知水平。以终身体育为目标，激发学生自主和自觉学习体育的兴趣。以发展个性为导向，培养学生的潜在创新意识和能力。第二，活动内容：高校体育活动课程内容的选择，要围绕课程的育人目标来选择。开设体育活动课程的目的在于，通过灵活多变的方式培养大学生的思想政治素质，掌握获取体育信息的能力和方法。培养和提高合作精神和合作能力、与人沟通能力、表达能力、独立性和创造能力，培养自身兴趣和个性。第三，学习方式：根据活动目标与活动内容的要求，确定在活动中进行体验和探究的具体学习方式和方法。第四，教学过程：教学过程包括活动准备、活动指导人、活动实施、总结评价四大步骤或四个阶段，以活动实施为主。在从活动指导人到总结评价的学习活动过程中，要精心设计或师生共同安排六大活动要素，即情境、问题、信息、思考、操作、总结六大要素，要使这六大活动要素有地结合起来。第五，实施建议：对学习活动的灵活组织、学生的主动性和创造性的充分发挥以及体育教师的恰当指导提出参考性意见。

（4）进行课程试验

体育活动课程试验的主要任务是：在体育活动课程开发的正确理念指导下，围绕《普通高校体育活动课程纲要》提出的课程目标、课程内容、学习方式以及课程实施的建议进行试验；通过试验、检验和修订课程纲要及教学指导书，探索体育活动课程教与学的基本原则、方式方法和组织形式，充分发挥学生的主动性、创造性和体育教师的指导作用。为了完成课程试验的任务，高校体育活动课程开发指导小组要制订课程试验方案，培训试验教师，组织一系列精心设计的研究课，有步骤地进行小结和研讨：最后，按照课程试验任务的要求，提交研究报告和其他研究成果。

参考文献

[1]赫忠慧，韦晓康.普通高校体育课程教学案例精选[M].北京：中国标准出版社，2013.

[2]陈志军，张君其.高校体育理论与实践[M].苏州：苏州大学出版社，2011.

[3]李健康.新思维高校体育教程[M].北京：北京体育大学出版社，2011.

[4]李金梅，路志峻.普通高校体育教程[M].北京：科学出版社，2010.

[5]施晓鸿.我国高校体育教学的问题及改革的基本思路[J].佳木斯教育学院学报，2013（1）：26-28.

[6]鲁维安.我国高校体育教学存在的问题及对策研究[J].贵州民族学院学报（哲学社会科学版），2009（2）：202-203.

[7]黄祥富.高校体育教学现状与改革[J].长江大学学报（社会科学版），2009（4）：271-272.

[8]毛振明.探索成功的体育教学[M].北京：北京师范大学出版社，2006：230-31.

[9]宋欧，严财庆.我国普通高校体育教学模式综述[J].江西蓝天学院学报，2006（3）：49-51.

[10]邵伟德，王恬.体育教学模式的分类与选用策略研究[J].北京体育大学学报，2004（7）：947-949.

[11]程俊迈.当前高校体育教学模式的分析及其发展趋势[J].体育科学研究，2002，6（4）：53-54.

[12]李丕伟.高校开设体育俱乐部活动的必要性探讨[J].长春师范学院学报（自然科学版）2005，24（3）：122-124.

[13]罗达勇，汪海燕.我国普通高校体育俱乐部教学模式的现状与研究[J].北京体育大学学报，2009（3）：372-374.

[14]张吾龙.北京高校实施“三自主”体育教学的现状分析[J].沈阳体育学院学报，2007（1）：92-93.

[15]李军凯.从“三自主”看我国体育教学的模式和发展趋势[J].大学图书馆学报，2009（6）：33-37.

[16]强自力.“三自主”教育模式探析[J].中国图书馆学报，2011（4）：25-29.

[17]刘洋.自主学习的原理和策略[M].北京：人民出版社，2008：134-142.

[18]张强.自主学习教学法的理论构想[M].武汉：湖北教育出版社，2007：43-48.

[19]郭书春.高校体育教育模式研究[M].沈阳：辽宁教育出版社，2011：33-36.

[20]刘远花.高校健美操教学中合作学习模式的运用[J].博硕论坛，2013（3）：2-3.

[21]朱广胜.体育合作学习教学模式的构建[J].教育教学论坛，2014（29）：178-179.

[22]黄涛.职业学校体育合作学习教学模式的构建[J].体育天地，2014（4）：335.

[23]王晓林，鞠明海，刘丽辉.高校体育选修课合作学习教学模式研究[J].边疆经济与文化，2012（7）：72-74.

[24]张健，冯坚.合作学习教学模式在大学体育教学中的应用[J].体育科学研究，2007(2)：65-67.

[25]马德森.合作学习模式下大学体育与健康课教学的实验研究[J].四川体育科学，2008（4）：147-149.

[26]熊文，耿雷，李荣之.对体育教学中开展“合作学习”的反思[J].体育学刊，2008（1）：77-81.

[27]刘振堂.合作学习与传统教学在普通高校体育教学中的比较研究[J].山东体育学院学报，2006（2）：110-112.

[28]刘学奎.普通高校快乐体育教学模式的应用研究[J].高师理科学刊，2012（32）：113-115.

[29]柳波.“快乐体育”在体育教学中的应用[J].西昌学院学报（自然科学版），2009（2）：120-121.

[30]梁广为.浅谈“快乐体育”在体育教学中的运用[J].体育科技文献通报，2008（10）：36-37.

[31]杨正全.快乐体育教学法在中学体育教学中的应用[J].教育，2013（11）：20-23.

[32]芦丛丛.快乐体育教学模式的构建与实施策略[D].鲁东大学硕士学位论文，2015.

[33]侯典宇.快乐体育教学模式的解构与重建[D].浙江师范大学硕士学位论文，2010.

[34]李斌.快乐体育教学法在中学体育教学中的应用[J].云南大学学报（自然科学版），2010(1)：441-443.

[35]王秋生.快乐体育教学法初探[J].德州学院学报，2012（1)：223-224.

[36]姚卫宇.高校终身体育教学模式的构建[J].武汉体育学院学报，2003（37)：118-119.

[37]林娟.终身体育与高校体育改革的互动研究[J].首都体育学院学报，2006（4)：20-23.

[38]刘毅，陈董亮.浅谈高校体育素质教育与终身体育的接轨[J].体育科学研究，2005(2)：31-32.

[39]耿银贵，陈鑫，王丽艳.高职院校欣赏型体育教学改革探索[J].职业技术教育，2010（31)：39-40.

[40]张亭，杨智玉.欣赏型体育教学模式研究[J].教学与管理，2008（12)：146-147.

[41]陈显健.欣赏型体育教学模式建构的理论探索[J].湖北体育科技，2008（2)：138-140.

[42]赵广涛.体育欣赏的内涵探析[J].河南教育学院学报，2011，20（4)：74-77.

[43]邢海洋.论普通大学生体育欣赏一一以乒乓球运动为例[D].武汉体育学院硕士学位论文，2009.

[44]张铁钢.体育欣赏在高中体育课堂中的应用[J].新课程（下)，2012（7)：90.

[45]戴斌.体育欣赏课程在呼和浩特地区高等院校开设的可行性研究[D].内蒙古师范大学硕士学位论文，2012.

[46]祝峰.多媒体网络教学平台在高校体育教学中的推广策略研究[D].内蒙古师范大学硕士学位论文，2013.

[47]朱萍.网络课程在普通高校体育舞蹈教学中的应用研究[J].中国西部科技，2011(30)：76-77.

[48]杨玉功.网络背景下高校体育课教学改革[J].体育教学，2012（12)：76-77.

[49]吴文会.现化信息技术在体育教学中的运用[J].长江工程职业技术学院学报，2007（3)：75-76.

[50]王宁，刘传勤.浅谈网络技术在高校体育教学中的发展[J].当代体育科技，2012 (32)：108-110.

[51]李国良.现代教育技术在山西省高校体育教学中的应用现状与对策研究[D].太原理工大学硕士学位论文，2012.

[52]陈妍妍.普通高校体育网络教学平台的设计与实现[D].北京邮电大学硕士学位论文，2010.

[53]韩永红，刘从梅.网络体育信息资源的利用与整合[J].科技信息，2010（32）：96-99.

[54]尹长江.对高校体育教学内容优化的思考[J].忻州师范学院学报，2006（4）：97-98.

[55]毕桂凤.高校体育教学环境的优化与维护[J].赤峰学院学报（自然科学版），2013（6）：109-110.

[56]郝捷.浅谈高校体育教学方法优化与创新[J].教学研究，2012（11）：93-94.

[57]张革.新时期高职院校体育教学方法优化刍议[J].企业导报，2014（23）：102-103.

[58]苏涛，聂长春.高校体育教学评价体系发展与对策研究[J].现代商贸工业，2010（4）：247.

[59]宋骞.论高校体育教学评价的改革[J].学校体育学，2014（4）：91-92.

[60]薛明.高校体育教学评价发展趋势的研究[J].高校讲坛，2010（15）：141-142.

[61]徐桂兰.我国高校体育课程模式的系统设计探究[J].科技论坛，2014（24）：163-165.

[62]奚国庆.高校体育运动模式的系统设计研究[J].体育教学与研究，2012（43）：108-109.

[63]魏伟.对普通高校体育课程模式的重新定位[J].博硕论坛，2012，2（29）：3-4.

[64]寿小玉，王珍.高校体育教学中学生创新能力的培养[J].体育教育研究，2008（7）：161.